COURS

DE

PHILOSOPHIE GÉNÉRALE,

OU

EXPLICATION SIMPLE ET GRADUELLE

DE TOUS LES FAITS

De l'Ordre physique, de l'Ordre physiologique, de l'Ordre intellectuel, moral et politique;

PAR H. AZAÏS.

Unité, Simplicité, Vérité.

TOME QUATRIÈME.

PARIS,

AUGUSTE BOULLAND ET Cie, LIBRAIRE,

RUE DU BATTOIR, N° 12.

1824.

COURS

DE

PHILOSOPHIE GÉNÉRALE,

OU

EXPLICATION SIMPLE ET GRADUELLE DE TOUS LES FAITS

De l'Ordre physique, de l'Ordre physiologique, de l'Ordre intellectuel, moral et politique;

PAR H. AZAÏS.

Unité, Simplicité, Vérité.

TOME QUATRIÈME.

PARIS,
AUGUSTE BOULLAND ET Cie, LIBRAIRE,
RUE DU BATTOIR, N° 12.
1824.

COURS

DE

PHILOSOPHIE GÉNÉRALE.

IMPRIMERIE DE HUZARD-COURCIER,
rue du Jardinet, n° 12.

COURS
DE
PHILOSOPHIE GÉNÉRALE.

SECONDE ANNÉE.

DISCOURS D'OUVERTURE.

MESSIEURS,

Ceux d'entre vous qui, l'année dernière, m'ont fait l'honneur de suivre, ici, mon Cours de Philosophie générale, se rappellent sans doute, et les sujets que j'ai traités, et les engagemens que j'ai pris en terminant mes séances.

Dans ce Cours préliminaire, j'ai exposé le Principe universel et la Loi unique qui règle l'action de ce Principe. J'ai montré que tous les corps, par cela seul qu'ils existent, sont pénétrés, dans tous les points de leur substance, d'un mouvement intime qui tend sans cesse à porter leurs Élémens sur un plus grand espace, et, par conséquent, à les dissoudre; que cette *action* intime et universelle, cette *Expansion*, fondait elle-même la *réaction* égale et universelle, parce que, l'Univers étant infini, chaque corps en Expansion était environné de corps en Expansion, et faisant obstacle à son extension indéfinie.

J'ai montré ainsi qu'un seul Fait initial, l'Expansion, Fait certain, universel, et très simple, quoique inexplicable, était sans cesse maintenu, dans l'infini de l'espace, par la Puissance suprême, comme source immédiate et unique des deux Forces générales, l'une qui sépare les élémens des corps, l'autre qui les rassemble, Forces constamment opposées, mais constamment en Équilibre.

Enfin, j'ai établi, par le raisonnement et par les faits, que l'Élément primitif de tous les corps, l'atome, est universellement de même grandeur et de même figure; qu'en un mot, la matière, loin d'être distinguée en un grand nombre de substances différentes, est nniversellement identique, et que de même qu'il n'existe qu'un seul Principe, l'Expansion, soumis à une seule Loi, l'Équilibre, il n'existe qu'un seul sujet du Principe universel : l'Élément.

Telle est la base générale sur laquelle j'ai posé

le premier étage de l'Édifice universel. A l'aide de l'unité de Principe, de l'unité de Loi, et de l'unité d'Élément, j'ai expliqué les principaux phénomènes dont se compose le domaine de la Physique, de l'Astronomie, de la Géologie.

Cette explication a éclairci des Faits généraux, réputés jusqu'à présent d'impénétrables mystères; exclusivement fondée sur le Principe universel, elle a partout substitué le lien de l'unité à l'incohérence de Théories vagues, souvent contradictoires; elle a satisfait, en vous, ce besoin qui presse tous les hommes judicieux, le besoin de ne trouver, dans la Nature, qu'un enchaînement simple et graduel.

Oui, Messieurs, j'en atteste le sens intime de chacun de vous : quelle idée générale vous faites-vous de l'Univers? Y concevez-vous plusieurs Plans et plusieurs Principes? Non; car des Principes différens ne pourraient être que des Principes qui se combattent; des Plans variés, et néanmoins exécutés en concurrence, ne pourraient que porter, chacun dans tous les autres, la confusion, le désordre, l'anarchie; or, l'anarchie ne peut jamais être qu'un état sans durée; et cependant l'Univers se maintient; les grands effets d'ensemble, tels que les mouvemens des Astres, s'exécutent avec une régularité précise; d'où notre Esprit conclut, avec certitude, qu'il y a, dans l'Univers, un ordre fixé; que sa Constitution est, par conséquent, le fruit d'un Plan unique, qui embrasse tous les effets, tous les Êtres, tous leurs rapports, tous leurs mouvemens.

Ainsi, nous qui avons déjà étudié, sur un Plan unique, la Physique terrestre et la Physique céleste, c'est-à-dire, la science des effets purement mécaniques, nous devons maintenant étudier, sur le même Plan, la science des Êtres vivans, des Êtres sensibles, des Êtres intelligens; car voilà tout ce qui existe dans l'Univers: des Êtres mécaniques, aveugles, insensibles, et des Êtres qui vivent, des Êtres qui sentent la vie dont ils sont doués, et enfin des Êtres qui se rendent raison de leurs sensations et de leur existence.

Messieurs, tel est le champ immense, mais toujours riche et fertile, que nous allons parcourir. Permettez-moi de fixer d'avance l'ordre général de notre marche, et de signaler les points principaux qui deviendront successivement les stations de notre esprit.

Nous commencerons par chercher, dans la constitution organique des Êtres vivans, ce qui fait leur caractère essentiel, et ce qui les distingue des Êtres qui ne possèdent point la vie. Nous trouverons que les Êtres vivans, ou *organisés*, constamment en Expansion, comme les Êtres inorganisés, sont constitués de manière à ce que leur Expansion s'effectue plus particulièrement dans des canaux qui, en quelque sorte, la contiennent et la dirigent; au lieu que, dans les Êtres inorganisés, tels que les pierres et les métaux, l'Expansion n'a pas de foyer spécial; elle s'effectue indifféremment de chaque point vers tous les autres.

Des observations multipliées, et d'un grand intérêt, nous apprendront encore que la substance entière de chaque Être organisé est formée de globules creux ou vésiculaires; ces globules sont liés par enchaînement, tant que la vie existe; leur enchaînement donne naissance aux diverses fibres, et l'agrégation ou l'entrelacement des diverses fibres donne naissance aux divers tissus; lorsque la vie se termine, l'Expansion s'exécute dans tous les tissus, comme dans tous les corps inorganisés, de chaque point vers tous les autres; alors, les globules constituans se détachent les uns des autres, s'isolent, tendent à éclater, à s'évanouir; mais, avant qu'ils n'y parviennent, ils montrent à l'observateur, armé d'un microscope, qu'ils ne cessent de se mouvoir et de vibrer.

Nous considérerons cet enchaînement tubulaire de globules vibrans comme la condition fondamentale et caractéristique de l'organisation vitale, puisque cet enchaînement tubulaire n'existe pas dans les Êtres inorganisés, lors même qu'ils sont éminemment élastiques; les globules vibrans dont ceux-ci sont composés ne sont qu'agglomérés, juxta-posés, ils ne sont pas enchaînés.

Dès nos premiers pas dans l'étude des Êtres organisés, nous verrons que la Nature les distribue en deux grandes Classes, les Végétaux et les Animaux. Ces deux Classes seront unies par le caractère organique général : tissu tubulaire ou fibreux, ayant toujours, pour molécules intégrantes, des globules vibrans. Mais ces deux Classes, partant d'un point commun, et s'élevant en concurrence sur deux lignes parallèles, ne sont point, à beaucoup près, égales en étendue; la chaîne animale se montrera composée d'une suite d'anneaux beaucoup plus nombreuse que la chaîne végétale.

Nous trouverons que le point de départ de chacune de ces deux chaînes, que le premier anneau est, dans l'une et dans l'autre, d'une égale et parfaite simplicité. C'est le globule vibrant. Mais, dès le second anneau, la complication commencera pour l'une et pour l'autre chaîne ; et, dans la chaîne animale, cette complication deviendra forte par degrés rapides, tandis que, dans la chaîne végétale, elle restera toujours, comparativement, à un grand degré de simplicité.

L'affinité de constitution entre les deux chaînes, et la similitude de leurs premiers anneaux, nous porteront à nous demander pourquoi elles ne sont pas constamment semblables, ou, plutôt, pourquoi il existe deux chaînes d'Êtres vivans, pourquoi tous les Êtres vivans ne sont pas Végétaux ou Animaux.

Nous trouverons, pour cause immédiate de cette distribution en deux grandes chaînes, la distinction primordiale des globules vibrans en divers ordres de grandeur. Les globules qui constituent les tissus animaux sont plus petits, plus délicats, plus élaborés, plus expansifs, que ceux qui constituent les tissus végétaux ; et comme l'élaboration est un acte progressif, les végétaux sains et vivans peuvent nourrir les animaux vivans, tandis que les animaux ont besoin, pour pouvoir nourrir les végétaux, de perdre la vie ; dans leur état vital, ils sont trop expansifs.

En étudiant ensuite, dans tous ses détails, la constitution des végétaux, en comparant surtout leurs fonctions vitales à celles des animaux, nous serons frappés de voir que dans ceux-ci, ou du moins dans les Êtres les plus élevés de la classe animale, les principales humeurs circulent; elles ont un foyer de départ et de retour; et les vaisseaux qui les portent du foyer vers la circonférence sont d'une constitution différente de celle des vaisseaux qui les ramènent vers le foyer.

Aucun appareil de ce genre n'existe dans les végétaux; ils ont bien un centre d'action, une région médiane; mais leurs humeurs ne connaissent que des mouvemens longitudinaux, et non des mouvemens circulatoires.

Le Principe universel nous donnera encore les raisons de cette différence organique.

Nous apprendrons comment naissent toutes les parties des végétaux, comment elles se forment, comment elles s'acquittent des fonctions qui leur sont confiées, comment elles amènent les produits qui sont le but de l'existence végétale.

Et, à cet égard, Messieurs, je suis pressé de vous faire une révélation que vous écouterez avec intérêt.

Je ne suis pas Botaniste ; je ne suis pas non plus Anatomiste ; je ne sais regarder, dans le sein des Êtres organisés, que par les yeux des grands observateurs ; mais j'ai soin de m'adresser à ceux qui me sont désignés avec le plus d'estime par l'opinion publique. En Anatomie, c'est M. Cuvier ; ses ouvrages sont classiques dans toute l'Europe. En Physiologie végétale, j'ai reçu, cette année même, les secours les plus précieux. Je n'ai pas seulement puisé, dans l'*Iconographie végétale* de M. Turpin, des documens d'une grande valeur, j'ai eu l'avantage de contracter une liaison intime avec ce savant si recommandable. Plein de sagacité pour voir, de raison pour juger, de talent pour décrire, M. Turpin a mis à ma disposition toute son instruction et toutes ses pensées. A mon tour, je lui ai abandonné toutes les miennes. Trouvant en lui, non-seulement un savoir précis dans toutes les parties de l'histoire naturelle, mais un jugement sûr, et un caractère plein de loyauté, de noblesse, de franchise, je lui ai confié tous les fruits de mes travaux ; je l'ai prié d'en prendre une connaissance attentive, de noter ce qui lui paraîtrait sans exactitude, et de m'aider à mettre le plus possible de perfection dans mon ouvrage. M. Turpin a rempli cette commission avec le zèle de l'amitié. Profondément convaincu de la Vérité de mon Système, et s'affermissant dans cette conviction à mesure qu'il en suivait le développement, il a mis un intérêt personnel à m'indiquer les incorrections que j'avais laissées dans les détails; il s'est approprié mon œuvre, par l'étude qu'il en a faite, et les soins qu'il lui a donnés.

Messieurs, c'est avec une satisfaction profonde que je m'appuie, auprès de vous, d'un tel témoignage; lorsque des pensées nouvelles apparaissent sur la terre, il ne leur suffit pas, pour s'établir, d'être fondées sur des bases solides; d'anciennes erreurs s'irritent contre elles; d'anciennes habitudes leur résistent; des préventions naturelles accusent l'homme qui les présente de chercher, en leur faveur, des soutiens ailleurs que dans le domaine de la Vérité; et, d'ordinaire, l'homme, ainsi combattu, est timide dans sa défense, parce qu'il ne lui convient pas de définir toutes les causes des résistances qu'il éprouve; il serait plus hardi, plus franc, s'il s'agissait d'un autre que de lui-même; il mettrait à le soutenir cette même générosité qui, dans sa propre cause, lui commande d'être patient et réservé.

C'est alors que si, parmi les adversaires de

ses pensées, il se trouve des hommes d'une renommée étendue et affermie, le vulgaire confirme leurs anathèmes, sans vouloir même rien écouter. Il faut que la génération passe, que les hommes qui l'avaient subjuguée s'écoulent avec elle, qu'il s'élève une génération nouvelle, affranchie du joug des anciennes autorités.

Le Système universel devait subir une telle épreuve; l'Auteur en a souffert; il n'en a pas été étonné; il pense aujourd'hui qu'elle se termine, puisqu'un savant digne de toute confiance, de toute estime, par son instruction et son caractère, prononce hautement son adhésion et son suffrage. Selon toute vraisemblance, Messieurs, l'homme que vous écoutez en ce moment marchera désormais avec fermeté; il ne s'agissait pour lui que de commencer.

Reprenons maintenant l'indication des objets que nous devons parcourir.

La constitution des végétaux, avons-nous dit, comparée à celle des animaux, est d'une grande simplicité; dans les plantes mêmes désignées sous le titre de parfaites, on ne trouve point d'appareil circulatoire. Ajoutons maintenant une nouvelle différence caractéristique entre les deux grandes classes d'Êtres organisés.

Les végétaux n'ont point de sexe; cette négation est un Fait, un véritable principe Physiologique, dont je dois l'idée et la démonstration à M. Turpin. Les animaux, seuls, ont reçu les distinctions sexuelles, et sont doués de la faculté de fécondation réciproque. Les végétaux possèdent un grand nombre de modes de reproduction; mais tous ces modes sont solitaires, et, malgré certaines apparences, que nous discuterons, on peut établir que tout Embryon de plante est un produit isolé et local, sans intervention d'une autre plante, sans intervention même d'une autre partie de la même plante; les étamines sont nulles pour la fécondation.

A cette condition de l'organisation végétale, tient immédiatement celle-ci : toute plante est un Être simple dans le sens de son diamètre, tandis que tout animal est un Être double, c'est-à-dire un Être formé, dans le sens de son diamètre, de deux Êtres semblables, qui se sont, non-seulement, accolés, mais qui ont pénétré l'un dans l'autre par une infusion mutuelle, sans néanmoins se confondre entièrement.

Cette existence double est surtout manifeste dans les animaux des classes élevées, des classes où les individus sont, les uns, du sexe mâle, les autres, du sexe femelle, où, par conséquent, la reproduction résulte d'une fécondation réciproque.

Ce rapport très remarquable, entre la constitution de l'individu et le mode de reproduction, nous ramènera à l'idée simple, presque évidente, que deux grands génies de l'antiquité, Hippocrate et Galien, ont soutenue, que les Physiologistes modernes ont abandonnée beaucoup trop légèrement. Voici cette idée que, dès ce moment, je ne crains pas d'ériger en principe.

Dans les animaux des espèces élevées, la Génération est un acte d'Équilibre organique, auquel concourent, avec une égalité parfaite, le mâle et la femelle, en sorte que le résultat est un Être double, dans lequel se trouvent, par portions égales, les deux contributions.

Ainsi, tout Fœtus humain, par exemple, est, au premier instant de son existence, l'ouvrage commun de l'homme et de la femme, et ce Fœtus, en se développant, en croissant, en devenant un enfant de l'un ou de l'autre sexe, ne cesse jamais d'être formé d'une moitié paternelle et d'une moitié maternelle, moitiés exactement égales pour la quantité de substance, mais un peu différentes sous le rapport des fonctions et de la constitution.

Ce principe, lorsque nous l'aurons posé et démontré, nous ouvrira en quelque sorte une carrière du plus grand intérêt; il nous placera au début d'une suite d'explications toujours claires, satisfaisantes, toujours concordantes avec les faits. Sachant d'avance comment le Fœtus animal existe à l'instant précis où il commence d'exister, nous ferons aisément dériver, de cette constitution primitive, le développement successif de tous les organes; il nous suffira de chercher quelle suite d'impulsions organiques le Principe universel doit donner au Fœtus ainsi constitué.

Afin d'abréger nos efforts, et de recevoir, dès nos premiers pas, la plus grande somme de lumière, nous commencerons la Physiologie animale par la Physiologie de l'homme, certains que, lorsque nous aurons appris comment ce premier des Êtres acquiert tous ses organes, et comment il les exerce, rien ne nous sera plus facile que l'explication de tous les Êtres qui lui sont inférieurs; nous n'aurons qu'à retrancher successivement, de l'organisation humaine, tous les traits, tous les avantages, qui établissent sa supériorité.

Ainsi, prenant le Fœtus humain à l'instant précis où il commence d'exister, nous assisterons successivement à toute l'action organique qui s'exécute à son profit pendant les neuf mois qu'il passe dans le sein de sa mère; nous verrons se former, en concurrence, la région cérébrale, la région thorachique, la région abdominale, et tous les organes ou viscères qui s'y composent; nous connaîtrons l'époque où les membres jaillissent du tronc avec symétrie, et celle où l'enveloppe générale s'affermit.

Lorsque ensuite le Fœtus, arrivé au terme de la maturité, se disposera à prendre possession de l'air et de la lumière, nous rendrons raison de cette opération expulsive, et des résultats qu'elle entraîne. Alors commencent les grandes fonctions organiques, la circulation, la respiration, la digestion; nous expliquerons leur exercice.

Nous suivrons le développement de l'homme depuis l'instant de sa naissance jusques à celui où son état organique a atteint la perfection dont il est susceptible, et ne peut plus que décroître. A l'une des phases de cet accroissement successif, à celle que l'on désigne sous le nom d'*adolescence*, nous verrons se préparer, et ensuite naître, la faculté de concourir, par moitié exacte, à la reproduction de l'espèce humaine. Nous confirmerons alors ce que nous aurons établi sur la dualité organique de l'individu. Et dans nos explications, quoique nous ayons soin de les rendre intelligibles, nous ne nous écarterons jamais de cette décence d'expressions, qui n'est pas une gêne pour le Philosophe. Le Philosophe doit tout savoir et tout dire, mais en termes convenables.

Lorsque le Philosophe s'est rendu raison de toutes les facultés organiques de l'homme, et les a toutes suivies dans leur exercice, il ne lui reste plus, pour le bien connaître sous le rapport Physiologique, qu'à l'étudier dans l'état de maladie, et dans chacun des progrès qui le conduisent vers la mort.

Nous définirons les maladies; nous les classerons; nous en donnerons l'explication générale; nous fixerons l'emploi de la Médecine, et le degré où elle doit s'arrêter pour être réelle et salutaire. Et ici, Messieurs, j'ose vous l'annoncer, vous serez satisfaits; le censeur de mon Système, M. Turpin, m'autorise à vous en donner l'assurance.

Chacun de vous, après avoir suivi l'exposition de cette partie de mes pensées, sera assez éclairé sur l'organisation humaine, et sur les altérations dont elle est susceptible, pour pouvoir en prévenir le plus grand nombre, et, dans les maladies légères, pour pouvoir être son propre Médecin.

Quant à la mort, le Système universel ne vous apprendra point à l'éviter, mais à l'éloigner, à l'adoucir; de plus, il vous donnera des notions précises sur ses causes immédiates, et sur ses résultats physiologiques.

Quant à ses résultats d'un autre ordre, ce n'est point encore le moment de vous indiquer à quelle source, plus élevée que la Physiologie, nous pourrons en puiser la connaissance.

Lorsque nous aurons embrassé en entier le cercle vital de l'homme, il nous restera, comme je vous l'ai dit, à expliquer l'existence vitale de tous les Êtres qui lui sont inférieurs. Nous suivrons la marche descendante, comme étant naturellement indiquée par notre grand point de départ. L'homme étant, pour nous, le type de la perfection organique, et sa constitution nous étant bien connue, nous fixerons successivement les causes immédiates de l'infériorité organique des quadrupèdes vivipares, des oiseaux, des quadrupèdes ovipares, des poissons, des insectes et des vers. C'est ainsi que, par la voie d'une dégradation continue, nous retournerons à ce terme primitif d'absolue simplicité, que nous avions déjà trouvé au début de l'existence organique, soit végétale, soit animale.

Mais, pendant cette progression descendante, qui nous conduira de l'homme au zoophyte le plus simple, le moins vivant, nous rencontrerons une circonstance qui retiendra fortement notre attention. Nous verrons la *sensibilité* s'affaiblir graduellement, non comme la force musculaire, mais comme la concentration organique : c'est-à-dire que, plus les appareils organiques deviendront vagues et lâches, ou, ce qui est la même chose, plus la circulation des principales humeurs deviendra faible et confuse, moins la *sensibilité* sera prompte et énergique; enfin, cette faculté cessera d'être apercevable, du moins à nos regards, lorsque nous serons descendus aux animaux qui, semblables aux plantes, ne possèdent point, d'une manière apparente, un seul organe circulatoire, et, comme les plantes, sont réduits à la simple contractilité.

De là nous tirerons cette conséquence que la *sensibilité*, faculté mystérieuse, inexplicable, aussi mystérieuse, aussi inexplicable que la communication du mouvement, mais non moins certaine, a pour condition d'exercice, dans les

Êtres qui la possèdent, l'organisme circulatoire, et qu'elle est toujours proportionnelle à la perfection plus ou moins grande de ce mode de constitution.

Ainsi, et j'insiste, Messieurs, sur cette conclusion, je l'érige même en proposition formelle, afin que toute fausse interprétation soit prévenue : ainsi, le mode circulatoire, dans les Êtres organisés, est, non la cause de la *sensibilité*, mais l'occasion et la condition de son exercice.

Définissant encore la sensibilité d'après son exercice, et non d'après sa cause ou sa nature, nous serons conduits, par la Physiologie de l'homme et par celle des animaux, à cette autre suite de propositions non moins importantes :

La sensibilité se manifeste par deux emplois opposés, la jouissance et la souffrance, ou le plaisir et la douleur.

Il y a sensation de plaisir ou de jouissance, toutes les fois que, dans l'Être organisé qui l'éprouve, il se fait un mouvement de formation ou d'amélioration. Il y a, au contraire, sensation de douleur ou de souffrance, toutes les fois que, dans l'Être organisé qui l'éprouve, il se fait un mouvement de destruction ou d'altération ; et comme, dans l'ensemble de l'existence d'un Être organisé de nature quelconque, la somme des mouvemens d'altération et de destruction est nécessairement égale à la somme des mouvemens de formation et d'amélioration, il est nécessaire que, dans ce même ensemble d'existence et de durée, le plaisir et la douleur composent deux sommes rigoureusement égales.

Tel est le fondement de la Loi de Compensations dans les destinées humaines, Loi juste, par conséquent vraie, corollaire principal de l'Équilibre, la grande Loi de l'Univers.

. . . .

Les Principes ou propositions que nous venons d'établir sur la sensibilité, et les conditions de son exercice, nous aideront à éclaircir les mystères de l'Idéologie, Science jusqu'ici vague et ténébreuse, ou plutôt dédale obscur, et cependant plein d'attraits, vers lequel l'Esprit humain s'est toujours précipité, sans attendre d'être guidé, dans sa marche, par les seuls flambeaux qui ne trompent pas, qui ne s'éteignent pas : le Savoir et l'Expérience.

Nous pénétrerons, Messieurs, dans ces hautes régions de la Philosophie; notre imagination sera admise à contempler les grands spectacles qui seront ouverts, en sa faveur, par l'Expérience, le Savoir et la Raison.

Je vais tracer l'esquisse de ces tableaux.

Rappelons notre pensée fondamentale.

La constitution de l'Univers a, pour lien nécessaire, l'unité absolue. Tout ce qui se fait dans l'Univers se fait nécessairement en exécution du Principe qui l'anime, et de la Loi qui le gouverne. Aucun Être ne peut recevoir que de l'Expansion son mouvement, son volume et ses formes; aucun Être ne peut conserver l'existence que par l'Équilibre entre ses propres forces, et celles de tous les Êtres qui l'environnent, par l'Équilibre entre l'action et la réaction.

Qui de vous, Messieurs, croirait avoir été le fruit d'une création spéciale? aucun sans doute. Au moment qui précéda votre naissance, tous les Élémens qui allaient vous appartenir existaient déjà dans l'Univers; aucun de ces Élémens ne fut créé spécialement pour vous former; ceux qui vous entretiennent ne sont pas créés spécialement pour vous entretenir; une réunion d'Élémens fut faite, et vous existâtes; une réunion d'Élémens se maintient, en se renouvelant sans cesse, et votre existence se maintient.

Est-il, dans votre Être, une partie qui soit destinée à conserver l'existence à l'aide d'un renouvellement indéfini? cela est possible; les Lois de l'Univers ne s'y opposent pas; un renouvellement indéfini ne déroge, ni à l'Expansion, ni à l'Équilibre.

En chacun de vous, Messieurs, une réunion d'idées, une *âme*, une représentation de l'Univers, se forme et se renouvelle sans cesse; serait-il impossible que cette réunion d'idées, cette âme, cette représentation de l'Univers, pût devenir un Être indépendant, susceptible par lui-même d'un renouvellement d'existence? non, Messieurs, aucun de vous ne pourrait affirmer que cela ne puisse être; et j'affirme, à mon tour, qu'aucun de vous ne le désire.

Mais, ne l'oublions pas: pour qu'une propriété si heureuse, si désirable, soit possible, il faut que les lois de l'Univers ne l'empêchent pas; il faut que l'unité rigoureuse de ces lois et de l'Univers entier soit maintenue; c'est uniquement l'ordre, l'unité, qui fixent l'enceinte du possible. Dans l'Univers, ce n'est pas seulement le désordre qui est impossible; c'est la simple incohérence qui est de toute impossibilité.

Ainsi, Messieurs, tout en formant les vœux les plus nobles, les plus dignes des hautes prérogatives qui nous distinguent, nous n'accepterons, à titre d'espérance, que ce qui sera autorisé par l'instruction que nous aurons acquise sur la Nature universelle; car, au terme de nos travaux, cette instruction sera positive, incontestable, puisque toutes les parties en seront liées par l'ordre et l'unité.

C'est sur ce Plan d'ordre et d'unité que nous étudierons les merveilles de notre existence intellectuelle; et nous ferons cette étude avec méthode, en passant du simple au composé. Ainsi, nous reviendrons vers l'enfant qui reçoit le jour; nous saisirons, à leur début, ses premières *idées*; nous suivrons, dans leur formation successive, dans leur développement, dans leur augmentation, ces *idées*, ces Êtres susceptibles de mouvemens, de combinaisons, d'analyses réciproques; de telles propriétés nous révèleront leur nature; car on ne peut être indécis sur la nature d'Êtres susceptibles d'analyses réciproques, de combinaisons, d'augmentations, de diminutions.

De même que nous avons distingué, en Physique, le mouvement des corps qui le reçoivent, nous distinguerons, en Idéologie, le *Principe sentant*, ou la Faculté de sentir, de tous les sujets sur lesquels elle s'exerce; et nous montrerons que cette Faculté a pour sujets, non-seulement tous les Êtres extérieurs avec lesquels nous pouvons entrer en communication, mais encore nos *idées*, ces Êtres intérieurs, qui représentent les Êtres extérieurs.

Ce sera la première fois sans doute que cette distinction, entre les idées et la sensation des idées, aura été établie. Mais nous montrerons que cette distinction est, dans notre nature, un Fait positif, certain ; et nous rappellerons, à ce sujet, ce qui est de toute évidence : que ce n'est point à l'Esprit humain à inventer, à créer des Faits, mais à étudier et à reconnaître ceux qui existent. Adopter ce qui est, rejeter ce qui n'est pas : c'est toute la destination de ses forces et de sa puissance.

Les idées étant ainsi, comme nous le prouverons jusqu'à l'évidence, des Êtres particuliers, que tantôt le sentiment anime, que tantôt il délaisse, de véritables Êtres organisés, dont l'Expansion est tantôt vive, tantôt légère, tantôt suspendue ; et enfin ces Êtres organisés, ces idées, formant, en chacun de nous, une collection plus ou moins nombreuse, il fallait bien donner un nom à l'Être organique formé de leur réunion. Nous avons conservé, en sa faveur, le nom qui, jusqu'à présent, désignait, vaguement et à la fois, le *Principe sentant* et les *idées*. Ainsi nous réserverons exclusivement le nom d'*âme* à l'Être organique formé de la réunion des idées.

Il semble d'abord, puisque ces deux choses, les idées et le sentiment des idées, sont essentiellement différentes, que le nom d'*âme* devait appartenir spécialement au Principe qui nous donne la Faculté de sentir. Ce Principe est réellement la Puissance qui anime. Mais un grand nombre d'expressions consacrées dans toutes les langues nous ont donné un motif pressant pour nous écarter, en cette occasion, de la correction précise. Lorsque l'on veut être entendu, dans l'exposition de pensées nouvelles, il est important de respecter les acceptions reçues, lors même qu'elles ne sont pas exactes. Ainsi, *âme belle*, *âme étendue*, *âme faible*, *âme forte*, *âme naissante*, *âme pure*, *âme déréglée*, toutes ces expressions, et un grand nombre d'autres, désignent directement les divers états dans lesquels peuvent être nos idées qui, en effet, sont susceptibles d'un grand nombre de modifications; mais ces expressions ne peuvent point s'appliquer au Principe qui nous donne la Faculté de sentir: Principe immatériel, par conséquent toujours semblable à lui-même, et ne pouvant être modifié, en apparence, que par les divers états des sujets auxquels il s'applique. C'est ce que nous aurons grand soin d'éclaircir.

Comme nous ne pouvons sentir nos idées que lorsqu'elles se meuvent ; comme, toutes les fois qu'elles se meuvent, il se fait entre elles plus ou moins de changemens, plus ou moins de combinaisons, et que nous avons la conscience de ces combinaisons, de ces changemens, de ces mouvemens, pendant tout le temps de leur durée, il fallait bien encore désigner, par une expression générale, cette conscience de toutes nos sensations intérieures. Nous avons conservé l'expression *intelligence*, expression consacrée, dont nous avons seulement fixé le sens avec exactitude : à l'aide d'une application de ce mot, nous allons déjà nous faire entendre.

Pendant le sommeil profond, nous sommes sans *intelligence ;* cependant nous possédons toutes nos *idées ;* mais leur Expansion est suspendue ; nous ne les sentons pas. Au réveil, l'Expansion leur sera rendue ; la Faculté de sentir leurs mouvemens rentrera en exercice ; nous reprendrons possession de l'*intelligence*.

L'*intelligence*, ou sentiment de l'action des idées, peut évidemment être considérée sous plusieurs rapports, ou être divisée en un certain nombre d'opérations : la *mémoire*, l'*attention*, la *réflexion*, le *jugement*, l'*imagination*. Nous définirons ces divers modes du sentiment de nos idées, ou, pour parler déjà avec exactitude, nous définirons les divers états où se trouvent nos idées pendant la durée de chacune de ces opérations.

Mais, avant d'aborder ce champ d'une si vaste étendue, nous donnerons, par conjecture, la Physiologie de l'Ame, toujours considérée comme simple collection d'idées. Nous serons aidés dans cette indication par le beau travail de MM. Gall et Spurzheim, travail qui a conduit ces deux illustres Savans à un Système dont le Principe est incontestable, mais dont ils me paraissent avoir, plus d'une fois, forcé l'application. C'est ce que nous discuterons avec toute l'estime et toute l'attention que méritent les pensées de deux hommes si laborieux, si éclairés, et si réfléchis.

Après avoir défini et expliqué la *mémoire*, l'*attention*, le *jugement*, l'*imagination*, nous exposerons nos pensées sur une Faculté de haute importance, sur la *liberté*, ou *volonté*.

La Liberté est, en nous, comme la Vie, une chose de notoriété intime, une chose de sentiment. Nous sentons que nous sommes libres d'agir, pour notre intérêt, ou contre notre intérêt, pour le bonheur de nos semblables, ou pour leur malheur. Nous sentons que chacune de nos déterminations est le fruit d'un choix que nous aurions pu ne pas faire, quelle que soit la puissance des motifs qui nous ont déterminés.

Comment néanmoins pouvons-nous être libres sans que l'unité de l'Univers soit troublée? Cette question est grande, la solution difficile; pour qu'elle soit donnée, je ne dis pas avec certitude, mais avec vraisemblance, les pensées de l'ordre le plus élevé doivent intervenir. Nous apprendrons du moins, en les écoutant, que nous pouvons être libres sans que l'Équilibre de l'Univers, et le balancement de nos propres destinées, soient dérangés.

Voici encore un sujet d'étude très important, mais qui prêtera à nos réflexions un point d'appui certain et précis.

Celles de nos actions extérieures qui suivent les opérations de notre intelligence, ne sont jamais que des expressions de nos idées. L'homme qui parle, l'homme qui écrit, l'homme qui compose ou exécute dans un art quelconque, ne fait jamais qu'exprimer, hors de lui-même, les idées dont il éprouve le mouvement; c'est-à-dire que, par son langage, ou son écriture, ou son chant, ou ses dessins, ou ses tableaux, il produit, au-dehors de lui-même, des effets qui donnent ensuite à lui-même, et aux hommes qui en sont témoins, des idées ressemblantes à celles dont il a senti l'action.

Nous définirons l'état de notre Ame, au moment où nous exprimons nos idées; nous expliquerons ce qui se passe en nous, lorsque le mouvement de nos idées nous conduit à leur donner l'expression la plus convenable.

Il est aisé de prévoir que le détail des diverses expressions, ou *signes*, de nos idées, sera étendu, et nous intéressera toujours. Nous diviserons ces signes de nos idées en deux classes. Nous comprendrons, dans la première, les signes fugitifs; tels que les *gestes*, et les *expressions vocales*. De tels signes ne transmettent nos idées qu'à ceux de nos semblables qui sont en notre présence à l'instant même où nous les exprimons. L'examen de ces signes nous conduira à assigner l'origine du *langage*, la cause physiologique de la diversité des *langues*, et à déterminer spécialement la source de tous les genres de mots dont se compose la Langue Française.

Dans la seconde classe de signes, nous comprendrons ceux qui ont de la permanence. Nous remonterons à l'origine de l'*Écriture*, non-seulement de celle qui fixe les mots d'une Langue, mais encore de l'*Écriture numérique*, et de l'*Écriture musicale.*

Nous terminerons cet examen des expressions de nos idées par des considérations générales sur la Poésie, la Peinture, la Sculpture, la Musique, en un mot, sur chacun des Beaux-Arts.

Cet examen nous conduira, comme vous devez le pressentir, à fixer les Lois de la Raison et du Goût en matière de Littérature. Nous dirons que la Raison doit présider à l'ordonnance des pensées, et le Goût à leur expression; que, par conséquent, toute composition littéraire doit être sensée, judicieuse, que ses diverses parties doivent être classées de manière à se soutenir mutuellement et sans efforts; que de cette nécessité de *classer* judicieusement les diverses parties d'un même sujet dérive le seul genre admissible en composition littéraire, le genre *classique*, mais que, dans l'expression des divers sentimens, des diverses pensées, le style *romantique* peut quelquefois trouver un emploi très convenable, parce que des sentimens, vagues par leur profondeur même, des pensées indécises, mais touchantes par l'effet même de leur indécision, peuvent très bien entrer, sous forme épisodique, dans un Plan judicieux, que même certains sujets les rendent nécessaires.

C'est ainsi que le Peintre de paysage, ou d'histoire, place convenablement, dans ses tableaux sagement composés, dans ses tableaux classiques, des lointains vaporeux, au sein desquels l'imagination du spectateur se plaît à chercher ce qu'elle aime ou ce qu'elle désire.

De ces diverses applications des Principes généraux, nous rentrerons dans les questions plus spécialement idéologiques. Nous définirons l'*instinct*, et nous ne confondrons point ses résultats avec ceux de nos opérations intellectuelles.

Voici généralement la différence :

Lorsque nous agissons simplement par impulsion vitale, sans interventions d'idées, nous agissons simplement par *instinct ;* lorsque le mouvement de nos idées intervient dans notre action, notre action se compose, et de l'impulsion d'instinct, et de l'impulsion d'intelligence.

Il est évident que les Êtres organisés sont d'autant plus réduits aux mouvemens d'instinct qu'ils ont moins d'idées, et que, dans ceux qui, comme l'homme, ont beaucoup d'idées, il y a cependant un grand nombre de mouvemens qui ne sont que des mouvemens d'instinct.

Les plantes sont absolument sans idées; elles sont réduites à l'impulsion organique, à l'impulsion d'instinct. Mais les animaux ne sont pas tous dépourvus d'idées; ils en ont d'autant plus que leur organisation se rapproche davantage de l'organisation humaine.

Nous traiterons des idées que possèdent diverses espèces d'animaux, et des opérations qui dépendent du mouvement de leurs idées.

Revenant ensuite à l'homme, nous définirons l'*habitude;* nous expliquerons son influence sur notre organisation, et sur l'état de nos idées. Les considérations qui naîtront de ce sujet s'appliqueront à un grand nombre de choses importantes. Nous découvrirons, entre autres, pourquoi les mœurs et les habitudes des Peuples changent sans cesse, à mesure que leur civilisation s'avance; nous dirons pourquoi ces changemens successifs et inévitables entraînent, à un certain terme, d'inévitables révolutions; nous indiquerons, plus particulièrement, les causes générales de la Révolution française; nous montrerons que cette Révolution, frappante, impétueuse, n'a porté son impétuosité jusqu'à la violence, que parce qu'elle a été longtemps différée, écartée; si, vers le milieu du siècle dernier, lorsque le changement très prononcé dans les mœurs, et les opinions, commença à l'indiquer comme pressante et nécessaire, le Pouvoir souverain se fût chargé de la préparer, de la diriger, sa marche n'eût jamais été que calme et imposante. Supposons au contraire qu'au lieu d'éclater, il y a trente-trois ans, elle soit encore écartée pendant dix ou vingt ans, par les obstacles qui lui résistent, tout ce qui résulte de ce retard, c'est que lorsqu'enfin elle renverse ses barrières, elle se porte à un degré de furie supérieur encore à celui qui nous a si horriblement bouleversés. C'est par ces grandes catastrophes que la Loi universelle du balancement se montre dans toute son équité et toute son énergie.

Nous terminerons ces considérations par dire quels seront les caractères des Révolutions éprouvées par les Peuples qui, dans des temps plus ou moins reculés, et à la surface de lieux plus ou moins éloignés, succéderont au Peuple Français.

De ces pensées générales sur les divers états des idées nationales, nous rentrerons dans l'examen des divers états par lesquels peuvent passer les idées d'un même individu. Nous détaillerons les causes qui viennent quelquefois suspendre la vie de l'âme, ou la rendre incomplète. Le *sommeil* est la première de ces causes; nous le définirons à sa naissance, pendant sa durée, à son terme. Nous expliquerons l'état de *rêve* qui, ordinairement, vient le traverser. Ce délire passager, parfaitement conforme au délire permanent qui constitue l'aliénation mentale, nous aidera à connaître les causes qui conduisent, quelquefois, l'âme de l'homme à une altération si humiliante, si malheureuse; cette connaissance nous donnera celle des moyens de la prévenir ou de l'affaiblir.

Nous examinerons, avec détails, quel doit être le *caractère* particulier de chaque individu, d'après l'influence que son organisation et les circonstances de sa position exercent sur la composition de son âme.

Nous définirons les *qualités*, les *défauts*, les *avantages* qui naissent de la combinaison de ces diverses causes. Nous assignerons les conditions nécessaires à l'homme pour être homme *supérieur*, ou homme *inférieur*, ou homme *médiocre*. Nous citerons en témoignage quelques-uns des hommes qui se sont montrés supérieurs.

Nous citerons même les siècles qui ont paru être plus féconds en hommes d'une âme forte, d'un grand caractère; et là encore nous verrons en exercice la Loi du balancement dans les destinées humaines, car les grandes saillies de caractère n'ont jamais lieu que dans les deux sens opposés, et en se faisant Équilibre. A côté de l'élévation sublime, que l'on aime à remarquer, on trouve l'excès de faiblesse et d'avilissement, qui n'en existe pas moins, quoique d'ordinaire on ne le remarque pas, ou que du moins l'histoire semble dédaigner de s'en souvenir. Nous appliquerons surtout ces idées justes au siècle mémorable de Louis XIV.

Nous entrerons dans l'examen des diverses *affections* humaines. Nous dirons, avec tous les développemens que de tels sujets méritent, quel est l'état de notre âme, lorsqu'elle *désire*, lorsqu'elle *espère*, lorsqu'elle tombe dans le *découragement*, dans le *désespoir*.

Nous nous arrêterons sur la définition de l'*amour*, cette affection, tantôt violente et passagère, tantôt durable, parce qu'elle est alors douce, noble et profonde.

Nous dévoilerons l'état de l'âme *ambitieuse*. Nous montrerons ce qu'elle a souvent d'honorable et d'élevé, ce que, plus souvent peut-être, elle amène de honte et d'infortune.

Nous peindrons, nous expliquerons l'*envie*, cette passion sourde et dévorante, qui cause, d'ordinaire, de longues peines à l'homme qui l'excite, et toujours de violentes peines à l'homme qui la ressent.

Nous distinguerons la *jalousie* de l'envie; les mouvemens qui produisent la jalousie ont moins de durée; ils tiennent moins au caractère; ils sont ordinairement l'effet d'une circonstance dont l'action est de nature à s'affaiblir chaque jour.

Nous définirons l'*amour-propre*, ce sentiment universel, fondé sur ce que personne ne peut aimer à concevoir de lui-même une idée petite et misérable. Nous assignerons la différence qui sépare la *vanité* de la *fierté*. Nous montrerons comment le sentiment qui produit la fierté, produit aussi, d'une part, le *désir des suffrages*, désir qui est un lien très fort, très multiplié entre les hommes; et comment, d'un autre côté, ce même sentiment fonde celui de la *honte*, qu'il nous est si salutaire d'éprouver, lorsque, par notre conduite, nous nous sommes exposés à le connaître.

Nous expliquerons l'état de l'âme *généreuse*;

c'est l'état le plus doux, le plus honorable. La générosité de l'âme démontre, dans celui qui la possède, les plus nobles présens de la nature et le mérite de la sagesse.

L'âme de l'*égoïste* est l'opposé de l'âme généreuse; nous dévoilerons ce qui la caractérise; et nous ne la ferons pas aimer.

Nous ferons connaître les *avares;* ce sont les plus froids des hommes. On ne trouve point d'avares parmi les hommes en état de jouir vivement des douceurs de l'amitié, des merveilles des beaux-arts, des consolations de la piété, des charmes de la nature. On ne trouve point de femmes avares parmi celles qui connaissent le véritable amour, et qui l'inspirent.

Nous dirons quelles âmes éprouvent le sentiment de l'*honneur*, mettent dans leurs procédés et leurs discours une noble *franchise*, sont susceptibles de cette vive *indignation* que les méchans redoutent.

Nous dirons quelles âmes sont *confiantes*, quelles âmes sont livrées aux tourmens d'une *défiance* continuelle, quelles âmes, autrefois confiantes à l'excès, ont profité des leçons de l'expérience, ne se sont point jetées dans l'excès opposé, se sont arrêtées à la *prudence*.

Nous peindrons la *dissimulation*. Nous reconnaîtrons que ce défaut doit se trouver plus souvent dans le caractère des femmes que dans celui des hommes; mais nous serons bien loin de dire que toutes les femmes sont dissimulées.

Nous expliquerons l'état de l'âme livrée à la noble ardeur du *courage;* nous la suivrons même dans les élans d'une *témérité* aveugle; nous dirons pourquoi les anciens chevaliers ne connaissaient rien d'impossible, lorsque, dans les tournois, ils disputaient, en présence des hommes, et au jugement des femmes, le prix de la valeur.

Nous dévoilerons les mouvemens si doux de l'âme *reconnaissante*, les mouvemens si tendres de l'âme qui, à la vue du malheur, éprouve de la *pitié*, les mouvemens si nobles de l'âme qui, à la vue des grandes choses, éprouve de l'*estime*, de l'*admiration*, de l'*enthousiasme*.

L'âme *timide* nous intéressera par son émotion et ses souffrances; nous nous éloignerons de l'âme *présomptueuse;* nous serons touchés par la *pudeur;* nous serons révoltés par l'*impudence*.

Nous définirons la *politesse*. Nous distinguerons celle qui est l'expression d'un sentiment habituel de bienveillance, de celle qui n'est presque toujours que le vernis de la fausseté.

Nous peindrons l'*entêtement*, l'*opiniâtreté*,

la *résolution*, la *fermeté*, l'*irrésolution*, la *constance*.

Nous dirons ce qui fait que certains hommes sont habituellement *silencieux*, que d'autres, au contraire, ne cessent de jeter des paroles.

Nous dirons quelles idées peuvent nous inspirer de la *crainte*, quelles autres peuvent nous frapper de *terreur*, quels effets, quels désordres, peuvent être produits en nous par les impressions terribles.

Nous peindrons la *colère*, la *haine*, la *vengeance*; de ces sentimens affreux le besoin de repos nous fera passer à l'examen de dispositions intéressantes; nous dirons quel est l'état de l'âme abandonnée à la *mélancolie*, à la *tristesse*.

Nous peindrons aussi, et la *gaieté* et la *joie*, et le *chagrin* et l'*humeur*.

Ce tableau général des dispositions de l'âme nous ayant donné une connaissance plus étendue de sa nature, nous profiterons de cette connaissance pour poser les idées fondamentales de l'*éducation*, de la *législation* et de la *politique*.

L'Éducation n'est que l'art d'améliorer, le plus possible, l'âme et le tempérament des enfans. Cet art précieux suppose, par conséquent, que l'Éducateur lui-même est dirigé par les idées les plus vraies sur la nature de l'homme, et sur ses rapports avec tous les Êtres qui l'environnent.

Il en est de même de la Législation. Le Législateur n'est autre chose que l'Éducateur des Peuples.

Les fonctions du Politique, ou de l'homme d'État, sont du même genre, mais elles ont encore plus d'étendue. L'homme d'État qui préside aux destinées d'un Peuple, étudie avec soin son tempérament national, sa position géographique, ses relations avec les Peuples qui l'environnent, et, par-dessus tout, son âge de civilisation. Cette dernière condition est celle pour laquelle il a le plus d'égards dans les institutions qu'il établit. Si, par exemple, le Peuple est encore simple, rapproché de son origine, si, comme les enfans, il n'a encore qu'une industrie naissante, et des lumières naissantes, l'homme d'État favorise la division en diverses classes ou corporations, parce que chaque individu étant faible, a besoin, pour s'élever, de s'appuyer sur un certain nombre d'autres. Mais si, à l'aide du temps, le progrès de l'industrie et des lumières a répandu partout l'activité et la force, si, dans l'ensemble de la société, le mouvement, très multiplié, très fécond, et croisé dans tous les sens, a effacé les distinctions nominales, et rendu cette société à peu près homogène, alors l'homme d'État, considérant l'égalité politique, comme un Fait général, qui ne peut plus reculer, place ce Fait en première ligne dans les motifs de toutes les lois sociales; pour cette raison, il proclame comme un droit la participation du Peuple à la confection de ces lois.

Mais, d'un autre côté, si le Peuple est nombreux et répandu sur un vaste territoire, si, pour cette raison, il ne saurait, ni délibérer sans tumulte, ni même être rassemblé sans danger, si l'extrême multiplicité des intérêts, leur extrême divergence, et le sentiment général de l'égalité politique, rendent sans cesse l'anarchie imminente, si, enfin, une telle condition d'existence indique le Pouvoir monarchique comme impérieusement nécessaire, l'homme d'État constitue fortement ce Pouvoir; par l'hérédité sacramentelle, il en assure l'indépendance; il lui confie, non-seulement toute l'exécution des lois, mais le droit de préparer, de mûrir, de proposer celles que les circonstances peuvent rendre convenables; enfin, il n'attribue qu'à la partie du Peuple que la stabilité sociale intéresse, il n'attribue qu'aux propriétaires la discussion et l'acceptation des Lois.

Telle est la forme de Gouvernement qui, seule alors, peut prévenir la dissolution du corps social.

Cette vérité importante méritera, de notre part, de grands développemens. La haute Politique est le champ principal des méditations du Philosophe. Par la haute Politique il faut entendre, non la connaissance particulière des circonstances transitoires qui, dans un moment donné, caractérisent l'existence d'un Peuple, mais la science générale des mouvemens essentiels à toutes les sociétés. La haute Politique, considérée dans toute son étendue, est une Science, parce que toutes les sociétés humaines sont régies, dans l'ensemble de leur existence, par des Lois immuables, et communes à toutes, dont l'exercice seulement se modifie au gré des circonstances d'origine, des circonstances d'âge, et des circonstances de position.

Nous définirons ces Lois, et cela nous sera facile; car elles sont nécessairement les mêmes que celles qui règlent la marche de l'Univers, dont les Sociétés humaines ne sont que la plus belle partie.

Nous suivrons ensuite l'application particulière de ces Lois à plusieurs peuples de l'antiquité, et à plusieurs peuples des temps modernes; nous montrerons alors, à l'aide des détails fournis par l'histoire, en quoi consistent, pour chaque peuple, l'influence de l'origine, l'influence du climat, et celle des circonstances contemporaines. Dans cette exposition méthodique, nous aurons soin de ne jamais nous écarter de cette impartialité, de ce désintéressement qui, seuls, conviennent au langage du Philosophe. Cette saine et véritable Philosophie ne s'adresse à aucun parti, ne caresse aucune opinion; elle concilie toutes les opinions, elle parle à tous les hommes.

Messieurs, c'est par la haute politique que nous terminerons la suite graduelle des Vérités positives, des Vérités qui peuvent être découvertes et fixées par notre Raison mettant en œuvre l'expérience, des Vérités, en un mot, qui, par leur enchaînement, forment, pour nous, la Science générale.

Oui, Messieurs, c'est la Science générale toute entière, c'est du moins son enceinte toute entière, que nous venons de parcourir. L'homme peut parvenir à connaître avec précision la chaîne immense des objets que nous venons d'indiquer, parce que, tous ces objets restant sans cesse à sa portée, il lui est permis de les étudier sans cesse, et de vérifier sans cesse les raisons qu'il croit apercevoir de leur existence.

Le Domaine de la Science positive vient donc de finir. En ferons-nous le terme de nos méditations? Non, Messieurs; nous oserons le dépasser; nous oserons entrer dans le champ bien moins éclairé, mais plus attrayant peut-être, de ce que notre imagination est glorieuse de concevoir, quoique d'une manière confuse et incertaine, de ce que les pensées les plus douces, les plus salutaires, nous persuadent, sans pouvoir nous en donner une démonstration évidente, de ce qui, enfin, est le plus noble et le plus pressant objet de nos désirs.

Veuillez bien m'écouter quelques momens encore; que votre attention même s'augmente; je vais vous parler de votre plus grand intérêt.

Messieurs, je le disais, il y a peu d'instans : L'homme peut être amélioré par les soins de l'homme; et c'est en cela que consiste le pouvoir de l'éducation; mais chaque individu, lui-même, peut améliorer son Être; et c'est en cela que consiste le pouvoir de la Sagesse.

Pour diriger l'homme dans l'acquisition des biens de la sagesse, la *conscience* lui a été donnée. La conscience n'est autre chose que le sentiment des idées qui portent l'homme à respecter les droits des autres hommes.

La conscience, renfermée dans ces termes, commande l'observation des Lois de la justice. La générosité est la perfection de la justice, la perfection de la conscience; l'homme généreux fait encore plus de bien à ses semblables que l'homme juste, et lui-même améliore son Être à un degré plus élevé, que lorsqu'il se contente de suivre les Lois de la justice.

Ainsi, la plus grande amélioration dont chaque individu soit susceptible, est essentiellement liée à la plus grande somme de bien qu'il puisse verser sur ses semblables.

Par une conséquence nécessaire, l'homme qui fait le plus de bien à ses semblables, qui agit le plus manifestement, à leur égard, d'une manière opposée à celle dont il voudrait que l'on agît à l'égard de lui-même, cet homme est celui qui porte lui-même à son Être le plus de détriment.

Loi admirable par sa justice! nous montrerons comment les Puissances qui conduisent l'Univers sont chargées de donner à cette Loi une exécution constante; nous montrerons comment se dégrade l'âme du méchant, comment l'âme du sage se perfectionne, comment la perfection que l'homme lui-même procure à son âme, est sans cesse proportionnelle à la sagesse de sa conduite.

Rappelons maintenant une haute pensée que déjà nous avons osé entrevoir.

L'Univers entier concourt à la composition de notre Ame ; c'est l'objet de la constitution universelle. Ainsi, notre Ame est appelée à représenter ce magnifique ouvrage.

Or l'Univers est immuable dans son ensemble ; il est rendu éternel par le balancement des Forces qui maintiennent en lui la faculté de produire.

Si notre Ame est appelée à représenter l'Univers, pourquoi ne serait-elle pas appelée à devenir, comme lui, immuable par le balancement continu de ses forces, et le renouvellement indéfini de ses parties ?

Mais il n'est que l'Ame du sage qui déjà soit composée selon un balancement parfait, dont toutes les parties soient en Équilibre. Il n'est que l'Ame du sage qui représente l'Univers.

Le Sage !... Existe-t-il, a-t-il existé un Sage sur la Terre ? Non, sans doute, si l'on donne exclusivement le nom de sagesse à une perfection sans négligence. Cependant, avant le terme de la vie, l'homme qui ne pratiqua point toujours la sagesse, l'homme qui fut même souvent coupable, peut être devenu un Sage; son âme peut avoir repris une composition heureuse, parce qu'il peut avoir compensé les effets funestes des fautes qu'il a commises, par les effets salutaires des actions vertueuses qui n'étaient pas comprises dans ses devoirs. L'état de justice continue aurait donné, à la composition de son âme, une perfection continue; s'il a gâté son âme, s'il en a dérangé la composition toutes les fois qu'il s'est éloigné de la justice, il a réparé ce dommage toutes les fois que, par ses actions, il s'est élevé au-dessus de la justice. Si cette compensation a été entière, l'homme, autrefois coupable, a reporté son âme au degré de perfection où une sagesse continue l'aurait placée; il lui a rendu l'état de composition heureuse; c'est aux Puissances qui conduisent l'Univers à l'en faire jouir.

Oui, Messieurs, c'est aux Puissances qui conduisent l'Univers à assurer, à exécuter les récompenses dues à l'homme Sage. L'harmonie, l'intelligence, le sentiment, qui se montrent dans l'Univers, harmonie, intelligence, sentiment, qui ne sont point, qui ne peuvent être dans les facultés de la matière, attestent un Auteur immatériel. Or, l'Auteur immatériel d'un ouvrage si magnifique, l'Auteur de l'Univers possède, nécessairement, la puissance infinie, l'intelligence infinie, la bonté infinie; le Plan universel qu'il a réglé ne peut être que conforme à l'ordre, à la justice, à la bienfaisance. L'homme, ce dernier terme de la gradation des Êtres créés, a reçu le sentiment de la liberté, le sentiment de la justice, et le désir du prolongement indéfini de son existence. Si, comme nous le démontrerons, tout ce qui existe dans l'Univers a eu, pour destination, d'être utile à l'existence de l'homme, ce n'est point à son existence terrestre que la gradation d'utilité universelle doit s'arrêter; ces trois facultés éminentes que l'homme possède, le sentiment de la liberté, le sentiment de la justice, le désir de l'immortalité, ces trois facultés qui le distinguent de tous les Êtres inférieurs, ne peuvent point demeurer sans emploi dans l'existence de l'homme, et elles demeurent sans emploi, si les Forces universelles, chargées de la composition de l'homme, ne sont point chargées encore de prolonger son existence au-delà de la vie terrestre, lorsqu'il s'est donné le droit de réclamer cet avantage.

Ainsi, d'après cette pensée, si grande, si consolante, le renouvellement indéfini de l'âme du

Sage serait le but extrême de la composition du monde !

Arrêtons-nous, Messieurs, ne cherchons pas aujourd'hui comment la constitution de l'Univers peut se concilier avec cet acte de justice et de bonté divines. Je ne puis aujourd'hui que vous indiquer les grands sujets qui occuperont nos méditations ; la discussion doit en être attentive et graduelle. Afin, cependant, de fournir déjà un aliment à votre juste impatience, je vous présenterai les observations suivantes :

Lorsque nous sommes profondément endormis, qu'aucun songe même ne se présente, quel est l'état de notre âme? il est évident qu'elle n'est pas anéantie; toutes les idées qui la composent existent en nous, puisque nous les retrouvons toutes à notre réveil.

L'Ame peut donc survivre à une cessation de sentiment, et rentrer en jouissance de ce sentiment, aussitôt que les circonstances qui l'ont suspendu sont terminées. Lorsque nous aurons expliqué comment le sommeil est une de ces circonstances, nous entendrons plus aisément comment la mort de notre tissu organique peut n'être qu'une circonstance semblable.

Et, à ce terme, nous rappellerons ce que déjà nous aurons appris : que la naissance de notre âme, considérée toujours, et exclusivement, comme réunion de nos idées, est très postérieure à la naissance de notre corps; que, par conséquent, les lois même de l'équilibre peuvent lui donner la faculté de survivre à notre corps même.

Pendant les neuf mois que nous passons dans le sein de notre mère, nous sommes absolument sans idées; plusieurs mois s'écoulent encore, depuis que nous avons reçu le jour, avant que nos premières idées même commencent à s'ébaucher, et, pendant toute la vie, notre âme se forme, ce qui n'est le cas d'aucun de nos organes; pendant toute la vie, nous avons la faculté d'acquérir des idées nouvelles; dans la vieillesse, au bord même du tombeau, nous pouvons apprendre ce que nous ne savions pas, imprimer un meilleur ordre à nos connaissances antérieures, en un mot, améliorer, perfectionner la composition de notre âme; et cet avantage appartient surtout au vieillard qui a modéré ses passions, qui s'est abstenu de ces actions dont le souvenir dévore, qui a mérité l'affection, l'estime, qui, en un mot, a vécu avec sagesse.

L'Ame humaine peut donc se trouver encore en mouvement de formation, d'accroissement, au moment où ses enveloppes l'abandonnent;

son existence peut donc n'être rien moins que terminée, et elle peut être en état de porter ailleurs, de féconder ailleurs, le Principe vital dont elle est encore pénétrée ; il ne s'agit que de chercher, dans sa constitution, et dans la constitution de l'Univers, comment peut s'effectuer ce prolongement d'existence.

Nous nous permettrons, Messieurs, cette importante recherche ; et d'avance vous apercevez quel en sera l'esprit ; déjà vous découvrez que, dans le Système que je présente, les inductions morales découlent immédiatement des faits scientifiques; et cette liaison immédiate de la Morale et du Savoir est, à vos yeux, un témoignage de Vérité; lorsque l'Auteur de l'Univers nous invite à nous éclairer, à étudier son ouvrage, à ne nous arrêter dans cette étude que lorsqu'elle sera parfaite, quel pourrait être son but, si ce n'est de nous conduire à la morale la plus pure, la plus vraie, la plus digne de nous honorer à ses regards !

C'est donc par impulsion divine que nous marchons vers la Science universelle ; et un tel sentiment doit nous donner bien du courage.

Mais fixons bien d'avance le caractère de la Science universelle, et des divers sujets qui doivent la composer. Ces inductions morales, que je viens de tracer, ne font point partie de ce que l'on pourrait appeler le corps du Système universel; elles en sont, pour ainsi dire, l'atmosphère; elles en émanent extérieurement, à titre d'auréole délicate, nébuleuse, indéterminée, domaine convenable à cette faculté d'imagination, qui nous a été donnée pour l'enchantement de la vie, et qui ne veut rien de précis dans les pensées dont elle s'occupe.

Mais, dans le corps du Système, tout est domaine de la Raison sévère; tout est positif, fixé, démontré, ou du moins susceptible de l'être.

L'année dernière, c'est de la Physique positive, c'est de l'Astronomie positive, c'est de la Géologie positive, que je développai en votre présence. Cette année, grâces aux secours du Savant si recommandable que je vous ai nommé, une précision encore plus avancée, un enchaînement encore plus méthodique, appartiendront à l'exposition de mes pensées en Physiologie et en Idéologie; vous connaîtrez avec exactitude tout ce qu'il y a d'essentiel dans l'homme vital, dans l'homme intelligent, et dans l'homme social; d'ailleurs, j'invoquerai, comme l'année dernière, toutes les objections, toutes les résistances; je vous prierai, comme l'année dernière, de m'opposer ce qui, dans vos connaissances antérieures, ou dans les faits qui vous seront révélés à cette même tribune par les habiles Professeurs, mes Collègues, vous paraîtra me contredire. Comme l'année dernière, je répondrai avec empressement et déférence à tous les genres de communications; ici, l'opposition franche, mais jamais hostile, ne servira qu'à mettre la Vérité en plus forte évidence, à montrer, dans le Système que j'ose présenter à mes contemporains, les caractères essentiels de la Vérité.

Messieurs, le sentiment de ces caractères me presse, je voudrais le faire passer dans votre âme au degré où je l'éprouve; je voudrais invoquer à la fois les témoignages de tous les ouvrages parfaits.

Que vous ont appris les plus magnifiques chefs-d'œuvre de l'art ou de la nature? quelle idée ont-ils fixée dans votre imagination? ils ont semblé vous dire : unité d'objet et de principe, simplicité de moyens, étendue de rapports, utilité d'existence; voilà ce qui nous distingue; voilà ce qui fait notre beauté.

Et la Nature universelle, qui occupe toute l'étendue, qui comprend tous les Êtres et tous leurs rapports, qui se rend utile à chacune des parties qui la composent, la Nature universelle aurait plus d'un Principe? elle aurait plus d'un objet, ou, ce qui serait la même chose, elle n'aurait point d'objet? la Nature, prise dans son ensemble, serait donc moins belle que quelques-unes de ses parties? nous pourrions admirer quelques unes de ses parties; et Elle, nous ne pourrions l'admirer?

Cela ne peut être. L'Univers est certainement un ouvrage admirable, sublime. Qu'est-ce qu'un ouvrage sublime? c'est ce qui est, à la fois, très grand et très facile à saisir. Notre âme est frappée, élevée, agrandie, lorsqu'elle conçoit aisément, promptement, un grand nombre de grandes choses.

Quel est donc l'engagement que j'ose prendre, moi qui viens vous dire : l'Univers a occupé ma pensée, il va occuper la vôtre!

Je m'engage à vous faire concevoir aisément, promptement, le plus grand nombre possible de choses qui ont le plus d'étendue et de grandeur.

Je sens, j'affirme, que, dans ma pensée, tout est lié, tout est simple; je sens, j'affirme, que tout se liera, tout deviendra simple dans la pensée de l'homme qui m'écoutera. Et, à cet égard, je ne crains pas d'invoquer le témoignage de ceux d'entre vous qui m'ont écouté l'année dernière; tous les mystères de la Physique n'ont-ils pas été dévoilés par le Principe universel? si j'ai excité quelque surprise, n'est-ce pas pour avoir rendu très accessible à l'intelligence humaine ce qui semblait devoir lui être à jamais interdit?

Ma tâche, cette année, est bien plus facile; toutes les bases sont posées; il ne s'agit plus que de marcher d'inductions en inductions, de conséquences en conséquences.

Ainsi, Messieurs, que ceux d'entre vous qui vont me faire, pour la première fois, l'honneur de suivre le développement de mes pensées, bannissent l'attente d'une occupation difficile. Tous les Savans, tous les Géomètres, tous les Naturalistes, se sont réunis pour vous dispenser d'un travail profond. Tous les hommes, si justement célèbres, qui, en France, en Europe, dans les temps antérieurs, dans les temps modernes, ont successivement étudié les Faits et tracé leur histoire; ces hommes qui, la plupart, auraient élevé le Système universel, si, comme moi, ils étaient venus après eux-mêmes, s'ils n'avaient pas consumé leur temps en immenses travaux préparatoires, ces hommes illustres, vos maîtres et les miens, m'ont tout montré; c'est par ma voix qu'ils vont tout vous apprendre; je ne suis que le Rédacteur de leurs ouvrages; ils m'ont remis le fil d'Ariadne; suivez-moi; il n'y a plus de labyrinthe.

PREMIÈRE SÉANCE.

Bases de la Physiologie générale.

MESSIEURS,

Dès le principe de nos méditations, nous avons défini le sujet qu'elles devaient embrasser. Nous avons dit : l'Univers est l'ensemble des Êtres et de leurs rapports.

Nous avons donné le titre d'Être à tout ce qui possède une existence apercevable par nos sens, ou appréciable par notre pensée. Ainsi, nous nous sommes abstenus de placer parmi les objets sur lesquels notre imagination, notre raison, nos observations, devaient s'exercer, l'Être infini, Principe de l'Action universelle ; nous avons circonscrit notre étude dans le domaine de ce que notre intelligence peut comprendre, de ce que notre raison peut expliquer.

Tout Être accessible, soit à nos sens, soit à notre intelligence, occupe un lieu défini, un espace limité ; telle est, pour nous, la première condition positive de l'existence.

Cette vue générale et primitive nous a conduits à une première division des Êtres, en Êtres simples ou *Élémens*, et Êtres composés, ou formés de la réunion d'un nombre plus ou moins considérable d'Êtres simples.

Nous avons cherché les lois générales auxquelles sont assujetties les diverses actions exécutées, soit par les Élémens simples, soit par les corps composés. De cette recherche méthodique et graduelle, nous avons formé la Science fondamentale, la *Physique*.

Mais, dès nos premiers regards sur les Êtres composés, nous avons vu qu'ils pouvaient, à leur tour, être divisés en deux Classes générales : les *Êtres inorganisés*, ou les Êtres dont la durée est sans périodes, l'existence sans règle, et les *Êtres organisés*, ou ceux dont l'existence et la durée sont soumises à un mode particulier de succession.

Ces Êtres forment le domaine de la Science qui s'élève sur la Science fondamentale : cette Science est la *Physiologie*.

Physique, *Physiologie* : telle est la grande division que l'on peut établir dans la Science générale ; car il n'y a que deux grandes Classes d'Êtres composés : les Êtres *qui ne vivent pas*, et les Êtres *vivans*.

Nous allons parcourir graduellement, méthodiquement, la Science des Êtres vivans, la Physiologie.

Mais quel sera notre point de départ? Où commence la *Vie* dans la Nature? Quelle est la forme, quel est le mode d'existence de l'Être qui la possède au degré le plus simple? Par quelles conditions passe-t-elle, lorsqu'elle s'élève graduellement, de ce premier terme de simplicité, au terme supérieur de complication?

Pour répondre à ces questions d'immense étendue, nous devons consulter le Principe universel et l'expérience.

Le Principe universel nous apprend que tout Être composé est un foyer d'Expansion qui tend à le dissoudre. Cette condition d'existence étant fondamentale, universelle, appartient également aux Êtres inorganisés et aux Êtres organisés.

La différence qui distingue ces deux Classes d'Êtres ne consiste donc point en ce que les uns sont inexpansifs, et les autres expansifs, mais en ce que le mode d'exercice de l'Expansion, dans les uns, est différent du mode d'exercice de l'Expansion dans les autres.

Or, notre imagination, guidée par notre raison, découvre d'avance qu'entre des Êtres qui, tous, sont essentiellement en Expansion actuelle et continue, il ne peut exister, sous le rapport de cette Expansion même, qu'une seule différence caractéristique :

Ou bien, l'Expansion est vague dans la substance du corps; elle n'y possède pas un foyer spécial; son action y est indéterminée, dans sa direction et sa nature. Ou bien, elle y a un centre particulier; et là, non-seulement son action est plus marquée, plus énergique que dans les autres points de la substance; mais c'est de là spécialement qu'elle rayonne; c'est là qu'elle a établi un centre de relations expansives avec tous les autres points. Dans ce dernier cas, la constitution et l'action du corps sont régulières, ordonnées, ou plutôt subordonnées. Ce corps forme un *système;* il est *organisé.*

Dans le premier cas, au contraire, le corps n'est point ordonné dans sa composition, ni dans son action, d'une manière *systématique;* il n'est point *organisé.*

Voilà ce que le Principe universel révèle d'abord à notre pensée; il commence par nous faire entrevoir que tous les Êtres sont, ou des individus à constitution ordonnée et systématique, ou des masses d'élémens agrégés par simple juxta-position; il nous montre encore, par anticipation, que l'organisation systématique peut être, elle-même, ou simple ou composée; car nous concevons comme possible qu'un Être organisé au degré le plus simple, c'est-à-dire n'ayant qu'un centre d'Expansion, une forme sphérique, et un très petit nombre d'élémens, s'unisse à un nombre plus considérable d'Êtres qui lui ressemblent, et que cette réunion se subordonne systématiquement à un centre commun d'Expansion générale; il est évident que cette distribution systématique, ou organique, d'Êtres organisés, peut se faire selon un nombre indéfini de modes diversement combinés.

Cette vue générale se trouvant ainsi indiquée par le Principe universel, ayons recours à l'observation directe, et, pour cela, adressons-nous au Naturaliste plein de sagacité, d'attention et de patience, dont, l'année dernière, j'ai déjà cité les travaux. Je ne connais point, en Physiologie, d'ouvrage plus riche de faits importans que celui de M. Fray; et ses expériences, je dois le dire encore, ont entraîné toute ma confiance, parce que, d'une part, elles sont faites et racontées avec tous les caractères de la vérité, parce que, d'un autre côté, elles sont tellement concordantes avec les conséquences nécessaires de l'Action universelle, que cette Action, bien méditée, aurait suffi pour les faire entreprendre et pour en signaler d'avance les résultats (*).

Voici les plus décisives de ces expériences :

Si vous faites infuser, dans de l'eau distillée, et pendant un temps convenable, une portion quelconque d'un Être organisé, l'eau se charge d'une quantité plus ou moins considérable de globules qui s'y meuvent d'un mouvement propre, et avec plus ou moins de rapidité.

Toutes les parties de tous les animaux, et de tous les végétaux, donnent par infusion ces globules; et si, après avoir laissé macérer dans l'eau ces parties quelconques de végétaux ou d'animaux, vous les coupez en morceaux très petits, de manière à pouvoir les écraser sur le porte-objet du microscope, vous ne faites que séparer et étendre des globules, qui, pour manifester un mouvement propre très apparent, n'ont plus besoin que d'être dispersés dans une quantité d'eau plus considérable.

(*) Je dois répéter ici que M. Le Baillif, l'un des expérimentateurs qui ont le plus de constance, d'adresse et de probité, a répété celles de ces expériences que le climat de Paris rendait praticables, et les a trouvées parfaitement exactes. Je citerai bientôt un autre témoignage.

Enfin, si, après avoir bien étudié la forme et la grosseur de ces globules, vous examinez au microscope un morceau de fibre, soit animale, soit végétale, assez aminci pour être transparent; vous le voyez entièrement composé, sous divers entrelacemens, de ces mêmes globules dont l'eau s'était chargée; seulement, ceux qui sont dans l'eau s'y meuvent sans cesse, tandis que ceux qui forment l'élément de la fibre animale ou végétale, paraissent immobiles.

Quelle est la nature de ces globules nouveaux, et quel est le principe du mouvement qui les anime? un plus grand nombre d'observations nous aideront à le concevoir.

Si vous placez, sur le porte-objet du microscope, des liqueurs spiritueuses très pures, et qui ne contiennent point d'eau, vous y voyez aussi des corps mouvans; mais ils n'ont pas la figure de ceux des infusions aqueuses; ils sont alongés et très minces; leurs mouvemens ont beaucoup plus de vivacité et de brusquerie; de plus, vous n'avez qu'un instant pour les examiner; car à peine sont-ils étendus sur le porte-objet, et, par ce moyen, en communication avec l'air atmosphérique, qu'ils s'évanouissent, et semblent se résoudre en vapeurs.

Remarquez, Messieurs, la connexité de ces

trois conditions : alongement et amincissement du globule, activité beaucoup plus grande, dissipation beaucoup plus rapide. Que pourrions-nous voir, dans ces caractères, si ce n'est une plus grande intensité d'Expansion ?

Suivons les faits, et empruntons, pour les décrire, les expressions de l'homme judicieux et attentif qui les a si bien observés.

..... « Je me procurai, dit M. Fray, de la terre de jardins, de prés, de champs, de celle qui est au fond des lacs, des mares ; je mis séparément toutes ces espèces de terre dans de l'eau distillée ; j'examinai ensuite ces infusions au microscope, et je m'assurai facilement qu'elles avaient déposé dans l'eau un grand nombre de globules, presque tous immobiles dans le premier moment ; je les observai ensuite toutes les deux ou trois heures, et je les vis perdre, peu à peu, leur immobilité. D'abord, ils s'agitaient d'un mouvement de *balancement*, qui se changeait bientôt en un *tournoiement* assez vif qu'ils faisaient sur eux-mêmes. Enfin, après quinze ou vingt heures, quand la température de l'atmosphère était très élevée, ils avaient acquis un mouvement de progression très rapide, et nageaient en quantité dans la goutte d'eau ; la plupart ressemblaient, par leur forme et leur allure, à ceux que l'on voit dans les infusions végétales. Le mouvement était d'autant plus vif et plus général que ces terres avaient infusé plus long-temps, et qu'il faisait plus chaud.

« Pendant l'hiver, ces globules ne commencent à se mettre en mouvement qu'après plusieurs jours d'infusion. Pendant l'été, après plusieurs jours de grandes chaleurs, et à la suite d'un orage, on voit des globules mouvans, presqu'aussitôt après que l'on a délayé la terre dans l'eau distillée. »

Que de Faits dignes de nous occuper! ils montrent que, dans le sein de toutes les terres propres à favoriser la végétation, des globules, foyers d'Expansion concentrée, se forment tacitement, ou bien se déposent par le travail de décomposition auquel sont soumis des débris d'animaux ou de végétaux. Il est indubitable que ces globules, pendant qu'ils sont encore enfermés dans la substance de la terre, et coërcés par son poids, exécutent le mouvement de vibration qui appartient essentiellement à tout globule élastique; mais ce mouvement demeure inapercevable, tant que les globules ne sont pas mis en liberté. Aussitôt que cette liberté commence par leur immersion dans de l'eau liquide, ils se balancent d'abord sur eux-mêmes, comme pour essayer le sens principal de leur Expansion; aussitôt que ce sens principal se détermine, ils tournent sur eux-mêmes, parce que le mouvement de rotation, ainsi que le mouvement de vibration, est le fruit de l'Expansion concentrée. Enfin, leurs fluides expansifs débordent, et alors ils sont dans l'état électrique; leurs relations magnétiques s'établissent; ce qui leur imprime le mouvement progressif.

« M. Fray ajoute : Je les ai vus quelquefois s'arrêter tout à coup, et rester dans une parfaite immobilité pendant quelques secondes, partir ensuite spontanément, et très vivement, pour recommencer leur course. »

Ceux qui s'arrêtaient subitement, étaient subitement tributaires de gravitations ou de répulsions environnantes, qui, étant égales, se faisaient équilibre; mais bientôt une prépondérance se déterminait, et le mouvement recommençait.

Ce qui suit est très remarquable : « J'ai observé mille fois, dit M. Fray, qu'au moment où ils parcouraient la goutte d'eau avec le plus de vitesse, ils évitaient leurs semblables, et se déviaient de leur route avec la plus grande justesse, pour éviter de se choquer, ou de frapper tout autre corps. »

De telles déviations attestent des répulsions mutuelles qui, à leur tour, démontrent que chaque globule est en état de divergence.

« J'ai acquis, dit le même observateur, la preuve certaine que non-seulement l'*humus*, mais encore toute espèce de terre qui est habituellement pénétrée par l'eau et par l'air, renferme dans son sein une grande quantité de ces globules qui se mettent bientôt en mouvement quand ils sont en liberté dans l'eau, et qu'un certain degré de chaleur les pénètre ; que, seulement, ils sont en plus grande abondance dans les terres habituellement fumées, et qui conservent l'humidité, que dans celles qui sont sèches, friables, sablonneuses. Tous les fumiers contiennent ces globules en grande quantité ; ils en paraissent presque entièrement composés. La matière gélatineuse, que les Chimistes ont retirée de l'humus ou terre végétale, paraît n'être que ces globules mêmes réunis sans interposition de corps étrangers. »

Ainsi, les terres mêlées de débris de végétaux ou d'animaux recèlent en abondance des globules mouvans, qui y sont déposés par un travail de décomposition gêné, coërcé. Mais l'origine primitive de ces globules mêmes est indiquée par ceux qui se forment dans le sein des terres sèches, friables, sablonneuses, exemptes de débris d'Êtres organisés. Là il suffit que de l'eau, que de l'humidité, s'introduise et séjourne plus ou moins de temps, selon les faveurs de la température, pour que les fluides expansifs qui jaillissent de tous les corpuscules solides reçoivent, de la substance aqueuse, une capsule qui les fait passer à l'état de globule gazeux, ou sur le point de le devenir. Cette opération est ressemblante à celle qui, dans l'appareil galvanique, produit les gaz oxigène et hydrogène. Seulement, dans cet appareil, la gazification de l'eau se fait avec ordre et équilibre, tandis que, dans le sein de la terre humectée, elle se fait confusément et en tumulte.

Il nous est maintenant facile de concevoir de quelle utilité sont les engrais et les labours pour les végétaux confiés à la terre par l'agriculteur. Les engrais fournissent immédiatement, par la décomposition des matières animales et végétales dont ils sont formés, une quantité abondante de globules mouvans; et les labours, en ouvrant la première couche du sol, en désunissant les terres qui la composent, en les rendant meubles, spongieuses, dilatées, ménagent de nombreuses cases à l'air atmosphérique, aux molécules aqueuses, à la chaleur, à la lumière; l'Expansion de toutes ces substances, à demi coërcées, en forme des globules mouvans.

Par un mécanisme que nous expliquerons bientôt, les racines des plantes aspirent ces globules mouvans; c'est leur aliment essentiel.

« Le suc des racines des plantes, dit M. Fray, est, ainsi que toutes leurs parties, composé d'un très grand nombre de globules, et d'une petite quantité de fluide qui le délaie légèrement. J'ai souvent mis, sur le porte-objet du microscope, une goutte de l'infusion de la terre végétale, et une goutte de celle du suc des racines; je les ai ensuite observées, en promenant alternativement l'instrument sur l'une et sur l'autre, et je me suis assuré, par ce procédé, que les globules de ces deux infusions offraient beaucoup de ressemblance, et avaient des mouvemens qui présentaient à peu près les mêmes phénomènes.

» J'ai vu, dans certains pays, où la pierre est très rare, les cultivateurs entourer leurs propriétés de murs faits de terre. Cette manière de clore a le double avantage de séparer les héritages, et d'augmenter la quantité des engrais. Après que ces murs ont resté exposés, pendant quelque temps, à l'influence des fluides atmosphériques, ils contiennent une grande quantité de substance nutritive, qui fertilise singulièrement les champs sur lesquels on répand les débris de ces clôtures. »

Les végétaux ne sont pas les seuls Êtres organisés qui s'alimentent immédiatement des globules mouvans formés dans le sein des eaux ou de la terre; presque tous les poissons, beaucoup d'insectes aquatiques, et de quadrupèdes ovipares, puisent immédiatement cette nourriture dans la vase des mers, des rivières, et des lacs; et c'est, comme nous le verrons bientôt, ce qui rapproche leur organisation de celle des plantes. Les vers de terre semblent jouir de cette faculté à une condition particulière. On trouve souvent, dans l'intérieur de leur corps, une quantité apercevable de la terre au sein de laquelle ils ont vécu : ils aspirent, comme l'on voit, le vase même qui contient leur aliment essentiel.

Mais, par l'effet même de la vivacité expansive dont jouissent l'homme et les animaux des classes supérieures, les globules mouvans, dans l'état natif, non encore élaboré, non encore modifié par des combinaisons successives, ne sauraient convenir, soit à la respiration, soit à la nourriture de ces Êtres éminemment organisés. Aussi, les observations précédentes expliquent en même temps pourquoi les terrains les plus favorables à la végétation sont ceux qui ont demeuré long-temps couverts d'eaux stagnantes, et pourquoi ces terrains commencent par être si insalubres pour les hommes et pour les animaux des ordres supérieurs. L'air qui s'exhale de ces terrains est saturé de globules mouvans; ce qui donne, aux Êtres énergiquement expansifs qui les respirent, un excès de mouvemens vitaux; leur tissu organique en est brisé.

Suivons l'enchaînement de ces observations, qui sont d'un si grand intérêt, et que l'on pourrait appeler les racines de la Physiologie.

M. Fray, ayant fait bouillir fortement de l'eau de puits pendant une heure, et l'ayant ensuite exposée à l'air extérieur sur une croisée située au levant, vit, au bout de peu de jours, qu'elle commençait à se charger de globules mouvans. Il faisait cette première expérience au mois de février. « Pendant le mois suivant, dit-il, le nombre des globules augmenta beaucoup; ils étaient tous transparens, et la plupart d'une extrême petitesse; vers la fin de mars, le temps étant beau, et assez chaud, chaque goutte d'eau fourmillait de globules mouvans; je vis bientôt, au milieu, deux de ces corps, infiniment plus gros, qui parcouraient le champ du microscope avec une extrême vitesse, mais qui s'arrêtaient quelquefois, et me permettaient de les observer. Leur figure était celle d'un ovale assez régulier. »

Cette figure est nécessairement celle que l'Expansion donne à toute capsule, ou vase flexible et continu, dans le sein duquel les fluides électriques commencent à se dédoubler, et à solliciter leur évasion. Mais voici ce qui confirme cette pensée.

« Chacune des extrémités de ces deux corps ovales était garnie de sept à huit filets d'une ténuité extrême, qui avaient un mouvement très rapide de dehors en dedans. »

Voilà sensiblement les deux aigrettes électriques qui doivent se placer aux deux extrémités de tout Électromoteur organisé ; aigrettes qui peuvent finir par se constituer en filets permanens, parce qu'elles entraînent avec elles de la matière propre à servir de gaîne à chaque jet d'Électricité ; ce qui n'a pas lieu dans le simple Électromoteur galvanique.

« Ces corps ovales, ajoute M. Fray, laissaient voir, à leurs parties antérieures, une fente que l'on pouvait comparer à une bouche. »

L'évasion du fluide mineur, toujours plus vive que celle du fluide majeur, explique très bien ce déchirement du tissu de la capsule ; déchirement qui, comme nous le dirons de nouveau dans la suite, est l'origine immédiate de la bouche des animaux.

Suivons le récit de M. Fray. « Ces petits corps ovales, auxquels il donne le nom d'animalcules, étaient, *très visiblement*, dit-il, composés de plusieurs globules réunis, qui, chacun en particulier, restait immobile, tandis que le petit corps qu'ils constituaient avait un mouvement très vif. Ces globules constituans ressemblaient parfaitement à ceux qui nageaient en grand nombre dans la goutte d'eau. Un jour, pendant que j'observais ces animalcules, l'eau s'évapora peu à peu ; et je vis, non sans une agréable surprise, à mesure que l'eau les abandonnait, et à l'instant même où ils en étaient privés, ces petits corps, auparavant si vifs et si mobiles, s'arrêter et éclater par un mouvement subit et spontané, de manière qu'ils disparurent, et il ne resta, à la place qu'ils occupaient, que quelques globules immobiles et épars sur le porte-objet. »

Ainsi, tant que les petits corps ovales sont enfermés dans l'eau, le poids et la densité du liquide réduisent leur Expansion à les agiter, à leur imprimer divers mouvemens d'extension et de progression ; mais aussitôt que l'eau est évaporée, l'Expansion, affranchie de sa résistance, brise la capsule qui l'enveloppe, et dissipe les fluides intérieurs.

« En observant long-temps de suite, et avec une extrême attention, j'ai vu parfaitement, et je l'ai remarqué plusieurs fois, que les globules mouvans se réunissent successivement pour ne former qu'un seul corps. Voici comment s'opère cette réunion : dans le grand nombre de globules qui nagent avec vitesse au sein de la goutte d'eau que l'on observe, on en remarque quelques-uns qui ne font aucun mouvement de progression, mais qui tournent lentement sur eux-mêmes. »

Ceux-là, par cela même qu'ils ne se déplacent pas, deviennent, comme l'on va le voir, centres de relations maguétiques.

« Plusieurs de ceux qui parcourent rapidement le champ du microscope, s'approchent, en passant, de l'un de ceux qui tournent, le touchent quelquefois, et, après s'être arrêtés un instant sur sa surface, reprennent leur route avec la même vitesse qu'ils avaient auparavant. Mais enfin, après qu'il en est venu ainsi un grand nombre sans s'arrêter, et sans revenir, il en est un qui s'arrête, s'éloigne, revient, s'éloigne encore. Cette action alternative se répète plusieurs fois dans une minute, jusqu'à ce que, enfin, les deux corps se réunissent pour n'en former qu'un seul, que l'on voit distinctement composé de deux globules; et ce corps double continue à se mouvoir lentement sur lui-même comme avant la réunion. Il vient ensuite un autre globule, qui, après avoir fait les mêmes manœuvres, se réunit aux deux premiers. J'en ai vu jusqu'à cinq se rapprocher ainsi, se souder les uns aux autres, et former un corps composé de cinq globules, ayant tous perdu leurs mouvemens individuels; le corps quintuple remuait seul, et en masse. »

On voit ainsi qu'il s'établit d'abord, dans le sein du liquide, un tâtonnement magnétique entre les divers globules. Lorsqu'il s'en trouve un que ses relations environnantes tiennent en équilibre, celui-là ne marche plus, il se borne à tourner sur lui-même; il devient alors centre d'action magnétique, c'est-à-dire de gravitations et de répulsions, parmi lesquelles, à la fin, un certain nombre de gravitations deviennent permanentes et définitives.

Si vous vous rappelez, Messieurs, ce que nous avons dit, en Cosmogonie, sur l'origine des Nébuleuses, sur les mouvemens préparatoires des fragmens qui les composent, sur la destination de ces mouvemens, vous reconnaîtrez que les Puissances naturelles agissent, pour commencer un Être organisé, comme elles agissent pour commencer une Étoile; la différence n'est que dans la quantité de matière; et cette différence de quantité ne s'évanouit-elle pas en présence de l'infini; une Étoile, dans le Ciel, n'y tient-elle pas encore bien moins de place qu'un animalcule sur notre globe?

Reprenons les observations de M. Fray.

« Vers le commencement du mois d'avril, il s'élevait du fond du vase, quand le soleil y dardait ses rayons, un grand nombre de bulles d'air de différentes grosseurs, qui venaient éclater à la surface de l'eau. En les observant attentivement à l'œil nu, je vis qu'au moment où les bulles éclataient, et que l'air s'en dégageait, leurs parois, ou leurs enveloppes s'affaissaient sur l'eau, et y déposaient une matière qui paraissait huileuse et ternissait sa limpidité. J'en pris avec l'extrémité d'un cure-dent, au moment où la bulle venait d'éclater; je l'examinai au miscroscope, et je trouvai cette matière composée de globules mouvans. Plusieurs de ces bulles restaient quelquefois entassées sur la surface de l'eau, sous la forme d'écume; le gaz s'en échappait; mais la substance qui le contenait, l'enveloppe de la bulle, se desséchait.

» Sur la fin d'avril, la chaleur commençant à être considérable, les bulles d'air augmentèrent beaucoup; la surface de l'eau en était couverte; une grande partie s'y conservait long-temps sous forme d'écume. Elles se rapprochèrent peu à peu, et verdirent bientôt. Leur nombre augmentant tous les jours davantage, il se forma, sur leur surface, le *byssus*, fleur d'eau. Il n'était qu'un composé de globules, qui, par la circonstance de la chaleur ou de la lumière, avaient acquis une couleur verte. La masse écumeuse s'épaissit de plus en plus, et constitua une croûte d'un vert foncé. Les parois et le fond du vase, où il y avait aussi habituellement beaucoup de bulles d'air, se couvrirent d'une matière verte très courte, qui s'y attacha fortement. Elle se forma en même temps en si grande quantité sur la surface de l'eau, que bientôt il me fut très difficile de voir les végétations qui s'étaient formées sur le fond du vase. Cette matière verte, vue au microscope, était entièrement composée de globules ronds, ou même un peu alongés, qui, en s'unissant les uns aux autres, avaient perdu leur mouvement. Ils formaient ainsi de petits filets d'une extrême ténuité, et de deux à trois lignes de longueur. »

La composition de ces filets est facile à concevoir. Chaque globule, petit corps magnétique, rendu ovale par le dédoublement de ses fluides, se mettait en ligne pour une cause semblable à celle qui dispose longitudinalement les grains de limaille de fer, lorsqu'ils sont rendus magnétiques par l'approche d'un barreau aimanté; et de même que ces filamens de limaille se groupent en aigrettes, qui, en se multipliant, en s'entrelaçant, formeraient des faisceaux épais, de même, « à la fin du mois de mai, dit M. Fray, la matière verte ayant considérablement augmenté, les fils ayant acquis plus de longueur, ceux des parois du vase s'étaient réunis, et formaient des faisceaux dont plusieurs avaient une ou deux lignes de diamètre, faisceaux composés d'une infinité de filamens entrelacés.

» A proportion que la matière verte se formait sur la surface de l'eau, et qu'elle acquérait une certaine épaisseur, elle se précipitait au fond du vase, et bientôt il lui en succédait une nouvelle. »

Ainsi, la densité de cette substance faite, au sein de l'eau, avec de l'eau, de l'air et de la lumière, en vient jusques à être plus forte que celle de l'eau.

« Je continuai mes observations microscopiques, pendant les mois de mai et de juin; je vis les mêmes corps dont j'ai parlé, et plusieurs espèces de vers, dont les moins petits pouvaient être vus avec de bons yeux, sans le secours de verres. Ils avaient à peu près une demi-ligne de longueur. Au microscope, ils ne paraissaient pas composés d'anneaux; leur extrémité postérieure était très effilée. »

C'était celle sans doute par laquelle se dirigeait l'évasion de leur fluide majeur; ce fluide, moins subtil, moins expansif, moins dilatable que le fluide mineur, ayant moins de disposition que le fluide mineur à former des renflemens organiques.

« En étendant sur le porte-objet du microscope de petites portions de la matière verte, et en les agitant dans quelques gouttes d'eau, elles y déposaient différens petits animaux qui l'habitaient; il y en avait qui ressemblaient à des écrevisses, à des araignées, à des sangsues; d'autres avaient des figures qu'il serait trop long de décrire. »

La matière verte, premier produit déterminé de l'action végétalisante, devenait ainsi un laboratoire qui favorisait les premières ébauches de l'action animalisante, c'est-à-dire, de l'action amenant l'existence d'Êtres qui se meuvent avec indépendance, sans être fixés ou implantés par une de leurs extrémités. Et il est déjà aisé de voir que ce mode d'existence, pris à son origine absolue, appartient à ces globules mouvans qui sont les élémens des végétaux; chacun, lorsqu'il est libre au sein de l'eau, s'y meut avec indépendance; nous avons vu ensuite que lorsqu'il s'unit à un petit nombre de globules semblables, cette première réunion forme encore un composé qui se meut individuellement. Il est évident que les agrégations magnétiques de ces globules peuvent être plus ou moins nombreuses, au gré de la chaleur et d'autres circonstances; que, de plus, la situation et le milieu où elles se composent, peuvent faire que, sans être fixées, sans perdre leur indépendance, elles prennent des formes très variées, ou même très bizarres. Il en est de même de leurs premiers faisceaux, lorsque les circonstances du milieu, ou du vase dans lequel ils se forment, les déterminent, magnétiquement, à s'implanter ou se fixer par une de leurs extrémités.

Il n'y a donc aucune différence essentielle entre les premiers rudimens de l'existence végétale, et les premiers rudimens de l'existence animale. Les élémens en sont les mêmes; ce sont des globules vibrans. Le mode d'agrégation de ces élémens est encore le même ; ce sont les relations magnétiques qui la déterminent. Lorsque la gravitation magnétique ne s'effectue qu'entre les globules, le produit reste libre ; il y a, je ne dis point un *animal*, mais l'une des propriétés caractéristiques de l'animal, l'indépendance de mouvement ; et lorsque la gravitation magnétique embrasse le vase même dans le sein duquel les globules s'agrègent, alors il y a fixation, *implantation;* l'existence rudimentaire a la forme qui caractérise le végétal.

Une observation très remarquable de M. Fray démontre l'identité de ces deux modes d'existence rudimentaire.

« A mesure que la chaleur faisait des progrès, la matière verte s'accumulait davantage par la grande quantité de bulles d'air qui s'épaississaient, tant sur la surface de l'eau, que sur les parois et au fond du vase. Elle donna naissance à des filets verts d'une grande ténuité ; ils étaient entrelacés de mille façons, et, ce qui me surprit infiniment, ce fut de voir, au microscope, que la plupart de ces petits filamens, qui étaient de véritables conferves, formées d'une suite de globules, soudés les uns aux autres, avaient un mouvement propre très apparent, quoique assez lent ; ce mouvement propre avait constamment lieu de droite à gauche, et de gauche à droite. »

Ce balancement, semblable aux oscillations de toute tige élastique qui est fixée par une de ses extrémités, démontre que tous les globules des conferves, comme ceux des tiges élastiques, sont en vibration continue; et je ne doute point, en effet, que toute tige végétale ne soit constamment en oscillation, mais presque toujours trop rapide, trop délicate, ayant une amplitude trop faible pour que nos instrumens puissent la constater, et nos yeux l'apercevoir. Toute tige végétale n'est-elle pas un corps sonore, et n'avons-nous pas démontré que les globules élastiques qui composent tout corps sonore, sont constamment en vibration isochrone, ce qui contraint l'ensemble du corps à osciller d'un mouvement commun?

Suivons les progrès des compositions rudimentaires; en voici une qui, depuis longtemps, a été signalée comme un objet d'admiration.

« Au mois de septembre, j'aperçus des *animaux* bien différens de tous ceux que j'avais vus jusque là; ils avaient la forme d'une fleur d'arbousier ou de muguet. Je remarquai, à l'extrémité qui était fermée, une espèce de bouton, auquel était attaché un petit filet, une espèce de pédoncule très grêle, et cinq à six fois plus long que le corps. Ces *polypes* étaient fixés, par le moyen de leurs filets, à de petites portions de matière verte; ils étaient souvent réunis par paquets de dix à douze, tous attachés au même point, tandis que leur grosse extrémité, qui est le corps, allait en divergeant. L'ouverture béante de ce singulier animal était entourée en dehors d'une espèce de repli ou bourrelet; de chaque côté de l'ouverture, je voyais deux petits filamens, ou cils, extrêmement déliés, et assez courts, qui avaient un mouvement très vif de dehors en dedans, et dont l'action continuelle dirigeait, dans l'ouverture, les très petites molécules mouvantes qui passaient dans son voisinage. »

Voilà un Être fixé par une de ses extrémités, qui manque par conséquent de l'un des caractères essentiels à l'animal, l'indépendance; d'un autre côté, il aspire par une bouche extérieure sa substance nutritive, ce qui n'est pas le caractère apparent du végétal. Un tel Être doit donc rester dans la classe des ébauches organiques, ou compositions rudimentaires. Nous chercherons à fixer le point où commence le végétal, et celui où commence l'animal, ainsi que la cause directe de la différence qui distingue ces deux modes d'organisation.

Mais, en ce moment, ne négligeons pas de rassembler les observations qui nous montrent avec quelle précision les lois de l'Élasticité physique s'exécutent dans les compositions rudimentaires ; bientôt nous suivrons, avec plus de facilité, ces mêmes lois présidant aux mouvemens organiques des végétaux et des animaux.

« L'ouverture du polype se resserrait, se dilatait alternativement ; elle se resserrait par un mouvement prompt et subit. »

Généralement, dans les Êtres à enveloppes flexibles, tels que les Êtres organisés, le mouvement de contraction est brusque, comparativement à celui de dilatation, parce que celui-ci est le mouvement d'Expansion soutenue, tandis que le mouvement de contraction ne s'effectue que lorsque l'Expansion ayant dépassé ses limites, le vase flexible dans lequel elle s'exerce est subitement replié sur lui-même par la compression.

Ce qui suit est encore un témoignage de la différence des deux mouvemens dans les Êtres flexibles, et de leur alternative :

« A chaque contraction, une partie du corps semblait rentrer dans l'ouverture ; et à l'instant, cette espèce de cloche prenait une figure globuleuse, se portait en arrière, et le cordon, ou filet, se reployait sur lui-même. L'instant d'après, cette boule s'ouvrait, et reprenait sa première forme, en se portant en avant; et le filet se tendait de nouveau. Cette manœuvre était répétée fréquemment; j'ai vu ces deux mouvemens s'opérer cinq ou six fois dans une minute.

« Souvent un de ces petits Êtres se détachait de la matière verte, nageait seul dans la goutte d'eau avec assez de vitesse, et la parcourait dans tous les sens, ayant l'ouverture de son corps béante, et son pédoncule formant des zigzags. Après avoir ainsi couru quelque temps, l'extrémité du filet se rattachait à la première portion de matière verte qu'il rencontrait, et le Polype recommençait la manœuvre dont nous venons de parler. »

On ne peut douter maintenant que la fixation ou implantation d'un filament organisé, ne soit un acte de gravitation magnétique qui, d'ailleurs, ne change rien à la constitution de ce filament.

« A peu près dans le même temps, je trouvai, dans la matière verte, un animal dont la couleur était d'un rouge foncé; il avait huit anneaux; ceux du milieu me parurent plus larges; il avait la tête grosse, relativement au reste du corps, et de couleur noirâtre; il était très peu transparent; cependant, au travers de quelques points de sa surface qui étaient moins opaques, je vis, dans son intérieur, une quantité de petits globules qui, d'un mouvement commun, allaient vers une extrémité, et revenaient vers l'autre l'instant d'après. Ce mouvement alternatif était continuel. »

A mes yeux, ce n'est encore là qu'une composition rudimentaire; tige élastique, articulée en huit anneaux, parce qu'elle a été formée de huit globules, ou huit filamens, qui se sont unis longitudinalement par gravitation magnétique. L'abouchement établi, l'Expansion a ouvert les capsules au point de contact, ce qui a converti ce que l'on pourrait appeler le chapelet en un canal continu. Dans le sein de ce canal s'est effectué le dédoublement magnétique, ce qui a produit le renflement du pôle mineur, et l'ensemble du corps étant élastique, les globules intérieurs se sont trouvés soumis à un mouvement commun de balancement.

Au reste, des ébauches organiques, végétales et animales, ne sont pas les seules compositions rudimentaires que M. Fray ait trouvées dans les produits de ses expériences; voici des compositions rudimentaires minérales, qui prouvent combien nous avons eu raison de dire que la matière est universellement identique, et que, dans toute composition d'un genre quelconque, il n'y a qu'un même élément.

.... « Je mis dans le vase un morceau de verre de quatre pouces de longueur sur un de largeur; je le plaçai de manière qu'il ne touchait au vase que par ses deux extrémités. Ayant examiné ce verre six mois après, je trouvai qu'il s'était organisé, sur sa surface supérieure, de petites conferves de cinq à six lignes de longueur, réunies par paquets et d'un très beau vert; elles étaient appuyées sur une croûte de matière verte assez épaisse. La surface inférieure de cette même plaque de verre était couverte d'une croûte de couleur vert-grisâtre, que l'on pouvait comparer à celle que dépose l'urine dans les vases où on la laisse séjourner; elle y tenait assez fortement; je la détachai, en la faisant glisser entre mes doigts, je la trouvai rude; elle y laissait la même impression qu'aurait pu faire du sable très fin. En détachant cette substance sablonneuse de la surface de mes doigts avec l'extrémité d'un cure-dent, je la fis tomber sur le porte-objet du microscope, je l'examinai ensuite, et je vis qu'elle était composée de petits cristaux, les uns transparens, les autres d'une matière opaque, et sans figure déterminée. »

Cette ébauche de cristallisation, sous un corps qui, par sa dureté et sa densité, résiste à l'Expansion inférieure, prouve ce que nous avons établi dans les premiers chapitres de Physique : l'Expansion coercée par le défaut d'espace fait passer à l'état d'agrégation solide et concrète les substances qu'elle tiendrait dans un état d'agrégation plus dilatée, si elle agissait sur ces substances dans un espace plus grand. De nouveaux Faits viendront bientôt confirmer cette loi générale; en ce moment, remarquons encore les résultats de l'expérience suivante :

« Je fis brûler dans un creuset une certaine quantité de matière verte, conferves et byssus ; quand elle fut réduite en cendres, l'aimant que j'y appliquai me prouva qu'elle renfermait du fer en assez grande abondance.

» Je mis une petite portion de cette matière verte dans ma bouche; je la mâchai un peu; elle me fit éprouver une assez forte impression de sel marin; je ne doute pas qu'elle n'en contînt une certaine quantité. »

Ainsi, dans cette eau tranquillement exposée pendant plusieurs mois au contact de l'air atmosphérique et à la pénétration de la lumière, les puissances naturelles avaient formé des globules mouvans, des rudimens de végétaux, des rudimens d'animaux, des cristaux, du fer et du sel marin.

Les faits suivans vont jeter un jour précieux sur les premières constructions organiques.

« Il m'est souvent arrivé, après avoir délayé de la matière verte sur le porte-objet, d'y voir des portions de différens insectes qui ne paraissaient qu'ébauchés, telles que des queues de monocles, des corps avec la queue et les pattes, des portions de différens vers, ou la totalité de leurs corps, mais sans mouvement, et beaucoup plus transparens que leurs analogues, entièrement formés, qui nageaient dans la même goutte d'eau où je les observais; je n'ai jamais vu la tête seule, ou unie avec une autre partie. »

Nous reviendrons sur ce dernier trait, qui est d'une grande importance.

M. Fray ajoute : « D'après une foule d'observations et de hasards heureux, qui m'ont présenté très souvent des ébauches plus ou moins avancées vers leur perfection, il m'a paru qu'un filet très délié, composé de corps ronds d'une infinie petitesse, se reployait d'une certaine façon, et dessinait ainsi la figure extérieure de ces animaux ; que, ensuite, des globules moins petits venaient se placer dans l'intérieur de cette figure, s'y arrangeaient peu à peu, selon des lois ou des affinités particulières, et formaient ainsi un Être organisé, en remplissant tout l'espace compris entre les circonvolutions du filet dont j'ai parlé. »

Le travail d'esquisse organique prend maintenant une marche apercevable; le filet primitif, sollicité par l'Expansion de s'étendre en longueur, mais borné par le manque d'espace, se replie sur lui-même; il est, de plus, vraisemblable que ce filet primitif formant un Électromoteur, de nature flexible, dans le sein duquel les fluides magnétiques se sont dédoublés, les deux extrémités, incomparablement plus ductiles que les deux fils de métal que l'on accroche aux deux pôles de la pile galvanique, gravitent l'un vers l'autre en faisant plus ou moins de circonvolutions. Des globules mouvans viennent ensuite se caser dans les plis et intervalles que ces circonvolutions produisent; quelques-uns s'y fixent par gravitation magnétique ; ceux-là deviennent à leur tour centres d'Expansion locale ; ce qui constitue des ébauches d'organes, s'unissant au filet primitif par plus ou moins de relations.

Ces expériences de M. Fray appellent deux objections qu'il a prévues, et auxquelles il a répondu par des expériences nouvelles.

..... « Je pris de la terre de jardin, dit-il, je la mis au feu dans un vase de fer, et je l'y laissai jusqu'à ce qu'il fût rouge; pour qu'elle fût plus sûrement exposée à l'action de la chaleur, je n'en mettais qu'une petite poignée à la fois; je m'assurai ainsi qu'elle avait subi une forte impression de feu, et que nul Être vivant, ni aucune graine de végétal, ne pouvaient y exister que dans l'état de cendres. Je mis ensuite cette terre dans un grand pot à fleur, que je plaçai dans une terrine remplie, à moitié, d'eau de puits bouillie; j'exposai le tout sur le bord d'une croisée au levant. L'eau pénétra par l'ouverture inférieure du pot, et imbiba la terre, qui en fut bientôt saturée. Un mois après, je délayai quelques petites portions de cette terre dans de l'eau distillée, et je m'assurai, au moyen du microscope, qu'elle y avait déposé une grande quantité de globules mouvans, et déjà quelques très petits insectes. Trois semaines après, il commença à se former, sur la surface de la terre, une matière d'un vert-noirâtre, qui augmenta et forma par la suite des byssus dont les nombreux entrelacemens constituèrent une croûte qui devint de plus en plus épaisse, sur le bord du pot, et en dedans, dans l'intervalle qui séparait ce bord de la terre; et du côté opposé aux rayons du soleil, il se forma une croûte de moisissure verte, de laquelle sortit, à l'automne de l'année suivante, une touffe de mousse, qui occupait trois pouces d'étendue circulairement; il y avait des milliers d'individus qui fructifièrent l'année d'après. La croûte se détacha, et la mousse tomba avec elle. J'observai de temps en temps, au microscope, les dépôts de cette terre; je voyais toujours des globules mouvans et des animaux de diverses espèces; j'entretenais l'eau, dans la terrine, avec la plus grande attention.

» Au bout de deux ans de ce procédé constamment soutenu, j'imaginai de retirer la terrine, pour que la terre fût seulement dans l'état d'humidité où elle est habituellement dans la campagne; je me bornai donc à l'arroser de temps en temps avec de l'eau bouillie. Quinze mois après, je vis, en observant la matière organique, un petit trou bordé de terre, qui me parut, sans aucun doute, celui d'un ver de terre ordinaire. Ma surprise fut extrême, car je ne suivais cette longue expérience que pour connaître les progrès de la matière organique dans l'intérieur et sur la surface de la terre, et l'accroissement de la moisissure et des végétaux qui pourraient lui succéder. Je voulais ainsi me rendre compte de la terre végétale qui recouvre les rochers, et qui forme le sol de certaines contrées. Dès qu'il fut nuit, j'approchai avec beaucoup de précaution, pour voir ce qui se passait à l'orifice du petit trou dont je viens de parler; je ne vis rien de nouveau; j'y revins à minuit, et plusieurs fois, pendant trois jours de suite, sans être plus heureux. Enfin, je m'avisai de soulever le pot, et je vis sur la planche, qui était humide, et où il portait à faux, un petit ver de terre plein de vie et de mouvement, qui avait deux à trois pouces de longueur; il était encore fort mince. Je le laissai à la place où je le voyais; le lendemain, je ne l'y retrouvai pas. Le soir, il était à moitié sorti du trou qui était à la surface de la terre; ma lumière le fit fuir. Je l'ai vu ainsi pendant quelques jours, mais constamment seul. »

Pour être en droit d'attester que toutes ces productions étaient le fruit d'actions spontanées, et qu'elles ne devaient pas leur existence au développement de germes semblables à elles-mêmes, et antérieurement déposés dans la substance de l'eau, de la terre, ou de l'air atmosphérique, il ne restait à M. Fray qu'à répéter ses expériences dans des vases fermés, et en n'employant que de l'eau distillée et des gaz fabriqués. C'est ce qu'il a fait avec un soin, une sagacité, une attention, une patience, bien dignes de le conduire à la vérité.

Les détails et les conséquences de cet ordre d'observations occuperont notre prochaine séance. Je terminerai celle-ci par donner une confirmation remarquable aux observations que je viens de citer.

L'ouvrage de M. Fray a été imprimé, il y a six ans, chez Mme Ve Courcier. Le correcteur de cette imprimerie, M. Scott, jeune homme très éclairé, qui, en ce moment, donne les soins les plus attentifs à l'impression de mon ouvrage, fut frappé de l'enchaînement et de la clarté qui se montraient dans les expériences de M. Fray; il se sentit entraîné à en adopter les conséquences, et bientôt le hasard lui fournit une occasion de répéter celle de ces expériences qui lui avait paru la plus digne d'attention.

Voulant purger de l'odeur d'essence de térébenthine un flacon de cristal qui en avait contenu long-temps, il le rinça, à plusieurs reprises, avec de l'eau bouillante; mais, n'obtenant pas immédiatement le résultat qu'il désirait, il remplit ce flacon de l'eau bouillante même dont il se servait, le ferma avec un bouchon de cristal usé à l'émeri, et l'abandonna, comme inutile, sur le bord extérieur d'une croisée exposée au midi.

Le flacon resta oublié, à cette place, pendant près de deux ans. A ce terme, M. Scott l'ayant regardé, se souvint qu'il l'avait laissé plein d'eau; il le nettoya extérieurement, et s'aperçut qu'il ne contenait plus de liquide, quoique le bouchon ne s'en fût point détaché, et qu'il ne pût encore être enlevé qu'avec effort. Au lieu d'eau, M. Scott ne vit plus, dans le flacon, qu'une petite couche de résidu terreux, épaisse d'une ou deux lignes. Les expériences de M. Fray se présentèrent aussitôt à sa pensée; il recueillit avec grande précaution, sur un papier blanc, ce qu'il put faire tomber de la matière pulvérulente, et, l'ayant examinée au microscope, il découvrit, sur plusieurs points de cette matière, de petits Êtres de forme globuleuse, s'agitant avec beaucoup de vitesse, mais qui, après quelques instans de liberté, cessèrent tout mouvement.

M. Scott s'est encore attaché, plusieurs fois, à examiner la production épidermoïque qui se montre sur la tête des enfans, même de ceux qui sont tenus avec le plus de propreté, et qui, dans les enfans mal soignés, donne naissance à des maladies cutanées, accompagnées d'insectes rebutans. Presque toujours il a découvert, dans les pellicules écailleuses de cette production, des rudimens plus ou moins avancés des insectes que j'indique; et, en choissant attentivement ses objets d'observations, il pouvait suivre les progrès successifs de l'organisation animale, depuis l'ébauche la plus imparfaite jusques à l'insecte vivant et complet

Les expériences de M. Fray, que nous avons déjà citées, et celles que nous citerons à la séance prochaine, sont plus détaillées, plus complètes; mais elles ne font que développer celles que M. Scott a faites à Paris, et que tout observateur peut vérifier.

DEUXIÈME SÉANCE.

Suite des Bases de la Physiologie générale. — Physiologie des végétaux; productions végétales les plus simples; moyens généraux de reproduction; germination et premier développement.

« Vers le mois de février, dit M. Fray, je pris un ballon de verre blanc dont la capacité pouvait admettre six bouteilles ordinaires de liquide. Après l'avoir bien nettoyé avec de l'eau distillée, il fut rempli d'eau que je distillais, dans le même moment, pour la seconde fois; je le renversai ensuite sur la cuve pneumato-chimique. Tout étant préparé à l'avance, j'y introduisis environ une partie de gaz oxigène, et ensuite trois parties de gaz hydrogène, de façon qu'il n'y resta à peu près qu'un seizième d'eau distillée; il fut bouché, dans la cuve même, avec un bouchon de liége qui y entrait avec peine; je le recouvris d'un morceau de vessie mouillée, que je liai fortement au petit col de l'ouverture; quand elle fut sèche, je l'enveloppai entièrement avec du mastic de vitrier, que j'entourai ensuite avec une autre portion de vessie. Le tout étant ainsi préparé, je mis ce ballon sur une couche de fumier très chaude; elle était couverte par un châssis; le ballon ne fut enfoncé dans le fumier que jusqu'à la hauteur du niveau de l'eau.

» Au bout de douze jours, j'ouvris le châssis; j'examinai le ballon, je n'y vis aucun changement; l'eau était claire et très limpide.

» Seize jours après, encore aucun changement apparent. Quinze jours après, l'eau commença à devenir un peu louche; vingt-trois jours encore après, elle était verdâtre; je m'en approchai davantage, et je vis de longues végétations, du plus beau vert, qui rampaient dans tous les sens au fond du vase, et autour de ses parois. Plusieurs de ces végétations, plus grosses et moins vertes, étaient suspendues dans l'eau et avaient l'apparence glaireuse. Craignant qu'il n'arrivât quelque accident à ce ballon, et n'ayant plus à craindre les gelées, je le portai avec grand soin dans mon cabinet; je le plaçai sur ma croisée exposée au soleil levant.

» Quatre jours après, je me disposais à examiner les progrès des végétations, quand je crus voir la surface du verre parsemée de petits insectes qui marchaient assez vite ; mon premier mouvement fut de passer le doigt pour les éloigner. Quelle fut ma surprise, quand je reconnus qu'ils étaient dans l'intérieur du ballon, et que c'était sur la surface interne du verre qu'ils marchaient renversés! J'en comptai quatre-vingt-quinze, qui couraient dans tous les sens; ils étaient tous de la même espèce; je reconnus bientôt que ces insectes étaient des *podures*. Depuis cette époque, j'observai avec le plus grand soin ces animaux; je les montrai à quelques-uns de mes amis, capables, par leurs lumières, de juger et d'apprécier un fait aussi intéressant.

» Pendant plusieurs jours, le nombre de ces insectes augmenta; le soir, ils quittaient les parois du ballon, et allaient sur la surface de l'eau, sans jamais s'y enfoncer. Quelques jours après, tous s'y fixèrent et ne la quittèrent plus; ils s'y réunirent en trois ou quatre paquets, dans chacun desquels ils étaient très nombreux; leur mouvement était alors très lent. Vers la fin du mois de mars, leur mouvement cessa; ils moururent. Leur cadavre changea peu à peu de couleur, et devint d'un gris-blanchâtre; ils restèrent constamment sur la surface de l'eau. »

Rien ne manque à l'évidence de ces productions organiques; elles se font spontanément, à l'abri de tout commerce avec des Êtres organisés vivant à l'extérieur. Nous expliquerons dans la suite comment les mêmes Êtres peuvent naître spontanément, et par les procédés générateurs.

Suivons les travaux de M. Fray.

« Dès que le soleil eut acquis un peu de force, la matière verte, qui avait une couleur très intense, pâlit peu à peu. Quand je mettais le ballon à l'ombre pendant quelques jours, elle reprenait sa couleur; ainsi, alternativement, j'étais le maître de la lui ôter et de la lui rendre.

» Ayant laissé le ballon plusieurs jours au soleil, la couleur verte disparut entièrement, les filamens se décomposèrent; toute cette matière organique et végétale se précipita au fond de l'eau, et y forma un dépôt glaireux gris-blanc. Deux mois après, je mis de nouveau le ballon sur une couche très chaude, exposée à un soleil brûlant; je l'y laissai plus de six semaines. Pendant tout ce temps, il ne s'y opéra rien de remarquable, si ce n'est que la surface de l'eau se couvrit d'une matière huileuse assez abondante, et qu'il se forma, sur les parois intérieures du ballon, à un pouce du niveau de l'eau, des végétations blanchâtres, et si fines, qu'elles ressemblaient à des toiles d'araignées.

» J'ouvris le ballon ; il laissa échapper une légère odeur de moisi ; la substance filamenteuse se mêla à l'eau, et disparût par les mouvemens que je fis en la transportant. La matière huileuse occupait la surface de l'eau, ainsi que les anciens cadavres des podures. Je pris une goutte d'eau, et un peu de la pellicule qui surnageait ; je l'examinai au microscope ; elle contenait une immense quantité de globules de diverses grosseurs, presque tous immobiles. Je déchirai, avec l'extrémité de deux cure-dents, les portions de pellicules qui étaient dans la goutte d'eau ; ces divisions isolaient plusieurs espèces d'insectes que je vis parfaitement ; ils étaient immobiles ; plusieurs n'étaient pas encore entièrement constitués.

» Quelques-uns manquaient de tête ; je vis, mais très parfaitement, des figures ou ébauches d'insectes dans lesquelles on distinguait quatre ou cinq faisceaux résultant de la réunion de petits filets entièrement composés de très petits globules, qui partaient du corps et se réunissaient dans le lieu où devait être la tête. Je vis ainsi des insectes de différentes espèces ; j'en trouvai un plus gros que les autres ; un vaisseau ou cordon, moins diaphane que le reste du corps, partait de son extrémité postérieure, le traversait, et se terminait au point qu'une tête aurait dû occuper; ce cordon fournissait d'autres plus petits vaisseaux qui allaient aux pattes ou qui rampaient sur les côtés du corps. »

Déjà une observation, faite dans un vaisseau ouvert, nous avait montré que lorsque des rudimens d'animalcules s'agrègent pour former un tout organique, la tête est le résultat ultérieur de leur organisation. Nous mettrons à profit ce fait important.

M. Fray, avide des instructions que lui promettaient ses intéressantes expériences, avait soin de varier la capacité des ballons, et la nature des gaz qu'il y enfermait. Un ballon, dans lequel il avait enfermé du gaz azote, ne lui donna aucun genre de productions; nous en chercherons la raison. Il n'en fut pas de même de deux ballons, l'un d'une grande capacité, l'autre d'une capacité beaucoup moindre, qu'il remplit d'eau distillée, et de gaz hydrogène, dans les mêmes proportions.

Comme c'était pendant l'été qu'il faisait cette expérience, les productions d'apparence végétale et celles d'apparence animale mirent beaucoup moins de temps à se montrer que dans l'expérience précédente, commencée pendant l'hiver.

« Au bout d'un mois, dit-il, j'aperçus quelques filamens très fins qui semblaient partir du fond du vase, et se diriger vers la surface de l'eau; d'autres partaient d'un centre, et allaient en divergeant, de manière à leur donner l'apparence de petites houppes. »

A ces témoignages si manifestes de l'Expansion se joignent ceux-ci, qui ne sont pas moins remarquables :

« Six jours après, les végétations avaient sensiblement augmenté ; outre les houppes dont je viens de parler, il s'était formé de longs filamens qui allaient d'une houppe à l'autre, et semblaient destinés à les unir. De plus, je vis très distinctement une matière huileuse qui était suspendue sur la surface de l'eau.

» Cinq ou six semaines après, en examinant avec beaucoup de soin ces végétations, je vis très distinctement un petit insecte noir, de la grosseur d'une forte épingle, long environ de trois lignes, qui s'agitait sur la matière huileuse; il la parcourait très lentement.

» Cinq jours après, je vis un nouvel insecte noir qui ressemblait au premier, mais il était plus alongé; son mouvement était très lent; le lendemain, j'en vis un troisième, plus petit que les précédens, et blanchâtre; ses mouvemens de progression étaient très distincts, quoique très lents; il se tortillait quelquefois sur lui-même avec vivacité.

» Huit jours après, je vis, sur la surface de l'eau, un autre insecte semblable aux précédens; mais cette fois je le distinguai beaucoup mieux; c'était une espèce de moucheron; il vola trois ou quatre fois dans l'intérieur du ballon, et retomba sur l'eau, où je vis ses deux ailes bien déployées.

» Au bout d'un mois, je remarquai, sur la matière huileuse, trois petites taches d'une couleur grisâtre, larges comme de grosses lentilles, au milieu desquelles je distinguai un mouvement très prononcé. En y faisant plus d'attention, je m'assurai que ces taches étaient dues à la réunion d'une vingtaine de très petits insectes, qui remuaient avec beaucoup de vitesse, sans cependant se séparer, et qui voguaient ainsi tous ensemble.

» Vers le mois d'octobre, j'ouvris le ballon; le gaz qu'il contenait était fortement comprimé, puisqu'il sortit avec force; il répandit une odeur à peu près semblable à celle de l'eau-de-vie, mais plus agréable. Celle du gaz hydrogène avait entièrement disparu.

» Ayant examiné au microscope une goutte de l'eau que contenait ce ballon, je la trouvai remplie de filamens extrêmement petits, et invisibles à l'œil nu, qui s'entrelaçaient de différentes manières; je vis, çà et là, plusieurs espèces d'insectes, dont quelques-uns paraissaient faire corps avec la pellicule. En examinant cette pellicule avec encore plus d'attention, je distinguai, dans son épaisseur, plusieurs vers très petits, qui y étaient fixés par une de leurs extrémités, tandis que l'autre avait des mouvemens très vifs et très prononcés. Je vis encore d'autres insectes; tous avaient des pattes, des antennes, et paraissaient destinés à vivre hors de l'eau. Et généralement, aucune des expériences que j'ai faites dans des vaisseaux clos, ne m'a montré des insectes organisés pour vivre dans l'eau; tous m'ont paru ressemblans à ceux qui sont destinés à vivre dans l'air et sur la terre. »

Nous avons vu que lorsque l'expérience était faite dans des vaisseaux ouverts, il se formait des insectes ressemblans à ceux qui vivent dans l'eau, tels que des écrevisses, des sangsues. Mais il ne faut pas oublier que ces productions rudimentaires, soit animales, soit végétales, ne sont, presque toutes, que des simulacres d'animaux ou de végétaux, que, par conséquent, lorsqu'elles affectent certaines formes qui leur donnent de la ressemblance avec certains animaux ou avec certains végétaux, ce n'est pas une raison pour leur en donner le titre. Ces formes se sont rencontrées parmi le nombre indéfini de celles que l'Expansion sollicite; elles n'ont rien de précis, ni de fixé, et la moindre circonstance extérieure suffit pour les changer. Par exemple, aucun des résultats que M. Fray vient de décrire ne s'est montrés dans le ballon beaucoup plus petit, mais garni proportionnellement de la même quantité d'eau, de la même quantité de gaz hydrogène, placé au même moment, dans la même exposition, sur la même couche, observé en même temps. Là, les byssus étaient très blancs, presque point de substance filamenteuse dans le sein du liquide, ni de substance huileuse à sa surface; les insectes produits étaient, la plupart, des podures, comme dans le ballon qui contenait un mélange de gaz oxigène et de gaz hydrogène; on voyait, de plus, trois insectes de forme bizarre, dont la tête se terminait en une pointe très aiguë, aussi longue que le corps.

Ainsi une différence de capacité dans le vase entraîne des modifications considérables dans les tentatives de l'Expansion, parce que, dans le petit vase, ayant moins d'espace pour se développer, elle reçoit néanmoins les mêmes secours de la lumière du soleil, et de la chaleur de la couche.

Aussi, il paraît que, dans l'espace plus rétréci, l'Expansion ne pouvait point amener son ouvrage à un degré aussi avancé que dans l'espace plus étendu : « Ce que j'observai avec beaucoup d'intérêt, dit M. Fray, ce furent des ébauches d'insectes, dont la forme extérieure était tracée, mais dont les corps étaient encore diaphanes, et peu remplis de globules. Ils laissaient voir, dans l'intérieur de la ligne qui dessinait leur contour, des suites de très petits globules, formant des lignes ou vaisseaux qui traversaient en différens sens l'intérieur de ces figures. J'ai vu cela parfaitement, ajoute cet habile expérimentateur ; je l'ai observé avec soin pendant long-temps, et je ne puis avoir été la dupe d'aucune illusion. »

Voilà encore une de ces assertions qui méritent toute confiance, parce que les Faits qu'elle expose sont parfaitement conformes au mode d'action nécessaire du Principe universel. Aussi, nous en ferons découler des explications importantes.

Il y a encore une autre différence, que M. Fray nomme avec raison très remarquable, entre les résultats des expériences faites dans des vaisseaux ouverts, et ceux des expériences faites dans des vaisseaux fermés. « Dans l'eau distillée exposée librement au contact de l'atmosphère, il se forme très promptement, dit-il, des globules qui sont dans un mouvement continuel ; on les y trouve pendant tout le temps que l'on continue l'expérience. Les insectes visibles à l'œil ne s'y observent qu'après beaucoup de temps. C'est le contraire de l'eau distillée, renfermée dans des vaisseaux clos, avec des gaz faits de toutes pièces, et qui éprouvent une forte chaleur. Les insectes visibles à l'œil s'y établissent beaucoup plus promptement ; mais il est rare qu'on y observe des globules en mouvement, ou, si l'on aperçoit ce mouvement, il est extrêmement lent. »

Pour expliquer cette différence, je crois pouvoir dire que, dans les vaisseaux ouverts, tous les renouvellemens étant faciles, les globules mouvans se forment, s'agitent, s'évanouissent, se remplacent, tout cela avec une extrême rapidité. Cette succession de changemens qui, aux yeux de l'observateur, peut paraître permanence, doit rendre difficile la formation des insectes. Cette formation exige que les globules mouvans soient parvenus à une telle abondance que leur dissipation et leur remplacement ne puissent plus se faire avec rapidité.

Dans les vaisseaux fermés, cette gène existe naturellement par le rétrécissement de l'espace ; les productions rudimentaires doivent être plus tôt amenées, et les globules qui n'ont pu être employés, témoignent, par cela même, qu'ils ne jouissent que d'une Expansion incomplète; ce sont des globules ébauchés.

M. Fray dit ailleurs : « Dans le grand nombre d'expériences que j'ai faites sur les infusions animales ou végétales, je n'ai jamais vu de globules en mouvement, toutes les fois que ces substances avaient produit des byssus. »

Sans doute, alors, la production des byssus, comme celle des insectes, ou des ébauches d'insectes, dans les expériences que nous venons de citer, s'empare de tous les globules que leur état organique rend utiles à cet objet.

Examinons maintenant les Faits qui sont provenus d'un autre ordre d'observations.

M. Fray ayant enfermé de petits morceaux de bœuf bouilli, et du bouillon, dans des bocaux légèrement bouchés, mais à l'abri de toute introduction d'insectes étrangers, a placé son appareil sur une fenêtre exposée à un soleil brûlant. Au bout de huit jours, il a obtenu une immense quantité de vers. Il faut une grande chaleur pour cette production; il faut aussi que le bocal ne soit pas bouché trop hermétiquement; car il est nécessaire, dit M. Fray, que le gaz qui s'échappe de la chair en putréfaction puisse sortir du bocal, au moins en partie; il fait des efforts considérables pour s'en échapper, puisque j'ai vu plusieurs fois qu'il faisait sauter avec force des bouchons de verre usés à l'émeri, et très enfoncés.

Nous aurons plus d'une occasion de reconnaître que la putréfaction est l'acte d'Expansion la plus ardente.

M. Fray, toujours patient et attentif dans ses expériences, suivit d'abord, pendant l'été, plusieurs productions successives de vers qui moururent et se décomposèrent.

« Mais, vers le milieu de l'automne, tous les vers de trois bocaux s'enfoncèrent dans la matière putréfiée, et y furent bientôt dans une immobilité absolue. Leur peau parut se dessécher, se durcir, et ils se transformèrent en chrysalides vermiformes.

» Quand le temps devint froid, ajoute M. Fray, je renfermai tous les bocaux dans une armoire où il ne pouvait geler; ils y passèrent l'hiver. Au printemps, je mis ces bocaux sur la même croisée qu'ils avaient occupée l'année précédente; le temps était beau et déjà chaud. J'étais très impatient de savoir si ces nymphes s'étaient conservées vivantes; ma curiosité fut bientôt satisfaite, puisque, dès la fin d'avril, je vis sortir, de ces chrysalides, de grosses mouches noires, dont le ventre était chargé de longs poils; les bocaux en étaient remplis. Après que quelques amis les eurent vues, je mis en liberté ces portions de bœuf devenues mouches.

» Je puis affirmer que, pendant tout le temps qu'a duré l'expérience, je n'ai jamais débouché aucun de mes bocaux, et qu'aucun insecte, quelque petit qu'il pût être, ne s'y est introduit, et encore moins; une grosse mouche qui y aurait déposé ses œufs.

» D'ailleurs, quand les vers que l'on voit dans de la chair en putréfaction doivent leur naissance aux œufs de certaines mouches, on découvre ces œufs qui sont assez gros avant d'apercevoir les larves; mais je n'ai jamais rien vu, dans les expériences dont je viens de rendre compte, qui ressemblât à des œufs; j'ai vu immédiatement les vers, et d'abord très petits, tandis que ceux qui ont un œuf pour origine, sont déjà assez gros dès qu'ils en sortent. »

Dans un autre bocal, que M. Fray a d'abord enterré, et ensuite placé au soleil, il s'est formé, au bout de six mois, une touffe très épaisse de byssus qui était d'un blanc grisâtre. « Je débouchai le bocal, et, au lieu d'être frappé par une odeur putride, il s'en échappa une odeur vineuse. J'ai remarqué très fréquemment que les substances animales passaient de la fermentation putride à cette dernière fermentation, et qu'alors il se formait toujours, sur la matière qui l'éprouvait, des byssus, ou des moisissures de diverses espèces. »

En traitant des progrès de la décomposition des substances animales, nous mettrons en œuvre cette observation.

« A une autre époque, je fis bouillir, pendant une demi-heure, du blé ; je le mis ensuite, avec l'eau qui avait servi à le faire cuire, dans un petit pot de faïence, dont je couvris l'ouverture avec une feuille de parchemin. Je le mis au soleil ; il s'y forma, quelque temps après, un grand nombre de vers un peu moins gros que ceux que la décomposition du bœuf avait produits ; ils avaient, tout le long de leur corps, une ligne d'un rouge très vif. »

Ainsi la putréfaction même des graines végétales donne naissance à des animaux, ou du moins à des ébauches animales.

Deux flacons d'égale capacité, remplis, l'un et l'autre, d'eau distillée et de fleurs et de feuilles de seneçon, de tussilage odorant, et d'ellébore noir, mais dans l'un, du gaz oxigène, et, dans l'autre, du gaz hydrogène, donnèrent l'un et l'autre les mêmes résultats ; des byssus d'une blancheur éblouissante, une pellicule très épaisse ressemblant à du blanc d'œuf, servant de matrice à ces byssus. Mais ces résultats ne furent point accompagnés de vers ou d'insectes, et ils ne furent point produits aussi promptement que ceux des expériences sur la chair bouillie : or, nous venons de remarquer que la décomposition de grains de blé avait produit des vers; cette différence nous aidera, tout à l'heure, à établir les Principes de Physiologie végétale.

En ce moment, il nous reste à fixer les derniers résultats des expériences de M. Fray.

Lorsque l'on enferme soigneusement, dans des flacons de verre, des gaz, soit atmosphériques, soit formés à dessein, et qu'on ne laisse en contact avec ces gaz qu'une très petite quantité d'eau; lorsqu'ensuite on expose ces flacons à un soleil ardent, dont l'influence, continuée pendant un certain nombre de jours, est aidée par la chaleur d'une couche de fumier très chaude, dans laquelle les flacons sont à demi enfoncés, on obtient des dépôts terreux plus ou moins abondans, mêlés de cristillisations plus ou moins apercevables. Lorsque cette production est opérée, l'eau que l'on avait enfermée dans le flacon se trouve plus ou moins diminuée, quelquefois même entièrement absorbée ; et lorsqu'il en reste une quantité apercevable, tenant encore dissoute ou délayée de la matière terreuse, si l'on étend cette goutte d'eau sur le porte-objet du microscope, on voit, à mesure qu'elle s'évapore, les cristaux se former, et leur formation prendre une distribution régulière.

La première observation dont on est frappé avec M. Fray, lorsque l'on a parcouru cette suite d'expériences, est celle-ci :

Ces mêmes gaz qui, unis à une très petite quantité d'eau dans des vases bien fermés, viennent de produire des cristaux et de la matière terreuse, unis à une plus grande quantité d'eau et placés dans les mêmes circonstances, ont produit des rudimens de végétaux et d'animaux.

Il n'entre donc essentiellement dans la composition des végétaux, des animaux, et des minéraux, que les mêmes substances, c'est-à-dire que les élémens des gaz, de l'eau, du calorique et de la lumière; la diversité de constitution de ces trois ordres de résultats ne procède que de la diversité des proportions entre les substances composantes.

Comment ces trois ordres de résultats s'expliquent-ils? le voici sans doute :

Lorsque dans un vase clos, rempli seulement de gaz, l'Expansion devient très ardente par la pénétration de torrens soutenus et intenses de lumière et de calorique, comme la substance des divers gaz enfermés est à peu près dans le même état de dilatation, il ne se produit dans le sein du vase qu'une augmentation d'agitation expansive, qui, se distribuant avec uniformité, n'a pour résultat sensible que de mêler uniformément toutes les molécules des gaz, de les conduire au même degré d'atténuation, et par conséquent d'effacer leur diversité primitive, pour faire de leur substance entière une masse homogène.

Mais, lorsqu'une certaine quantité d'eau est enfermée dans le vase, comme ce liquide est beaucoup moins avancé en Expansion que ne le sont les gaz, l'augmentation d'activité expansive imprimée dans toute la capacité du vase par le calorique et la lumière, est distribuée inégalement, ce qui la rend irrégulière, tumultueuse; elle ne peut manquer alors de produire en un grand nombre de points des effets de compression très énergique; tant de molécules en mouvement doivent se combattre directement et impétueusement!

Il n'est pas moins évident que les molécules de calorique ou de lumière, qui confondent ainsi et précipitent, les unes vers les autres, toutes les molécules d'un autre genre qu'elles rencontrent, se choquent également elles-mêmes en un grand nombre de points, et ne peuvent manquer, à leur tour, d'être saisies, coercées, par ces molécules gazeuses ou aqueuses, à qui elles impriment tant d'agitation.

De là résultent, d'abord, des globules plus expansifs à leur centre qu'à leur surface, des globules élastiques et vibrans.

De tels globules trouvent surtout un refuge dans l'eau non encore évaporée ; plus la quantité de cette eau liquide est considérable, plus leur asile est étendu, efficace, plus ils conservent de dilatation centrale, de vibration, de mouvement.

Lors donc que la quantité d'eau enfermée avec les gaz occupe une partie considérable du vase, les productions organiques trouvent, pour se faire, des matériaux nombreux, un lieu étendu, et une protection puissante.

Mais si la quantité d'eau enfermée est très petite, alors les actes de division sont beaucoup plus multipliés, sans être moins tumultueux ; l'Expansion devient, à l'égard d'un bien plus grand nombre de molécules, puissance de compression.

Il se produit donc alors de la matière concrète, et M. Fray insiste sur la quantité qui, dit-il, est toujours très abondante, et manifestement supérieure à la masse d'eau qui s'est évanouie. Comme d'ailleurs le vase est encore plein de gaz dans le même état d'Expansion, quoiqu'ils aient changé de nature, on ne peut douter que cette quantité surabondante de matière concrète n'ait fixé de la lumière et du calorique au nombre de ses élémens.

Observons que lorsqu'il reste encore de l'eau dans le vase, après que la matière concrète s'est déposée sur les parois, cette eau est trouble, blanchâtre, et si on la dépose sur le porte-objet du microscope, on la voit pleine de globules très petits, mais immobiles, qui, à mesure que l'eau s'évapore, se disposent en cristaux réguliers. C'est une preuve que déjà ils étaient dans l'état minéralisé, c'est-à-dire sans cavité centrale. Leur agrégation mutuelle se fait au gré de leurs relations magnétiques, comme les agrégations de globules vibrans qui, lorsqu'il y a dans le vase une quantité d'eau considérable, forment des tissus organiques. Aussi les tissus minéraux prennent des formes herborées et végétales; mais ce ne sont que des rameaux de globules pleins, solides, non vibrans, tandis que les rameaux organiques sont formés de globules vésiculaires, et, comme tels, essentiellement en vibration.

Rappelons maintenant que les animalcules contenus dans l'eau des infusions, soit animales, soit végétales, éclatent, et leurs débris se dispersent, lorsque cette eau s'évapore, ce qui prouve qu'elle gênait et contenait leur Expansion. On voit là l'opération correspondante à celle que nous venons de décrire. Lorsque des globules, dont la concrétion est vivement sollicitée, tombent et entrent dans l'eau, ils y trouvent protection contre la force qui les condense; ainsi leur concrétion, qui en est retardée, ne doit se montrer avec plénitude que lorsque l'eau s'évapore.

Les expériences de M. Fray l'ont encore mis en droit de faire un rapprochement très remarquable. La production des Êtres organisés dans les ballons clos est d'autant plus difficile que l'on y enferme une plus grande quantité de gaz azote. Au contraire, plus la quantité de ce gaz est considérable, plus la production de matière concrète est abondante. En voici la raison sans doute.

La diversité d'Expansion des substances mises en contact contribue beaucoup à l'impétuosité, à l'irrégularité, au tumulte des mouvemens. Généralement, toute dissolution de substances confondues se fait avec d'autant plus de promptitude que ces substances sont entre elles plus hétérogènes. Or, nous l'avons vu, l'azote est, par lui-même, un gaz mélangé, hétérogène, et d'une composition transitoire; il ne peut donc que porter le désordre dans la composition des filamens organiques, qui ont besoin de mouvemens déterminés. Au contraire, il favorise la puissance de concrétion, puisqu'il tend à achever l'ouvrage de l'Expansion, ou même puisque, partout où il existe, il est le témoignage d'une Expansion désordonnée qui s'achève, et qui va livrer les élémens à la puissance de composition. C'est le gaz désorganisateur, par cela même qu'il émane surtout d'Êtres vivans qui se désorganisent.

Nous venons de démontrer par l'expérience ce que déjà nous avions fondé sur les considérations qui naissent de l'unité de Plan et de Principe dans la nature : les minéraux, les végétaux, et les animaux, sont trois ordres de compositions dont la matière est la même, et qui sont produits par une action constituante également la même, mais modifiée par les circonstances de son application. Les composés primaires des minéraux non élastiques sont pleins et solides; les composés primaires des végétaux et ceux des animaux sont des globules vésiculaires au centre de chacun desquels l'Expansion est plus ardente qu'à sa surface, et qui, pour cette raison, sont en vibration continue.

Sans doute, il ne suffit pas que de tels globules soient agrégés pour former un végétal ou un animal; car tout corps élastique, tel qu'un barreau d'acier, est composé en grande partie de globules vibrans, et tout gaz permanent n'est pas autre chose qu'une réunion de ces mêmes globules en vibration libre et étendue. Il faut donc une autre condition pour l'existence organique. Dans un gaz tous les globules sont désunis; chacun, sans perdre l'état de vibration qui lui est essentiel, ne cesse d'obéir isolément aux mouvemens extérieurs qui le déplacent, et qui changent continuellement ses rapports de situation.

Dans un barreau d'acier, au contraire, chaque globule vibrant est fixé, une case inorganique l'emprisonne; ainsi une cause opposée fait qu'il est isolé et sans relations, comme chacun des globules vibrans dont les gaz sont composés.

Voici donc la définition générale des Êtres organisés : agrégation de globules vibrans selon un mode qui les constitue en relations mutuelles.

Quel est ce mode? C'est le mode filamenteux; et ensuite fasciculeux; et ensuite tubulaire. Je m'explique :

Supposons que, par l'effet de circonstances

antérieures d'un genre quelconque, des globules vibrans nagent en grande abondance dans une certaine quantité d'eau. Chacun de ces globules commence par se prêter à un dédoublement de ses fluides intérieurs qui en font un corps aimanté de forme ovoïde, ayant son pôle majeur, son pôle mineur, et sa ligne médiane. La gravitation magnétique détermine l'union longitudinale de ces globules; un certain nombre de filamens se forment ainsi en concurrence dans le sein du liquide. Chacun de ces filamens est une petite colonne voltaïque, très subtile et très flexible, ayant plus ou moins de longueur, mais qui bientôt se constitue magnétiquement comme chacun de ses globules; elle acquiert également un pôle majeur, un pôle mineur, et une ligne médiane. Selon les circonstances de position, ces premiers filamens magnétiques s'agrègent bout à bout, le pôle majeur de l'un s'unissant au pôle mineur de l'autre ; et alors, au point de suture, il y a une articulation; ou bien ils s'accolent parallèlement, en renversant leurs pôles, comme les diverses pièces dont un Physicien compose un aimant artificiel. Alors ils forment un faisceau; et comme toute la substance de ce faisceau est molle et flexible, comme de plus l'Expansion est plus favorisée dans son intérieur qu'à sa surface, le faisceau se gonfle, se creuse dans toute sa longueur, il forme un tube ouvert par ses deux extrémités.

Ce tube est la pièce première et fondamentale de toute charpente organique. On voit d'avance que si un tel tube reste encore plongé dans un liquide qui contient des globules vibrans, ceux-ci doivent être disposés, par la gravitation magnétique, à entrer dans l'un ou l'autre des deux orifices, et, une fois introduits dans le sein du tube, y recevoir, et de leur propre Expansion, et de l'Expansion du vase qui les environne, bien des mouvemens, et bien des modifications.

L'histoire de ces mouvemens et de ces modifications est toute la Physiologie; car la formation de tout Être vivant n'est autre chose que l'histoire de l'action qu'il a exercée, à l'aide de son tube primitif, sur ses globules alimentaires.

Mais, dès le début de nos recherches, une difficulté semble devoir nous arrêter.

La Physiologie des Êtres vivans ne peut être qu'une histoire graduelle, commençant par le Fait le plus simple, et s'élevant progressivement jusqu'au Fait le plus compliqué. Or le Fait simple et fondamental que nous venons de tracer, la formation du tube primitif, commence également l'histoire des végétaux et celle des animaux;

si ces deux classes d'Êtres sont parallèles à leur naissance, elles sont distinctes dans toute leur étendue ; elles ne s'enchaînent point l'une à l'autre par gradation.

On peut répondre que ces deux classes, quoique parallèles à leur naissance, et se ressemblant entre elles dans bien des points de leurs progrès, sont néanmoins subordonnées l'une et l'autre, et s'enchaînent par gradation ; voici comment :

Les globules constituans des animaux sont plus petits que ceux des végétaux ; c'est ce que toutes les infusions démontrent ; la supériorité de grosseur, dans de tels foyers d'Expansion, témoigne évidemment une infériorité de délicatesse ; elle indique des enveloppes plus grossières, par conséquent une Expansion intérieure moins ardente ; car ces deux conditions sont nécessairement toujours au même degré.

Les végétaux sont donc un premier laboratoire dans lequel l'organisme n'est encore qu'à son début, puisque ses premiers matériaux sont susceptibles d'une plus grande finesse ; c'est dans le second laboratoire, dans le sein des animaux, qu'ils reçoivent une perfection qui, elle-même, est graduelle, selon l'élévation organique de l'animal.

Ce qui prouve que l'existence organique des

végétaux est inférieure et subordonnée à celle des animaux, c'est que ceux-ci, pour se nourrir, saisissent les plantes dans l'état de vie, tandis que les plantes ne sauraient s'alimenter d'animaux vivans; les premiers produits de la décomposition animale leur sont même funestes; elles ont besoin d'attendre, pour s'incorporer leurs débris, que le feu expansif en soit apaisé.

Considérées ainsi, les plantes sont donc au bas de l'échelle organique; et puisque la gradation doit être notre ligne, c'est d'abord de leur formation, de leur constitution, de leurs fonctions, que nous devons nous occuper.

Les Plantes, disons-nous, sont l'ouvrage le plus simple de la Puissance organisatrice; mais cet ouvrage lui-même est progressif; il commence par de simples ébauches, presque aussitôt effacées que produites; le titre de Plantes véritables ne doit pas être donné aux fruits indéterminés et transitoires de telles tentatives; c'est seulement lorsqu'une forme est réglée, et que la faculté reproductive commence, que l'ordre végétal est réellement établi.

Ainsi toute composition d'apparence végétale, qui se détruit sans avoir procuré l'existence à un corps capable de la reproduire, doit être reléguée dans la classe préparatoire des simples ébauches, soit qu'elle ait pris naissance à la faveur de la décomposition d'un grand végétal, soit que des globules vibrans l'aient formée immédiatement dans le sein d'un liquide.

Après avoir assigné la faculté reproductive pour caractère essentiel du végétal, nous devons maintenant chercher comment cette faculté s'établit, et comment elle se manifeste.

Il est d'abord évident que lorsqu'une œuvre d'un genre quelconque est précédée d'ébauches préparatoires, quelques-unes de ces ébauches parviennent au complément de l'œuvre, tandis que le plus grand nombre est délaissé comme n'ayant pu l'atteindre; il n'y aurait jamais d'ébauches, de tentatives, si ce n'était point pour arriver au but, du moins quelquefois.

Ainsi, dans le nombre indéfini d'ébauches végétales formées par la nature, il en est nécessairement quelques-unes que la faveur des circonstances conduit à devenir un végétal véritable, un végétal reproducteur. Indépendamment du raisonnement qui le démontre, les expériences de M. Fray nous l'ont attesté.

Supposons donc un filament rudimentaire, une conferve simple, récemment formée dans une masse d'eau tranquille, très abondante en globules vibrans, et pénétrée d'une température expansive. Cette conferve, nous l'avons vu, n'est point un filet plein et solide, c'est un faisceau de filamens, qui, chacun, se sont formés d'un enchaînement longitudinal de globules vibrans, et qui ensuite se sont accolés parallèlement au gré de leurs gravitations magnétiques. Dans ces conferves simples, les observateurs assidus découvrent distinctement des oscillations spontanées ressemblant à celles d'une tige élastique, et des mouvemens alternatifs de contraction et de dilatation. Ainsi, ils surprennent là, à son début, l'existence vitale.

Non-seulement ce faisceau n'est pas un corps plein et solide, il est creusé en tube, mais encore il n'est pas cylindrique ; pour définir et expliquer sa forme, nous devons nous rappeler que les deux Puissances, l'Expansion et la Compression, sont toujours en lutte mutuelle, que l'Expansion règne principalement sur les parties intérieures et inférieures d'un corps composé, tandis que, par compensation, la compression règne principalement sur les parties extérieures et supérieures. Il suit de là que, dans une conferve simple, dans ce faisceau droit qui plonge au sein de l'eau par son extrémité inférieure, et qui s'élève perpendiculairement à la surface du liquide, l'Expansion provoque le gonflement intérieur de la substance, tandis que la compression condense les parties extérieures ; et le tube, qui résulte de ce gonflement intérieur, a nécessairement un plus grand diamètre vers sa base que vers son sommet, en sorte qu'il forme réellement un cône, mais très rapproché du cylindre. N'oublions pas, en décrivant, et en expliquant cette forme conique, que nous la saisissons comme premier résultat de l'organisation, résultat qui se masque postérieurement par le développement des sommités de toute tige, mais qui n'en reste pas moins central et fondamental.

De cette forme conique du tube central, il résulte encore que l'extrémité inférieure de ce tube est pleinement ouverte au sein du liquide, tandis que la pointe supérieure est serrée, comprimée, au point de perdre toute ouverture.

L'extrémité inférieure du faisceau étant pleinement ouverte au sein du liquide, l'action capillaire et magnétique introduit, dans le tube, un nombre plus ou moins considérable de globules vibrans; mais ceux-ci, en obéissant au mouvement ascensionnel que l'Expansion leur imprime, ne peuvent s'élever entièrement jusqu'au sommet; ils sont contraints de rester dans l'intérieur du tube.

Là, ils sont retenus dans un asile, où, à la fois, l'espace est rétréci, et l'Expansion ardente. Par l'effet combiné de ces deux circonstances, ils s'organisent en conferve nouvelle, mais très pressée sur elle-même, devenant en réalité la miniature du vase organique qui a prêté territoire à sa formation.

Voilà, au sein de la conferve, un Embryon caché, ou, selon la dénomination de M. Turpin, un *embryon latent*, qui, pour devenir un corps reproducteur de celui qui a occasionné son existence, n'a plus besoin que d'être mis en liberté par la destruction de sa mère, et de tomber ensuite à la surface d'un lieu favorable à son développement.

Tel est le premier mode de reproduction, l'*embryon latent;* les Botanistes indiquent, sous le titre de *cryptogames* et d'*acotylédones*, un grand nombre de plantes qui en sont susceptibles. M. Turpin nomme ces Plantes *axifères*, dénomination plus judicieuse, parce qu'elles sont réduites à un axe sans appendices; cet axe n'est autre chose que le tube organique, premier fondement de toute végétation.

Supposons maintenant qu'un de ces tubes, déjà assez végétalisé pour avoir pu procurer, dans son sein, l'existence d'*embryons latens*, soit favorisé par une situation et des circonstances encore plus avantageuses, c'est-à-dire, soit pénétré d'une chaleur plus vivifiante, et environné d'alimens plus abondans ; dès lors son Expansion vitale prendra une nouvelle énergie; les globules vibrans portés jusqu'à son sommet, feront effort pour l'étendre, pour s'y placer eux-mêmes sous forme de prolongement; quelques-uns y parviendront; mais plus tôt, ou plus tard, la Puissance compressive fixera l'obstacle et la limite ; elle empêchera définitivement ce mode d'extension. Alors l'Expansion, disputant la victoire, ne battra pas même en retraite; elle gonflera l'extrémité du cône; elle convertira ce sommet en une capsule arrondie, dans le sein de laquelle les globules vibrans s'organiseront paisiblement au gré de leurs relations magnétiques.

Ces globules vibrans seront là enfermés; la capsule sera close par tous les points ; car leur propre Expansion, réagissant contre la compression supérieure, pressera en dessous les molécules inférieures, qui, se trouvant alors serrées entre deux Expansions opposées, se condenseront, fermeront hermétiquement le vase.

Les globules vibrans, ainsi emprisonnés, ne pourront avoir entre eux d'autres relations magnétiques que celles qui déjà les ont appelés dans le sein du végétal ; et ce végétal lui-même n'aura eu de telles relations avec eux, que parce que ses propres composans se sont réunis par les mêmes impulsions. Identité dans les élémens et dans les forces ne peut être suivie que d'identité dans les résultats. Le corps organique formé dans la capsule terminale sera donc un petit végétal ramassé, condensé, mais, aux dimensions près, parfaitement semblable au végétal qui aura prêté territoire à sa composition ; il pourra donc le reproduire.

Tel est le second mode de reproduction végétale : l'*embryon-graine*. Ce qui le distinguera de l'*embryon-latent*, c'est que celui-ci a besoin de la destruction de sa mère, pour être libre, et renouveler son existence, au lieu que l'embryon-graine ne demande que la rupture de la capsule qui le contient, rupture qui, à un certain terme, a toujours lieu sans endommager le végétal producteur. Celui-ci continue donc d'exister pendant que sa génération se propage. Et sa génération est abondante, car, dans la capsule terminale, il y a eu assez d'espace, et il est arrivé assez de globules pour former souvent en concurrence un nombre plus ou moins considérable d'embryons.

Il est encore un troisième moyen de reproduction ; nous allons le définir.

Un tube organique s'est déjà terminé par une

capsule dans le sein de laquelle une ou plusieurs graines se sont formées; cet emploi de son Expansion intérieure est loin de suffire à l'abondance et à l'activité des globules qui l'alimentent. Ne pouvant plus les placer en hauteur, parce que c'est le sens de la plus grande résistance compressive, il est réduit à les placer latéralement. L'Expansion cherche, au-dessous du sommet, les points dont la résistance peut être vaincue; et comme elle est réglée, ainsi que la Compression, par la loi de l'Équilibre, elle distribue ses efforts avec symétrie; elle perce le tube en des points symétriquement placés.

Telle est l'origine des *nœuds vitaux;* et bientôt cette légère saillie, couchée par sa base sur le tube organique, formant, avec lui, un angle aigu, donne à l'*aisselle* qui les unit, un abri, une protection, qui tournent au profit de l'Expansion intérieure.

Par ce point intermédiaire, par cette aisselle, par ce côté intérieur du *nœud-vital*, l'Expansion fait une tentative ressemblante à celle par laquelle elle a gonflé et fécondé l'extrémité du tube; mais comme la situation est oblique, par conséquent moins favorable à l'Expansion que la situation verticale, ce n'est pas une capsule qui est formée, et une capsule prêtant asile à la composition d'un certain nombre d'embryons, c'est un seul corps reproducteur, revêtu d'enveloppes qui se recouvrent; c'est un *bourgeon*.

La faiblesse de cet embryon solitaire, comparé à l'embryon-graine, et la force ainsi que la persistance du vase latéral dans lequel il prend naissance, font qu'il ne peut s'en détacher; lorsqu'il a complété son organisation, et que la température est devenue favorable à son développement, c'est dans le nœud vital même où il s'est formé qu'il fixe le centre de ses opérations expansives. C'est de là qu'il pousse en hauteur et en profondeur un végétal parfaitement semblable à celui sur lequel il se trouve implanté.

La reproduction végétale, considérée dans son ensemble, n'est donc jamais autre chose qu'une formation identique qui se fait par l'une de ces trois voies: l'*embryon-latent*, l'*embryon-graine* et l'*embryon-fixe*. Dans les végétaux les plus élevés en organisation, ces trois voies de reproduction sont employées; dans les végétaux d'organisation moyenne, il ne se produit que des *embryons-latens*, et des *embryons-graines*; enfin, dans les végétaux les plus simples, il ne se produit que des *embryons-latens*.

Ces rapports généraux de gradation étant fixés,

examinons maintenant, avec quelques détails, la constitution organique d'un végétal de l'ordre le plus composé; traçons les principaux Faits de son histoire; en retranchant ensuite successivement ce qui le place au rang supérieur dans l'échelle végétale, nous descendrons avec facilité les degrés successifs de cette échelle.

Faisons porter notre examen sur une graine de laquelle doive provenir un arbre d'organisation parfaite; déposons cette graine, au printemps, sur un terrain favorable.

Le soleil s'est élevé sur l'horizon; sa lumière pénètre profondément dans le sein de la terre; elle se résout en calorique; elle favorise l'Expansion de toutes les substances terrestres.

La graine est enveloppée de diverses membranes; l'Expansion intérieure, gonflant le volume de la graine, contraint les membranes à se distendre, et bientôt à se rompre, à abandonner le corps qu'elles enveloppaient; l'*Embryon* est à découvert.

L'Embryon, dans les graines d'organisation parfaite, est composé de trois parties, et nous dirons pour quelle raison. Ces trois parties sont: la *radicule*, la *gemmule*, que les anciens Botanistes nommaient *plumule*, et deux lobes nommés *cotylédons*. Mais, à parler exactement, ceux-ci n'étant, pour le germe, que des feuilles à la fois protectrices et alimentaires, ne doivent pas être considérés comme formant une partie intégrante de l'Embryon.

La radicule, et la gemmule, unies bout à bout, et cependant opposées, permettent, par leur constitution et leur position relatives, de comparer l'embryon à un barreau magnétique, partagé, dans sa longueur, en deux branches d'électricité différente. La radicule, pôle majeur, se dirige vers le sein de la terre, qui, en ce moment, est pénétré, relativement à l'atmosphère, d'un fluide dilaté, d'un fluide mineur; la gemmule, pôle mineur de l'embryon, se dirige vers l'atmosphère.

Le développement de ces deux parties ne se fait point d'abord avec une égale rapidité. Lorsque la gemmule commence à s'élever vers l'atmosphère, elle entre dans un milieu dont la température, au printemps, est habituellement plus froide que celle du sein de la terre. La radicule fait donc plus de progrès que la gemmule.

Aux premiers jours du développement, la nourriture de l'embryon est fournie par les deux lobes qui lui sont attachés. Ils sont nés avec lui; ils se sont formés, comme nous le verrons bientôt, de la surabondance des principes admis à la composition du germe; ainsi, c'est en eux que se trouvent préparées les substances nécessaires aux premiers progrès de la plantule; celle-ci est très délicate; elle a besoin de n'être mise en contact qu'avec des élémens délicats, d'une nature semblable à la sienne, et qui la touchent immédiatement.

Chaque jour, la lumière du soleil augmente d'influence; l'Expansion fait passer à l'état de globules vibrans, un nombre chaque jour plus considérable des molécules aqueuses, ou aériennes, que la terre contient; le moment arrive où la radicule peut s'adresser à la terre même sur laquelle elle repose; elle y puise les alimens qui lui conviennent.

Les globules vibrans sont aspirés par la radicule en vertu de ses relations magnétiques avec ces globules mêmes; c'est ce qui fait que des graines d'espèce différente peuvent être semées les unes auprès des autres, et se nourrir sur le même sol; les unes s'emparent de ce que les autres délaissent ou repoussent; et s'il en est qui soient constituées magnétiquement de manière à ne pas trouver dans le sol des globules qui leur conviennent, celles-là périssent faute d'alimens.

Nous avons vu que le mécanisme des tubes capillaires n'était autre chose que l'un des emplois de l'action magnétique. C'est donc par une action semblable à celle des tubes capillaires que la radicule des plantes aspire les globules qui lui conviennent. Mais il y a cette différence, entre les fibres de la radicule et les tubes capillaires dont on se sert pour faire ce genre d'expérience, que ces tubes ne sont point flexibles; ils ne se soumettent pas, du moins avec rapidité, à toutes les variations de la température. Les fibres tubulaires de la radicule sont éminemment dilatables et contractiles, ce qui fait qu'au plus léger exhaussement de température, elles s'ouvrent d'autant mieux à l'introduction des globules vibrans, que ces globules eux-mêmes sont rendus plus magnétiques, plus expansifs, par cette même cause. De plus, ces fibres tubulaires sont formées elles-mêmes de globules qui, depuis leur agrégation, ont cessé d'exécuter un mouvement progressif, mais qui ont continué de vibrer sur eux-mêmes, ce qui a imprimé à la fibre organique un mouvement alternatif, et isochrone, de dilatation et de contraction. Il est important de retenir que cet état d'oscillation vibratoire est essentiel à toute fibre organique, fixée et homogène; lorsqu'elle est très subtile, très délicate, nous pouvons manquer de moyens de constater, par le témoignage de nos sens, ce mouvement alternatif de systole et de diastole; mais il s'exécute;

c'est de toute certitude, parce que le Principe universel en impose la nécessité.

Ajoutons, comme Principe également essentiel à retenir, que, dans tout corps en état de vibration actuelle, chaque mouvement de dilatation est toujours un peu plus fort que le mouvement de contraction auquel il succède; car c'est par un accroissement continu de supériorité expansive sur la compression que tout corps composé tend sans cesse à la décomposition dernière; c'est ainsi seulement que se compense, dans l'ensemble de l'existence de chaque corps composé, la supériorité que la compression a exercée au début même de cette existence.

Appliquons ce Principe à notre objet. Toutes les fibres tubulaires de la radicule se dilatent et se contractent par un mouvement alternatif et isochrone; mais chaque phase de dilatation est plus forte que la phase de contraction; pendant la première, elles s'ouvrent à l'introduction des globules; pendant la seconde, elles se serrent sur ces globules, mais moins fortement qu'elles ne les ont appelés; au terme de chaque vibration, il y a donc un excédant d'aspiration qui ne peut s'employer qu'en hauteur ou en largeur, en un mot, en accroissement de la radicule.

Mais, pendant cette opération organique de la

radicule, la gemmule fait une opération semblable; elle est en commerce avec l'atmosphère, et là, depuis l'exhaussement de la température, elle trouve avec plus ou moins d'abondance des globules vibrans, car l'atmosphère, surtout dans les basses régions, est humide et expansive. La gemmule aspire magnétiquement ceux de ces globules qui conviennent à sa constitution; elle s'en nourrit; elle en tire son accroissement.

Observons maintenant que la radicule et la gemmule étant opposées de situation, leurs premières opérations organiques marchent en sens inverse: la radicule fait monter ses alimens; la plumule fait descendre les siens; le terme où ils se rencontrent est cette région magnétique intermédiaire, qui déjà, dans l'embryon, était devenue le point de départ commun du fluide majeur et du fluide mineur.

Dès que la végétation commence, cette région intermédiaire augmente de fonctions et d'importance; c'est là que les globules d'origine terrestre et les globules d'origine atmosphérique se rendent ensemble, se confondent, s'élaborent, se soumettent, après cette élaboration, à une nouvelle Expansion magnétique, qui les projette, les uns dans le sens supérieur, les autres dans le sens inférieur.

A la région intermédiaire s'établit ainsi ce que l'on nomme vulgairement le *collet* dans les végétaux bien formés, et ce que M. Turpin nomme judicieusement *ligne médiane*. C'est le véritable centre d'Expansion duquel émane, en tout sens, la divergence végétale. Cette divergence, réglée par la puissance d'Équilibre, tend nécessairement à former, autour de la ligne médiane, un rayonnement uniforme. Cependant, en premier lieu, ce rayonnement s'établit moins dans le sens latéral que dans le sens vertical, parce que le sens vertical est le sens principal de l'Expansion. En second lieu le développement dans le sens vertical supérieur se fait au sein de l'atmosphère, milieu qui a beaucoup moins de densité que le sein de la terre; ainsi l'accroissement du système aérien doit se faire avec plus d'étendue que l'accroissement du système terrestre. Cependant, comme le centre d'Expansion est nécessairement un foyer dont la puissance est égale dans les deux sens; comme la Loi de l'Équilibre, ou des Compensations, ne peut jamais être en défaut, le système terrestre gagne, en densité et en persistance, ce qu'il perd en volume. On sait, en effet, que les racines de tout végétal sont plus dures, plus pesantes, que ses branches; on sait de plus qu'il est un grand nombre de plantes qui perdent leurs tiges et leurs rameaux pendant l'hiver ; elles ne sont *vivaces* que par leurs racines. Enfin, dans les arbres, le système terrestre meurt le dernier; il survit plus ou moins de temps au système aérien; ainsi la compensation s'établit, et par la densité du tissu, et par la durée de l'existence.

Mais, au-dessus, et au-dessous de la ligne médiane, nous n'avons encore vu que l'accroissement longitudinal de la gemmule et de la radicule ; l'embryon s'est alongé dans les deux sens : comment se sont formées en - dessous les nombreuses ramifications des racines? Comment se sont formés en-dessus le tronc, les branches, les rameaux, les feuilles, les fleurs, les fruits? comment se sont placées et distribuées, dans l'épaisseur de toutes ces parties, les diverses substances ou les divers organes qui les composent?

C'est ce que nous chercherons à la séance prochaine. Contentons-nous aujourd'hui d'avoir posé la colonne fondamentale de la végétation.

TROISIÈME SÉANCE.

Suite de la Physiologie végétale. — Explication de la formation des racines, des branches, des feuilles, des fleurs et des fruits.

Nous avons assisté aux premiers progrès de l'Embryon végétal; nous avons vu le corps longitudinal et double dont il se compose, s'étendre d'une manière balancée et simultanée, dans le sens supérieur et dans le sens inférieur; nous avons posé ainsi, avons-nous dit, la colonne fondamentale de la végétation; mais nous n'avons pas décrit la structure intime de cette colonne. C'est par cette description que nous allons commencer.

Cette intention, à la vérité, nous impose une nécessité qui se présente souvent dans les travaux de la pensée humaine, celle de considérer isolément un Être ou un effet, abstraction faite des Êtres ou des effets qui l'accompagnent.

La colonne primitive d'un végétal, cette tige droite qui s'étend verticalement au-dessus de la ligne médiane, et qui s'enfonce verticalement au-dessous de la même ligne, ne reste que bien peu de temps simple et sans rameaux; dès la première année, dans les arbres destinés à un grand développement, elle se dédouble en dessus et en dessous; et ce dédoublement qui, dans quelques arbres, se multiplie rapidement, concourt essentiellement à la constitution de la tige centrale. Ainsi nous ne pourrons la bien connaître que lorsque nous aurons décrit tous les jets secondaires auxquels elle donne naissance.

Cependant comme, après l'accroissement complet de l'arbre, la tige centrale a un mode d'existence particulier, qui déjà se montre en elle avant la fin de la première année, examinons et expliquons, le mieux qu'il nous sera possible, ce mode d'existence particulier.

L'Expansion, avons-nous dit, règne toujours plus fortement sur les parties intérieures d'un corps composé que sur ses parties extérieures; ce qui fait que, lorsque ce corps est d'une substance flexible, il est toujours pourvu d'une cavité centrale plus ou moins étendue; et cette cavité est oblongue, lorsque le corps est oblong.

Ainsi, l'axe de la tige centrale est vide, ou du moins dilaté, et c'est par cet axe que s'écoulent principalement les globules vibrans que le végétal aspire, soit dans l'air, soit dans le sein de la terre.

C'est pour cette raison que l'axe de tout végétal jeune et vivace est rempli, dans toute sa longueur, d'un *tissu médullaire*, qui n'est autre chose qu'une agrégation organique et dilatée de globules vibrans.

Le tissu médullaire porte vers la ligne médiane les globules aspirés dans l'air, et dans le sein de la terre. Mais, avons-nous dit, la ligne médiane, centre d'Expansion, est le foyer où s'élaborent ces alimens de deux origines, et d'où ils s'élancent ensuite en divergeant dans le sens supérieur et dans le sens inférieur.

Il est évident que les voies de divergence expansive ne peuvent pas être les mêmes que les voies d'aspiration alimentaire; car, d'une part, il doit arriver très fréquemment que ces deux ordres de fonctions s'exécutent en même temps; d'un autre côté, les principes alimentaires qui arrivent de l'extérieur ont nécessairement une constitution et une grosseur différentes de la constitution et de la grosseur des principes prêts à être employés. Ainsi, tout végétal a nécessairement deux ordres de canaux : les uns qui lui portent la sève dans l'état natif; ceux-là vont de l'extérieur vers la ligne médiane; les autres reconduisent cette sève élaborée, digérée; ceux-là sont dirigés de la ligne médiane vers l'extérieur.

Mais ces deux ordres de canaux ne paraissent point former un système circulatoire; ils ne s'abouchent point par leurs extrémités; la sève n'a pas un cours soutenu dans le sein des végétaux, comme le sang dans le sein de l'homme; elle rayonne de l'axe du végétal vers tous les points de la surface; et lorsqu'elle est en surabondance, ses parties superflues s'exhalent dans l'atmosphère. Lorsque l'air et le sein de la terre sont abondans en principes organiques, les canaux d'aspiration sont sans doute plus occupés que les canaux d'exhalation; le contraire arrive lorsque l'air et la terre sont en état de sécheresse; les plantes alors se dépouillent, en leur faveur, de leurs principes encore mobiles; à un certain terme, cet abandon les flétrit, et s'il se prolonge, s'il s'augmente, s'il devient extrême, leurs fibres tubulaires, entièrement vides, sont serrées par la Compression, qui les réduit à ne plus être que des filets pleins et rigides; alors, il n'y a plus possibilité d'Expansion vitale; il n'y a plus végétation.

Le tissu *utriculaire*, dont la direction, dans le sein de la tige centrale, est sensiblement rayonnante, paraît être l'organe consacré au transport de la sève élaborée.

Ce tissu utriculaire commence par déposer, sur sa route, la substance du *bois*, ou de la *couche ligneuse*, qui environne immédiatement la moelle. Plus subtil, plus délicat, à mesure qu'il s'éloigne de son foyer, il forme, au-delà de la couche ligneuse, la *couche corticale*, qui paraît être, dans la tige centrale, la partie essentiellement vitale et perfectionnée.

Au reste, les divers genres de tissus végétaux se ressemblent en ce sens, qu'ils sont tous des paquets de fibres accolées, dont chacune est formée, comme la fibre simple et rudimentaire, d'un chapelet de globules alongés, insérés les uns dans les autres par les deux extrémités de leur ovale, et ouverts à leurs points de contact, afin de laisser passer les fluides éminemment expansifs.

De plus, dans les plantes d'une organisation composée, chaque fibre végète latéralement dans le sens de sa longueur; chacune jette, autour d'elle, plus ou moins de fibrilles, d'une constitution semblable à la sienne; toutes ces petites branches, lancées en concurrence dans un espace très rétréci, s'entrelacent entre elles; ce qui fait le lien du tissu.

Si nous nous demandons maintenant d'où procède la différence si marquée qui distingue la couche ligneuse de la couche corticale, celle-ci étant plus spongieuse, plus dilatée, et même plus médullaire, et, à ce titre, plus vivante que la couche ligneuse, quoique la couche ligneuse soit plus intérieure, plus rapprochée de l'axe végétal, nous présumerons, comme chose vraisemblable, que ces deux couches sont, l'une, l'ouvrage de l'Expansion pendant le jour, l'autre, l'ouvrage de l'Expansion pendant la nuit. Cette alternative ne saurait être sans influence. Pendant le jour, les rayons médullaires s'étendent plus loin que pendant la nuit, l'Expansion étant alors dominante; et indépendamment de la plus grande extension que prennent, pendant le jour, les produits immédiats de l'Expansion, ils ont nécessairement, et dans la même proportion, une activité plus grande.

Mais il est une autre différence qui distingue essentiellement la couche corticale de la couche ligneuse. Celle-ci est, beaucoup plus sensiblement, un faisceau de tubes parallèles à l'axe, qui, cependant, ne sont toujours, ni continus, ni rectilignes; ils se courbent en divers points, et donnent naissance, tantôt à des embranchemens, tantôt à des renflemens suivis d'étranglemens. De plus, ils sont percés de pores, qui quelquefois s'étendent de manière à former des fentes transversales, qui d'autres fois se propagent ou s'unissent jusques au point de découper le tube en spirale; on les nomme alors *trachées.*

Il est vraisemblable que cette constitution est donnée au corps ligneux, lorsque, étant encore tendre et perméable, il se prête à l'évasion des molécules gazeuses que tout développement expansif occasionne. Le suc médullaire part déjà élaboré de la ligne médiane; mais son élaboration n'est pas achevée, elle se continue en route, pendant qu'il dépose les élémens du corps ligneux; et l'un de ses principaux actes d'élaboration est de se dégager de ses gaz surabondans. Ceux-ci tracent leurs issues dans tous les sens, mais principalement dans le sens supérieur, parce que telle est la direction principale des mouvemens d'Expansion. Ainsi ils creusent des tubes ascendans qu'ils percent de pores latéraux; et comme ils gonflent ces tubes, en même temps qu'ils les produisent, ils les contraignent à se déprimer mutuellement; ce qui les rend tous hexagones, forme très remarquable dans une telle composition. Enfin, lorsque leur ascension est rendue impétueuse par leur activité, et leur abondance, ils déchirent le tube en tourbillonnant, ils en forment une lanière en spirale, une *trachée*.

La couche corticale n'est pas l'ouvrage le plus extérieur de la végétation. La sève élaborée, perfectionnée, après avoir déposé les élémens de cette couche, conserve encore des parties surabondantes, que leur ténuité rend inapercevables, et qui tendent à s'échapper circulairement hors de la tige.

Mais cette dernière exhalation de la sève ne peut pas toujours obéir au mouvement qui tend à la dissiper; toutes ses parties ne sont pas également subtiles ; d'ailleurs, l'action compressive acquiert temporairement, et à divers intervalles, une augmentation de force, soit à la faveur de la nuit, soit à la faveur du refroidissement de la température. Dans ces circonstances, les molécules qui allaient s'échapper sont retenues et plaquées à la surface de la tige, où elles se combinent sans doute avec le gaz atmosphérique.

Telle est, à mes yeux, l'origine de l'*épiderme*. Cette enveloppe ne tient à aucun vaisseau ; elle couvre généralement toute la surface des plantes; elle est de couleur et de nature différentes, non seulement sur différens végétaux, mais sur les différentes parties du même végétal ; la source n'en est point apercevable ; quand elle a été enlevée, et qu'elle se répare, on ne saurait voir aux dépens de quelle substance. Ajoutons que, dans un grand nombre de plantes, elle prête territoire à la formation de *poils*, qui sont manifestement des organes excrétoires, puisque, à leur sommet, on voit très fréquemment une gouttelette de liqueur.

Passons maintenant à la formation des branches et des racines, et cherchons ce qui en résulte pour la constitution de la tige elle-même.

Le centre de cette tige, avons-nous dit, est le domaine principal de l'Expansion; cela est attesté, non-seulement par l'état spongieux et dilaté de la substance qui occupe l'axe, mais encore par sa température; si, pendant l'hiver, on fait une ouverture transversale et profonde au tronc d'un arbre, si on la conduit jusqu'à la moelle, et que l'on y introduise un thermomètre, on le voit monter sensiblement.

L'Expansion, ne pouvant placer indéfiniment tous ses produits en hauteur, à cause de la résistance de la compression, essaie de tous ses efforts une divergence latérale, et, comme nous l'avons dit, elle distribue ses efforts avec symétrie, parce qu'elle est toujours réglée par l'Équilibre ;

chacun des points où elle parvient à percer la couche corticale, est la matrice d'un nouveau jet, qui, dès son apparition, est cerné et retenu par la puissance compressive, ce qui lui donne aussitôt, et une légère enveloppe, et une forme conique ou globuleuse. Mais il reste si bien foyer d'Expansion active, quoique non aperçue, que les bourgeons des arbres nés dans les pays chauds, et que l'on a transportés dans nos climats, s'y montrent revêtus d'un duvet plus ou moins sensible, tandis que, dans leur pays natal, ils en étaient dépourvus.

Guidés toujours par les conditions que le Principe universel s'est imposées, nous penserons, comme très vraisemblable, ou même comme certain, que les tentatives de l'Expansion, au printemps, n'ont toute leur efficacité que pendant le jour. Pendant la nuit, la compression reprend la prépondérance, elle replie sur eux-mêmes les élémens du bourgeon; elle les contraint à s'organiser tacitement au gré de leurs relations magnétiques. Le même effet a lieu pendant les journées de printemps dont la température devient subitement froide; généralement, l'action répressive de la compression, en quelque moment qu'elle s'exerce, a, pour résultat, de coërcer les produits de l'Expansion intérieure, et de les amener ainsi à constituer, au sein de chaque capsule latérale, un corps reproducteur.

Ce corps, livré tacitement aux opérations magnétiques, se dédouble en deux portions d'électricité différente, il acquiert une radicule et une gemmule; celle-ci se développe librement dans l'atmosphère, elle lance une tige qui se constitue exactement comme la tige primitive; la radicule se développe aussi, mais dans un vase où elle a peu de liberté; elle s'étiole en longues fibres qui s'étendent, en descendant, jusque vers la ligne médiane de la tige principale. Le milieu de chaque bourgeon reste, à son tour, ligne médiane pour toutes les projections expansives qu'il fait dans le sens supérieur et dans le sens inférieur.

Les fibres jetées en profondeur ne peuvent se placer avec quelque facilité que dans l'intervalle qui sépare la couche corticale de la couche ligneuse; par leur introduction continue, elles écartent ces deux couches, elles augmentent leur intervalle, elles le remplissent; cette opération faite en même temps, et avec symétrie, sur toute la longueur de la tige primitive, en augmente uniformément l'épaisseur. En même temps, la couche ligneuse, située entre deux foyers d'Expansion qui la pressent d'une manière égale et soutenue, augmente de densité. La couche corticale n'étant pas aussi fortement pressée, car, du côté extérieur, il n'y a que la résistance de l'atmosphère, conserve une grande dilatation, et, pour cette raison, une plus grande vitalité.

Mais, nous l'avons vu, la tige primitive, développement initial de l'Embryon, est formée de deux jets opposés de situation, l'un qui s'élève dans l'atmosphère, l'autre qui se plonge dans le sol, l'un et l'autre unis par le centre d'Expansion générale, par la ligne médiane; ces deux jets sont d'une ressemblance exacte, et pour la constitution, et pour les fonctions; ce que nous venons de dire du jet supérieur s'applique donc également au jet inférieur; la résistance du sol, progressivement croissante, s'opposant à son extension indéfinie en profondeur, il lance latéralement pendant le jour, ou pendant les momens d'Expansion dominante, des jets qui se replient sur eux-mêmes, pendant la nuit, ou pendant les momens de compression dominante. Ces jets, qui se distribuent toujours avec symétrie, forment chacun un bourgeon, un *Embryon fixe*, qui s'organise tacitement, se dédouble en radicule et en gemmule; la radicule est inférieure comme dans le bourgeon de la tige supérieure, mais elle se développe en montant, au lieu que la radicule de la tige supérieure se développe en descendant. Réciproquement, la gemmule de la tige inférieure se développe en descendant, au lieu que la gemmule de la tige supérieure produit un rameau ascendant. Tout est opposé de direction entre l'un et l'autre côté de la ligne médiane ; à cela près, les effets et les compositions sont essentiellement les mêmes. Dans la tige inférieure, ou racine centrale, chaque nouveau jet végète, par sa radicule, entre la couche ligneuse et la couche corticale ; cette tige primitive augmente ainsi d'épaisseur avec uniformité, et sa couche ligneuse acquiert une dureté plus grande.

Toutes ces végétations internes, soit descendantes, soit ascendantes, se dirigent avec équilibre vers le collet, ou ligne médiane primitive ; là elles déposent leur substance alimentaire, qui se combine, se modifie, s'élabore, se met ensuite à la disposition de l'Expansion centrale, ce qui augmente l'activité, l'abondance des produits généraux, et améliore leur nature.

La double production que nous venons de signaler se renouvelle tous les ans, du moins pendant toute la période d'accroissement du végétal; chaque année, au printemps, l'Expansion fait aboutir, à la surface de chaque tige, soit primitive, soit secondaire, et au-dessous, comme au-dessus de la ligne médiane, un certain nombre de jets vitaux, toujours distribués avec symétrie, toujours réduits, par la compression, à devenir des embryons fixes, dont le développement se fait pendant le reste de la saison expansive. De ce développement successif résulte l'accroissement général de l'arbre en longueur, en épaisseur, et en volume, dans toutes ses dimensions, au-dessous du sol comme au-dessus. Et comme c'est de la ligne médiane, ou région intermédiaire, qu'émanent, et la force et les principes, qui donnent naissance au bourgeon même le plus éloigné, c'est aussi vers la même région que toutes les racines d'embryons fixes, soit extérieurs, soit intérieurs, se rendent d'un mouvement commun, ce qui, tous les ans, donne une couche circulaire de plus à la tige principale. C'est ce qui fait que le nombre de ces couches indique le nombre d'années pendant lesquelles l'ensemble du végétal a pris de l'accroissement; ce qui fait aussi que la région médiane, le collet, est, dans tous les végétaux, la partie la plus renflée, la plus dure, et la plus persistante; ce qui fait enfin que les végétaux qui croissent le plus en épaisseur, sont ceux qui, chaque année, placent et développent, à leur surface, un plus grand nombre de bourgeons.

Je ne pense pas cependant qu'il faille attribuer exclusivement à ce développement radiculaire des embryons fixes l'accroissement des végétaux dans le sens de leur diamètre; l'Expansion rayonnante de l'axe à la surface est, sans doute, le principe essentiel de cet accroissement; mais on ne peut douter qu'il ne trouve un auxiliaire important dans ces végétations secondaires, puisque les arbres croissent d'autant moins en diamètre que leur tige lance moins de rameaux.

Répétons maintenant que, sous le rapport de l'action vitale, la production inférieure et cachée dans le sein de la terre est nécessairement égale à la production supérieure et en commerce avec l'atmosphère; l'Équilibre exige cette égalité; mais elle ne se produit, entre les deux systèmes du végétal, qu'en prenant, non-seulement l'ensemble des productions de l'un et de l'autre, mais aussi l'ensemble de leur durée. Toutes les parties du système terrestre, dans les arbres, sont persistantes; au contraire, une grande portion du système aérien n'existe que pendant la saison expansive; mais, pendant toute la durée de son existence, cette portion éclatante, pompeuse, donne au système aérien une grande supériorité de masse et de volume sur le système terrestre.

Que sont donc les productions transitoires, telles que les *feuilles*, les *fleurs*, les *fruits*, qui, pendant la saison expansive, décorent le système extérieur? Comme ces productions manquent entièrement au système enfermé dans le sol, nous sommes conduits à faire entrer pour beaucoup, dans leur origine, et dans leur substance, les fluides atmosphériques; ces fluides sont les gaz et la lumière; nous avons déjà vu que l'épiderme, qui manque également aux racines, devait aussi, selon toute vraisemblance, son origine à une transsudation de la substance intérieure, transsudation destinée à s'évanouir, mais retenue à la surface du végétal par ses combinaisons avec les gaz de l'atmosphère.

D'ailleurs, la plupart des feuilles, des fleurs, et même une portion considérable de tous les fruits, se résolvent en gaz sans résidu, lorsqu'ils ont cessé de vivre.

Ces considérations vont nous aider à expliquer la formation des feuilles, des fleurs et des fruits.

Les bourgeons de la partie extérieure des arbres sont de deux sortes: les uns, qui indiquent, partout où ils sont placés, le terme de l'Expansion végétale, contiennent en rudimens les fleurs et les fruits; les autres contiennent chacun un embryon fixe, c'est-à-dire les rudimens d'un rameau qui ne va être lui-même que l'arbre continué, en même temps que renouvelé.

Occupons-nous, en ce moment, de la constitution et du développement de ce dernier bourgeon.

A son centre, est l'embryon fixe; pendant qu'il s'organise et se dédouble en radicule et en gemmule, il s'élabore, en rejetant autour de lui ses parties les moins susceptibles de la constitution organique; celles-ci, devenues extérieures, se trouvent plus exposées que l'embryon à l'action compressive; elles prennent de la densité; en même temps, elles se combinent avec les gaz atmosphériques qui s'appuient sur elles; dans cet état, elles forment, pour l'embryon, plusieurs enveloppes qui se recouvrent, et qui sans doute commencent, chacune, par être continues et capsulaires, mais qui, bientôt, sollicitées par l'Expansion, éprouvent, dans toute leur masse, une rupture qui se distribue symétriquement. Chaque fragment devient un corps particulier qui continue de s'organiser sur un plan mince et plus ou moins étendu; les fragmens de l'enveloppe extérieure ont une forme et une consistance écailleuses ; les fragmens de la seconde enveloppe sont plus délicats ; chacun s'épanouit tacitement en fibrilles, qui, ensuite, s'engagent les unes dans les autres, et retiennent au sein de leurs interstices, soit par voie de clôture, soit par voie de combinaison, des molécules de gaz et des molécules de lumière.

C'est ainsi que la *feuille* prend naissance ; et chaque feuille est si bien le produit d'une Expansion particulière, qu'elle porte, à son milieu un filet principal, qui est, pour elle, une ligne médiane, car il la partage en deux moitiés parfaitement correspondantes. Comme l'enveloppe écailleuse ne s'écarte pas rapidement, les feuilles naissantes, en croissant ensemble sous l'abri qui les recouvre, parviennent bientôt à se gêner mutuellement ; chacune alors se plie sur elle-même, et les nervures principales, moins obéissantes à cette force de flexion, déterminent les lignes des plis.

Si l'on ouvre le bourgeon, à l'instant où il va s'ouvrir lui-même, on y surprend les feuilles très petites, symétriquement placées, ayant déjà la forme qu'elles manifesteront lorsque leur développement sera complet, mais pliées sur elles-mêmes de manière à occuper le moins possible d'espace.

Leur position est symétrique, disons-nous; mais il est très rare, il est même impossible que celles qui se composent ainsi dans le sein d'un bourgeon latéral soient égales de forme et de grandeur. Le sens principal de l'Expansion étant toujours le sens perpendiculaire, la feuille qui, par sa position, est la plus rapprochée de cette direction perpendiculaire, s'empare de la plus grande quantité de force et d'alimens. Elle s'étend; son pétiole s'alonge, prend la consistance et tous les caractères d'un rameau; les autres feuilles se soudent par leur pétiole à ce rameau, et comme leur position était symétrique, comme, d'un autre côté, elles étaient d'une force expansive successivement décroissante, elles se distribuent par étages sur le rameau, mais toujours symétriquement.

Chacune alors, en s'inclinant sur ce rameau, forme avec lui une aisselle, un *nœud-vital*, duquel émane bientôt un nouveau bourgeon, ou une tentative de bourgeon, si l'Expansion est insuffisante pour en compléter l'organisation.

Quant à la forme des feuilles, elle paraît dépendre de la distribution de leurs filets principaux, lorsqu'elles sont encore enfermées dans le bourgeon. En effet, dans la plupart des feuilles arrondies, les nervures principales se divisent, aux approches des bords, en deux rameaux qui se recourbent pour aller s'unir, chacun, avec le rameau d'une autre nervure, tandis que, dans les feuilles dentelées, ou découpées, les nervures aboutissent aux extrémités des feuilles, répondent à la pointe de la dent, quelquefois même l'excèdent, en y formant un filet, comme on le voit dans les feuilles des chardons épineux.

On a souvent dit que, sur l'arbre même qui a le plus de feuilles, on n'en trouverait pas deux qui fussent entre elles d'une exacte ressemblance : cela vient de ce que leur forme dépend principalement de leur position, et qu'il y a toujours, dans la position de chacune, quelque circonstance qui ne se trouve pas dans celle d'une autre. Par exemple, dans le houx de la grande espèce, toutes les feuilles de chaque branche sont sensiblement différentes, mais selon une progression remarquable ; les plus voisines du tronc sont ovales, leur circonférence est unie, sans pointes, ni découpures ; celles-là sont les plus rapprochées du foyer d'Expansion ; à mesure que l'on s'avance vers l'extrémité des branches, on voit les feuilles se denteler, et se contracter ; enfin, les feuilles qui terminent les branches, et qui, par cette position, sont les plus exposées à l'action compressive, sont découpées et armées de pointes piquantes, comme les feuilles du houx de la petite espèce.

Les couleurs des feuilles sont déterminées par l'épaisseur des lames organiques dont elles sont composées; c'est ce que Newton a démontré avec sa sagacité ordinaire, en appliquant à la coloration des feuilles sa théorie générale des anneaux colorés; il a vu que lorsqu'une feuille qui a été d'un beau vert se flétrit en automne, et finit par devenir rouge, c'est en passant successivement par le jaune, l'orangé, et l'orangé rougeâtre; or c'est précisément l'ordre des couleurs de transition entre le vert et le rouge dans la table des anneaux. M. Biot ajoute, comme principe plus général, que, soit dans les feuilles, soit dans les fleurs, les couleurs montent selon l'ordre ascendant des anneaux, tant que la force végétative croît et se développe; et, au contraire, qu'elles descendent, lorsque cette force s'affaiblit.

Les feuilles de toutes les plantes se montrent sensibles aux approches de la nuit; elles se contractent alors : Linnée a observé que cette contraction est plus marquée dans les feuilles des jeunes plantes que dans celles des plantes adultes; leur tissu plus flexible s'étend plus aisément sous l'influence de l'Expansion, et, pour la même cause, se resserre plus fortement sous l'influence de la Compression; ce genre de compensation s'exerce également dans l'espèce humaine, et dans toutes les espèces d'Êtres vivans. Dans toutes, l'individu jeune veille plus vivement et dort plus profondément que l'individu avancé en âge.

La lumière du soleil, lorsqu'elle tombe librement sur une plante, doit accélérer l'Expansion végétale du côté qu'elle frappe, et, par conséquent, déterminer les parties flexibles à se diriger dans le sens de l'écoulement le plus abondant; ainsi, les feuilles de la mauve, par exemple, suivent le cours du soleil; elles sont tournées le matin vers l'orient, au milieu du jour vers le midi, le soir vers le couchant; mais, pendant la nuit, ou, en temps pluvieux, cet effet ne saurait être produit, les feuilles prennent la position horizontale.

Il est aussi des arbres dont les feuilles obéissent sensiblement à l'augmentation d'action vitale qui leur est donnée par la lumière. Lorsque le soleil vient échauffer les feuilles de l'acacia, toutes leurs folioles tendent à se rapprocher par leur surface supérieure; elles forment alors une espèce de gouttière tournée vers le soleil; pendant la nuit, ou dans un temps humide, les folioles, tributaires de la compression, se renversent en sens contraire; elles se rapprochent par leur surface inférieure; elles forment alors une gouttière tournée vers le sol.

Dans quelques plantes, telles que la sensitive, le mouvement de contraction peut être mécaniquement précipité; pour rendre raison de ce phénomène qui est commun à toutes les plantes, mais à des degrés très différens, nous devons reconnaître que lorsque la végétation est en pleine activité, tous les canaux des plantes sont traversés et distendus par des fluides qui débordent en tous sens; de tels fluides, de nature essentiellement électrique, forment alors autour de chaque plante une atmosphère spéciale; l'extension indéfinie de cette atmosphère est bornée par la résistance de l'air, fluide isolant, qui, lorsqu'il est sec et tranquille, doit contraindre les canaux de la plante à l'engorgement de la surabondance. Si l'on écarte rapidement cette résistance et cet isolement, si, par exemple, on touche la sensitive, on ne saisira pas seulement son atmosphère magnétique, on la déchargera aussi d'une partie plus ou moins considérable de ses fluides intérieurs; ils suivront par continuité. Chaque faisceau, se trouvant alors dépourvu des fluides qui luttaient dans son sein contre la compression extérieure, se soumettra brusquement à cette compression; il se contractera; mais, à l'instant même, son Expansion intime, travaillera à le distendre; elle projettera dans ses canaux les fluides qu'elle compose aux dépens même de leur substance; à l'aide de plus ou moins de temps, la dilatation première sera rétablie, et une nouvelle atmosphère magnétique, inapercevable, coërcée par l'air que nous respirons, environnera toute la surface de la plante.

On voit ainsi que ce phénomène, qui nous inviterait à accorder à la sensitive une sorte de vitalité animale, est exactement représenté et expliqué par l'alternative des mouvemens que, dans un cabinet de Physique, on peut faire subir à une houpe filamenteuse. Si l'on fixe celle-ci, par sa tige, sur un conducteur de machine électrique, et si l'on fait tourner le plateau, la houpe, terme de l'Expansion électrique, entre rapidement en dilatation et en divergence; et si l'on approche la main de ses filamens, on la décharge brusquement; tous ses filamens se replient fortement les uns sur les autres; à cette contraction on peut faire succéder une nouvelle divergence, ensuite une nouvelle contraction, et ainsi indéfiniment.

Généralement, nous venons de poser ici l'explication de toute contractilité, soit végétale, soit animale; c'est une décharge magnétique rapide, qui succède à une divergence magnétique établie avec lenteur.

Occupons-nous maintenant de la composition des fleurs et des fruits.

Ces deux produits de l'action végétale doivent être considérés ensemble, car l'un est la préparation nécessaire de l'autre; s'il est des fleurs qui ne sont pas suivies de fruits, c'est qu'elles avortent, soit par un vice de constitution organique, soit par privation de nourriture; mais il n'est pas de fruit qui n'ait commencé par être une fleur.

Une seconde réflexion va encore guider nos recherches.

L'objet ultérieur de la composition du fruit est la reproduction du végétal auquel il a appartenu; mais le même végétal a été également reproduit par les embryons fixes auxquels il a donné naissance; de mille points des racines d'un grand arbre s'élèvent de jeunes arbres exactement semblables au premier, et si, en même temps, l'on sème les fruits de cet arbre, on n'apercevra aucune différence entre le résultat de la semence et le résultat du *rejeton*.

Il en sera de même si un végétal à *rameaux traçans*, si un fraisier, par exemple, laisse, d'une part, tomber ses graines, et de l'autre germer, par le simple contact avec la terre, l'embryon fixe qui est contenu dans le nœud vital d'un de ses filets; des deux côtés, on aura des fraisiers de la même espèce que le premier.

Or, toute similitude dans des résultats atteste la similitude des causes et des moyens qui les amènent. Ainsi, les corps reproducteurs fournis par les fruits d'un végétal ressemblent exactement à ceux qui sont fournis par ses embryons fixes; leur constitution est essentiellement la même; par conséquent aussi l'action végétale les a produit par les mêmes moyens.

Il n'y a donc d'essentiel, de principal, dans chaque fruit, qu'un embryon qui a été formé de la même manière qu'un embryon fixe. Tout ce qui enveloppe ou accompagne l'embryon fruit, tout ce qui le distingue de l'embryon fixe, ne peut être qu'un accessoire déterminé par les circonstances de position.

Et le temps, ou la durée, ne saurait être sans influence. En effet, pour qu'un arbre soit en état de produire des fruits, il faut que son développement ait atteint un certain degré, et qu'il soit âgé de plusieurs années; tandis que, dès la première année, sa tige principale a fourni des embryons fixes qui se sont implantés dans son sein.

C'est donc pour la production des accessoires ou revêtemens de l'embryon fruit qu'un plus long travail d'action végétale se trouve nécessaire. Et, en effet, ces accessoires, ces revêtemens, doivent recevoir eux-mêmes une organisation forte ; car ils doivent remplacer, pour l'embryon-fruit, les secours que l'embryon fixe, en se développant sur le végétal même, puise dans le sein maternel.

Rappelons que, d'après l'expérience, les infusions des graines donnent des produits organiques bien plus élevés que les infusions de toute autre partie du même végétal; les infusions du blé ont donné, seules, à M. Fray, des animalcules.

Ajoutons que lorsqu'un cultivateur est avide d'améliorer les espèces de ses végétaux, soit agréables, soit utiles, il en rassemble les graines, il choisit celles qui se montrent, non-seulement les plus volumineuses, mais les plus compactes, et, pour les éprouver, il les fait tomber dans l'eau; celles qui arrivent le plus promptement au fond du vase, sont celles qui, semées, produisent les plus beaux individus.

Traçons maintenant, le mieux qu'il nous sera possible, l'histoire des graines ou des fruits.

Dans les arbres de nos jardins, et sans doute dans tous les arbres de nos climats, c'est vers la fin de l'automne que commence à exister le fruit de l'année suivante. Les rameaux qui sont le plus pénétrés de l'action vitale se chargent de nœuds vitaux, dans le sein de chacun desquels un ou plusieurs embryons tentent de se produire. Ils y parviennent sans doute, mais la force de se développer en nouveaux rameaux leur est refusée par la température; l'action compressive les enferme dans leur capsule, dont ensuite, pendant l'hiver, elle redouble et épaissit les enveloppes. Chaque embryon, ainsi protégé, passe dans la retraite toute la saison froide; mais, vraisemblablement, il n'est pas toujours inactif; lorsque le froid s'adoucit, il s'élabore tacitement au profit des corps secondaires qui le recouvrent; il concourt avec la plante-mère à la composition de ceux qui lui seront nécessaires, et que l'embryon fixe ne se donne pas.

Au retour du printemps, l'Expansion s'applique avec énergie à toutes les parties enfermées dans le bourgeon; et il est remarquable que les bourgeons à fruits s'épanouissent plus tôt que les bourgeons à simples feuilles. Cela prouve que, pendant l'hiver même, les premiers ont tacitement effectué des actes de végétation.

L'enveloppe extérieure est la première à se gonfler; si cette enveloppe, ordinairement écailleuse, et que l'on nomme *calice*, est très forte, très résistante, comme dans le chêne, elle ne se morcèle pas, elle garde la forme d'un vase continu; mais si l'Expansion qui la dilate est plus forte que sa résistance, elle se divise; et ses fragmens se placent respectivement entre eux avec symétrie.

L'épanouissement de cette première enveloppe permet à la seconde de se dilater. Cette seconde enveloppe, plus délicate que la première, se nomme *corolle*. Celle-ci ne se découpe point, si l'Expansion n'est pas très vive; elle demeure *monopétale;* mais si l'Expansion est d'une grande énergie, la corolle se morcèle, les fragmens se contractent, se placent avec symétrie les uns à l'égard des autres. Si la fleur, au premier instant du développement, est dans une situation verticale, les fragmens de la corolle prennent une coupe uniforme; si la fleur est inclinée, les fragmens, ou pétales, qui sont les plus rapprochés de la situation verticale, sont ceux qui prennent le plus de développement.

Les lignes de morcèlement dans la corolle,

ainsi que dans le calice, se placent symétriquement à égale distance des nervures principales, parce que ces lignes intermédiaires tracent les points qui sont le moins résistans.

L'Expansion, ayant ainsi fait jaillir la corolle de la couronne qui la supporte, et qui environne la base de l'embryon, se trouve libre d'élancer successivement les autres parties. De la couronne émanent les *étamines*. Si la force d'Expansion est modérée, si, pour cette raison, comme nous venons de le voir, la corolle a demeuré *monopétale*, les étamines elles-mêmes ne se développent pas avec énergie; elles se rapprochent de la corolle, se confondent avec elle par leurs bases, quelquefois même y laissent tout leur filet engagé, et ne parviennent à donner de l'indépendance qu'à leur sommet, ou tête, qui forme l'*anthère*.

Mais si l'Expansion est vive, si, pour cette raison, la corolle est devenue *polypétale*, les étamines se composent aussi avec vivacité; elles s'affranchissent de la force de gravitation qui tente de les porter vers la corolle; elles s'élèvent librement. Souvent, elles sont en plus grand nombre que les divisions de la corolle; quelquefois, elles sont en nombre égal. Dans ce dernier cas, chacune se place de manière à correspondre à la ligne qui sépare deux pétales contigus. Cette position est choisie, parce que c'est celle où l'Expansion qui fait l'étamine, ayant plus d'espace pour agir, compose cet organe avec plus de facilité et d'indépendance.

Lorsque le filet de l'étamine est composé, les principes intérieurs, pour lesquels il est un canal d'écoulement, s'échappent en partie par son extrémité, mais se laissent arrêter, en partie, par l'action compressive, qui bientôt leur donne une capsule résistante. Alors les principes intérieurs qui continuent d'affluer vers le sommet de l'étamine, se soumettent réciproquement à leurs relations magnétiques; ils s'organisent en corps très subtils, qui, vraisemblablement, sont, tous, des ébauches d'embryon.

Au centre de la fleur est le *pistil;* cet organe n'est, dans son ensemble, que la capsule primitive de l'embryon; mais cette capsule, enfermée, plus ou moins de temps, sous d'autres enveloppes, a pris de l'extension, principalement dans le sens supérieur, ce qui a fait qu'elle n'a pas été réduite à la boîte de l'embryon, à l'*ovaire;* dans son développement elle a formé un filet, nommé *style*, terminé par un bouton à plusieurs compartimens unis ou séparés; ce bouton se nomme *stigmate*.

Telle est la constitution de cet appareil végétal dont s'est revêtu l'embryon destiné à l'indépendance. Tous les corps qui l'environnent servent, non-seulement à le protéger, mais à le nourrir, à lui fournir les moyens d'acquérir une existence propre, qui rende un jour superflus les secours de sa mère : mais que d'opérations ne sont pas nécessaires pour arriver à ce terme? Tout l'appareil de la fleur, et toute l'action intérieure, se réunissent pour y concourir.

La corolle, en comprenant sous ce titre les pétales et les étamines, transmet à l'ovaire avec lequel elle est en contact par ses bases, les principes qu'elle puise dans l'atmosphère ; il en est de même du pistil ; c'est à cela que se réduit la fécondation que ces organes impriment à l'embryon ; il faut se rappeler que celui-ci est déjà formé, qu'il possède tout ce qui le constitue essentiellement corps reproducteur, que le travail accessoire dont il est l'objet tend uniquement à lui donner un vase à la fois protecteur et nutritif, à l'aide duquel il puisse, sans perdre sa qualité de corps reproducteur, s'éloigner du végétal qui l'a produit.

Ainsi, en retranchant les étamines, comme en retranchant le pistil, dans le moment de la floraison, on n'enlève à l'embryon que les moyens d'acquérir un revêtement qui l'isole ; mais l'acquisition de ce revêtement lui est nécessaire, même pour vivre; car n'étant ni placé, ni constitué, comme l'embryon fixe, de manière à pouvoir être suffisamment nourri par la plante-mère, si on le prive des sources alimentaires qui l'environnent, il se flétrit et il meurt. En retranchant d'ailleurs le pistil ou les étamines au moment de la floraison, on fait une large blessure à l'ovaire lui-même; l'Expansion verse à grands flots, par cette voie, les principes intérieurs qu'elle destinait à la nourriture de l'embryon.

Le moment de la floraison est celui où toutes les parties d'un végétal sont le plus intimement solidaires. J'ai mis une fois le soin le plus attentif à couper les fleurs des pommes de terre à mesure qu'elles paraissaient; je croyais, par ce procédé, augmenter la production des tubercules; je n'y gagnai que de les faire tous avorter; je n'en recueillis pas un seul. Peut-être cet effet n'aurait-il pas été produit, si, avant de couper les fleurs, j'avais attendu qu'elles fussent flétries.

Ce qui prouve que les étamines ne sont nécessaires à l'embryon que comme organe nutritif, et non comme organe fécondant, c'est que, dans les fleurs où elles n'existent qu'en rudimens, et où, par conséquent, l'embryon est constitué de manière à ce qu'elles ne lui soient pas nécessaires, dans les fleurs à pistil, du palmier, du dattier, l'embryon devient un fruit complet et propagateur, lors même que l'on ne place point dans leur voisinage, des palmiers, des dattiers, dont les fleurs n'ont que des rudimens d'étamines. Celles-ci, à la vérité, sont stériles, mais c'est qu'elles ne forment qu'une production incomplète et manquée par vice organique du végétal.

L'indication de ce vice est donnée par la différence des deux qualités de chanvre. Celui que l'on nomme *femelle*, et qui porte les embryons fertiles, est mûr, dans le même champ, beaucoup plus tôt que celui qui porte les embryons stériles; le fil qu'il donne a beaucoup plus de finesse et de flexibilité. C'est par conséquent un végétal plus expansif, plus vivant.

Il est des plantes qui, sur le même individu, portent des fleurs à étamines, des fleurs à pistils, et des fleurs en qui ces deux organes sont complets; tel est le frêne : et, dans le maïs, ou blé de Turquie, qui est également une de ces plantes *polygames*, on voit souvent, sur le même pied, des fleurs à pistil, se diviser en un certain nombre d'axes, dont quelques-uns portent des fleurs à étamines. Cela prouve que, dans les fleurs, le concours des deux genres d'organes exige qu'ils puissent être abondamment nourris l'un et l'autre, et que lorsque, par faiblesse organique, la nourriture est, en certains points, insuffisante, ce qui en existe, dans le sein du végétal, se distribue, tantôt préférablement vers un point, tantôt préférablement vers un autre, au gré de certaines conditions individuelles, qui ne forment pas un caractère constant.

Spallanzani a, le premier, fait végéter des individus de chanvre à pistil, loin de tout individu à étamines, et il a obtenu autant de bonnes graines que lorsque les individus étaient mélangés.

Un phénomène très remarquable est celui qui a été observé par M. Turpin dans le potager de Versailles; une poire déjà formée, mais pressée par l'affluence des principes alimentaires, avait lancé de son centre un rameau complet; sa chair avait resté; mais il n'avait plus de graines; celles-ci, ou du moins l'une d'elles, excitée à un développement précoce, avait germé, à la manière des embryons fixes, sans attendre d'avoir quitté la plante-mère; elle s'était emparée de toute la nourriture, et avait fait avorter ses sœurs jumelles.

De telles tentatives par exubérance sont fréquentes dans nos jardins et nos parterres; mais elles se bornent, ou à *doubler* une fleur, c'est-à-dire à convertir ses étamines en pétales, ou à faire jaillir du sein des pétales des fleurs nouvelles. De telles fleurs restent stériles, parce que les principes nécessaires à la formation complète de la graine se trouvent extravasés; l'embryon reste sans doute, mais il n'acquiert point de corps accessoires.

On est cependant porté à adopter l'idée d'une fécondation de l'embryon par le secours des étamines, en voyant les variétés que l'on produit dans les plantes, lorsque, au moment de la maturité des fleurs, on fait tomber les poussières des unes sur les pistils des autres. Les jardiniers éprouvent, par exemple, que les melons deviennent amers, si des coloquintes vivent dans leur voisinage.

Mais ce ne sont pas les espèces que l'on change par ces procédés; ainsi l'on n'agit point essentiellement sur l'embryon; on ne modifie que les accessoires, tels que la chair du fruit; on lui donne une autre saveur; on fait aussi que les corolles des fleurs présentent des couleurs différentes.

Ces modifications proviennent de ce que, entre des individus des mêmes familles, il y a des analogies de constitution qui rendent entre eux certaines combinaisons possibles. Si la poussière des étamines d'une coloquinte s'étend jusqu'à l'ovaire d'un melon, elle pourra y concourir, non à la formation de l'embryon, car déjà sa constitution est arrêtée, mais à la formation des corps accessoires, tels que les cotylédons, qui doivent ensuite fournir à l'embryon sa première nourriture. Il sera bien naturel alors que l'embryon, nourri d'une substance amère, donne, à toutes les parties de la plante qu'il doit produire, une saveur d'amertume. Mais, selon toute vraisemblance, ce ne sera qu'une altération passagère, et bornée à cet individu, ou du moins à un petit nombre de générations. Si, à l'avenir, les coloquintes sont éloignées, la graine de ce même melon finira par produire des fruits exactement semblables au fruit originel.

Ces faits démontrent que la formation de l'embryon-fruit est l'œuvre principal de la végétation; aussi, pour ne pas le manquer, la nature le tente avec surabondance. Il existe dans l'ovaire de la plupart des fleurs, au moment de l'inflorescence, un bien plus grand nombre d'embryons qu'il ne peut s'en développer; chacun est enfermé dans son ovule, et attend sa fructification de la combinaison des alimens intérieurs et extérieurs; mais les ovules placés au centre de l'ovaire reçoivent seuls ces secours au degré suffisant.

Répétons maintenant avec plus d'assurance ce que nous avons déjà indiqué; les anthères des étamines ne sont que des capsules au sein desquelles s'ébauchent des embryons, mais dans une position trop latérale pour que l'Expansion les organise et les alimente au degré suffisant. Les *utricules polliniques*, contenues dans les anthères, ressemblent très bien aux ovules déposés sous le pistil; dans ces utricules, comme dans les ovules, réside d'abord un liquide de la même nature; les formes de ces deux corps sont les mêmes; ils communiquent, les uns et les autres, avec la plante-mère, par un filet très délié; les uns et les autres, au moment de leur maturité, s'ouvrent par explosion; mais alors l'ovule laisse en liberté l'embryon qu'il contenait; l'utricule pollinique laisse échapper des embryons imperceptibles, rendus stériles par leur profusion. On conçoit que s'il en est qui, à travers le pistil, parviennent jusqu'à l'ovaire, ils puissent y devenir de très bons principes alimentaires pour les corps accessoires de l'embryon fertile.

Dans bien des plantes, telles que l'artichaut, le bourgeon à fruit porte, dans son sein, un grand nombre d'ovaires qui, chacun, répondent à un nœud vital, chargé de produire une fleur alimentaire et protectrice de cet embryon même ; on donne le nom de *péricline* à la couronne de laquelle émanent les feuilles rudimentaires, disposées entre elles avec symétrie ; chacune protège un nœud vital ; mais ces nœuds vitaux, fort éloignés de l'axe du bourgeon, ne pouvant recevoir qu'obliquement, et en quantité insuffisante, les principes alimentaires, manquent ordinairement de la force nécessaire à leur développement ; ils demeurent stériles ; il n'en est pas de même de ces feuilles intérieures, si alongées, si délicates, qui ressemblent à des soies parallèles ; les nœuds vitaux, qu'elles contiennent dans leur aisselle, portent, chacun, une fleur, qui se développe, et fructifie l'embryon placé au-dessous.

D'autres plantes, telles que la carotte, portent un bourgeon qui d'abord se développe en *involucre*, c'est-à-dire, en collerette redoublée, formée d'un grand nombre de petites feuilles, ou *bractées*, symétriquement placées ; et, de l'aisselle de chacune de ces bractées, émane, non une fleur solitaire, comme dans l'artichaut, mais un petit axe duquel jaillit un second involucre plus petit, et formé également de bractées symétriques ; là est le terme du bourgeon ; de chacune de ces secondes bractées, ou plutôt, du nœud vital contenu dans son aisselle, émane une fleur solitaire, qui alimente au-dessous un embryon. Et l'on doit remarquer que les fleurs qui composent ce second involucre ne sont pas insérées à la même hauteur sur leur axe commun, mais alternativement et en spirale. C'est ainsi que se développe, dans beaucoup de plantes, le rameau à simples feuilles.

La Théorie que je viens de présenter sur la propagation des végétaux m'a été presque entièrement révélée par M. Turpin; j'ai été frappé de l'esprit judicieux avec lequel il a mis en œuvre les Faits en très grand nombre qu'il a rassemblés; ses conversations ont achevé de me démontrer ce que son livre avait établi comme très vraisemblable: que les végétaux n'ont point de sexes, et qu'il n'en est pas un seul qui ne tire de son sein tous les principes et toutes les forces nécessaires à sa reproduction. On lui a opposé de prétendues fécondations artificielles; il a essayé d'en produire; il n'y est point parvenu, et, plus souvent encore, il a vu, comme Spallanzani, des Plantes dont les fleurs ne portaient que des pistils, et qui étaient sans communications avec celles de la même espèce qui ne portaient que des étamines, donner des graines bien formées, parfaitement en état de germer à leur tour.

On a raconté que le célèbre Jussieu, étonné un jour de voir, dans le jardin du Roi, deux dattiers à pistils, chargés de fruits, tandis que, les années précédentes, ils n'avaient jamais porté que des fleurs, soupçonna qu'il existait des dattiers à étamines dans quelque jardin du voisinage. Il en fit faire la recherche; et l'on trouva, dit-on, dans l'enclos des Chartreux, de ces dattiers à étamines.

M. Turpin, en supposant l'observation constatée, l'explique naturellement. Dans les arbres de tous genres, et encore plus dans les arbres d'organisation imparfaite, la production des fleurs est une œuvre facile, comparée à la production des fruits; pour celle-ci, il faut que le végétal ait acquis toute la force vitale qui lui est destinée. Ainsi il peut n'être en état de porter que des fleurs une ou plusieurs années, avant d'être en état de porter des fruits. Faire intervenir dans cette production une *aura seminalis*, amenée par les vents, et quelquefois à travers des montagnes ou des distances très considérables, c'est substituer gratuitement du merveilleux à une opération très simple; c'est se perdre dans une poésie d'influences vagues, lointaines, vaporeuses, que la saine Physiologie ne peut adopter.

Un des résultats les plus intéressans de l'art du jardinier est l'amélioration des fruits. Il parvient à leur donner plus de volume, plus de substance, et une saveur plus délicate qu'ils n'en auraient obtenu des simples forces de la nature; la taille des arbres, l'engrais, les soins, la greffe, sont les moyens qui conduisent l'industrie humaine à ce but. Mais il est très remarquable que les effets de cette industrie ne s'étendent jamais jusqu'à l'embryon; le plus beau et le meilleur fruit de nos jardins n'est supérieur à celui des champs que par ses parties accessoires; semez le noyau d'une pêche de Montreuil, vous n'obtiendrez qu'un *sauvageon*, que rien ne distinguera du sauvageon de la nature.

Au reste, la Loi des compensations se montre ici d'une manière frappante. Le sauvageon de la nature produira des fruits acerbes, et plus petits que ceux de l'arbre de même espèce que l'on aura greffé, émondé, soigneusement cultivé; mais le nombre de ses fruits sera beaucoup plus considérable; de plus, le sauvageon de la nature deviendra un arbre plus volumineux, plus fort, et vivra beaucoup plus long-temps.

L'idée de la *greffe* a été sans doute inspirée par une observation que chacun de nous a souvent l'occasion de faire. Deux branches d'arbres voisines, et d'espèces ressemblantes, qui, en se développant chacune de leur côté, parviennent à se toucher, sont entraînées, par la puissance de combinaison, à entrelacer leurs fibres, et à contracter une intime adhérence. Il n'est pas rare, non plus, de voir un fruit double, formé par l'adhérence intime de deux fruits simples qui se sont touchés dès leur naissance, et se sont ensuite pressés, l'un contre l'autre, par l'effet réciproque de leur accroissement.

De telles insertions réciproques sont le produit de relations magnétiques; elles n'auraient pas lieu entre des Êtres vivans très dissemblables, parce que, ainsi que nous l'avons reconnu, les relations magnétiques entre deux corps exigent, pour s'établir, que leurs émanations expansives n'aient, entre elles, que des différences légères.

Pour cette raison, la greffe artificielle ne réussit qu'entre des arbres, ou des arbustes, d'espèces voisines.

Le premier signe du succès est la formation d'un *bourrelet* au point d'insertion. C'est, en réalité, une *région médiane*, qui se compose par l'infusion mutuelle des principes expansifs projetés par l'un et l'autre végétal. On a formé, à ce point d'insertion, un *nœud vital*, dans le sein duquel s'est composé un véritable embryon fixe, qui projette ses racines dans le bois du *sujet*, et ses rameaux au-dehors. Ces rameaux deviennent plus forts que ceux de l'arbre d'où l'on a détaché une branche; ils participent à la vigueur native du sauvageon.

Cette opération que nous venons de décrire place une branche vivante, et pourvue d'embryons fixes, ou du moins d'embryons latens, dans un vase qui est lui-même en état organique; mais il est des arbres, tels que le saule, dont la végétation est si facile, si rapide, qu'il suffit de planter une de leurs branches dans de la terre bien préparée, bien exposée, pour obtenir un arbre nouveau; si cette branche est jeune, si elle montre quelques nœuds vitaux sur son écorce, elle se développe dans cette nouvelle position, comme la petite branche de pêcher dans le premier sauvageon; et, ce qui est remarquable, il se forme au bas de la branche de saule un bourrelet ressemblant à celui qui est produit par la greffe. C'est sans doute aussi une région médiane, ou point de départ entre les substances que leurs relations magnétiques portent à monter dans l'atmosphère, et celles que leurs relations magnétiques portent à s'enfoncer dans le sol.

Ce mode de propagation se nomme *bouture*; le mode de propagation par les *marcottes* lui est analogue. Il y a cette différence, que les branches dont on se sert pour faire les boutures sont détachées du végétal qui les a produites; au lieu que l'on ne sépare pas de la plante-mère les branches dont on veut faire des marcottes; on les plie seulement, ou on les écarte de manière à ce que la terre recouvre leur partie inférieure. Il faut qu'il y ait un ou plusieurs nœuds vitaux dans l'écorce de ces branches, pour qu'elles puissent reproduire un nouveau végétal; et, ce que l'on doit encore remarquer, c'est que la marcotte ne prend pas, s'il ne se forme pas un bourrelet à la base de la branche. Les végétaux à tige articulée, comme la vigne, l'œillet, ayant un bourrelet naturel à chacun de leurs nœuds, sont ceux qui se prêtent le plus aisément à ce genre de reproduction.

Cette reproduction par marcottes a été encore indiquée à l'homme par la nature; car il est un grand nombre de plantes herbacées, et même d'arbres, tels que le saule pleureur, qui se propagent naturellement par ce moyen.

Au reste, la nature emploie quelquefois à la

reproduction d'un végétal une simple feuille, un simple pétale; c'est que dans le sein de ces corps se trouvent des embryons latens. Mais, pour ce moyen de propagation, il faut une existence végétale simple, et les faveurs du sol, et celles de la température.

Rentrons dans l'examen de la constitution des fruits.

Si l'on veut avoir l'idée de l'ovaire, lorsqu'il commence à se former, il faut examiner, quelque temps avant sa maturité, le fruit qui en est provenu. Toutes les parties qu'il montre alors sont celles qu'il avait à sa naissance, et elles sont respectivement placées de même, parce que l'Expansion uniforme, qui les a distribuées avec symétrie, les a encore développées avec uniformité.

Ainsi, en coupant une orange par son équateur, on voit une étoile à dix rayons, d'une symétrie parfaite, traçant, de concert avec la circonférence, dix enceintes ou loges triangulaires, remplies d'ovules ou graines; l'Expansion est là sous les yeux de l'observateur, avec son mode central et uniforme d'action divergente. Nulle autre production, dans la nature, ne figure cette puissance d'une manière plus caractéristique; et elle sert encore, dans notre objet particulier, à démontrer que les substances accessoires qui environnent les ovules sont principalement d'origine extérieure. Lorsque l'orange déjà formée est encore très verte, la constitution étoilée est déjà sensible et arrêtée; mais dans ses loges il n'y a encore que des ovules; il n'y a point de *tissu utriculaire;* ce tissu qui doit, un jour, faire de l'orange un fruit délicieux, ne commence, à se montrer que lorsque la maturité s'approche, et alors il part de la surface interne de la circonférence; de là les utricules s'avancent vers le centre, en se multipliant, en naissant les unes des autres. Ainsi, selon toute vraisemblance, le jus de l'orange est d'origine atmosphérique; ce sont des gaz qui se modifient, se condensent, se végétalisent, en traversant les diverses enveloppes du fruit.

On doit à M. de Jussieu, au sujet de l'orange, une observation importante. Dans la même graine se trouvent quelquefois renfermés jusqu'à cinq embryons bien formés, mais qui diminuent progressivement de grandeur. Il est vraisemblable que le plus grand est le seul qui soit fertile.

La composition accessoire la plus importante, dans les fruits que produisent les végétaux d'organisation parfaite, est celle des lobes ou *cotylédons*. Dans le plus grand nombre de ces végétaux, la graine est pourvue de deux cotylédons; dans quelques-uns, tels que le *pinus nigra*, trois cotylédons sont formés; dans d'autres, tels que le *pinus americana*, on en voit quatre; enfin, dans la graine du pin à pignon, il y en a en plus grand nombre; il est des plantes dont la graine en a jusqu'à seize; mais ce ne sont jamais que des ramifications de deux troncs, et, à proprement parler, il n'y a jamais que deux lobes plus ou moins divisés.

Toujours les cotylédons sont placés auprès de l'embryon avec symétrie; la raison en est qu'ils sont le fruit d'une transsudation expansive de l'embryon, qui se fait avec liberté, parce qu'elle se fait avec vivacité. Du point de l'embryon où se réunissent la radicule et la gemmule, émane un vaisseau qui bientôt se divise en deux troncs; l'un de ces troncs passe d'un côté de l'embryon, l'autre de l'autre côté; bientôt chacun se divise en deux autres, qui à leur tour se ramifient, qui, ensuite, sont contraints, par le rétrécissement de l'espace, à replier sur eux-mêmes leurs ramifications. Pendant cette opération, les principes qu'ils propagent se combinent, et avec la liqueur contenue dans l'ovule, et avec les principes, émanés de l'extérieur, que transmettent les diverses parties de la fleur. La *cicatrice ombili-*

cale des embryons, par laquelle ces fœtus végétaux communiquent avec la plante-mère, est également située sur le point de la ligne médiane. C'est une preuve que la substance fournie par la plante-mère se dédouble dans le sein du fœtus.

Ordinairement la gemmule est beaucoup plus engagée que la radicule dans la composition des lobes, parce que la gemmule, pôle mineur de l'embryon, est formée de ses principes les plus délicats; pour cette raison, ils prennent un plus grand volume; d'ordinaire, la ligne médiane de l'embryon le partage en deux portions inégales; la portion supérieure, qui forme la gemmule, semble plus grande, mais elle n'est que plus dilatée; la loi de l'équilibre exige que les deux masses soient égales.

Au reste, l'embryon, en commençant à végéter dans le sein de l'ovule, ne garde pas toujours la situation rectiligne; si les lobes qui s'appliquent sur sa surface sont faibles et minces, il s'alonge, et alors, gêné par le défaut d'espace, il se courbe, quelquefois en demi-cercle, d'autres fois en cercle entier, d'autres fois encore en spirale; pour qu'il s'étende en ligne droite, il faut que ses lobes soient épais et forts; alors il prend moins d'étendue.

Le fruit a atteint le terme de maturité, lorsque son ovaire a acquis toute l'extension dont il était susceptible; alors, toute sa capacité intérieure se trouve remplie ; toutes les parties du fruit procédant d'une même action, ne peuvent qu'arriver ensemble au même degré de composition. Ainsi, lorsque l'enveloppe ovarienne ne peut plus s'étendre sans se rompre, l'embryon et les lobes ne peuvent plus rien recevoir de la plante-mère; le *pédoncule*, par lequel le fruit tient au rameau, devient un canal inutile; il se dessèche, s'affaiblit; le fruit, uniquement livré à la puissance de pesanteur, entraîne lui-même la rupture des faibles liens qui le retiennent; il se détache, il tombe ; un instant suffit pour qu'il porte vers la terre tout ce qu'il a reçu de la terre, de l'atmosphère et du soleil, pendant la succession d'un grand nombre d'instans.

Il va germer de nouveau; mais, à parler exactement, il n'entrera pas en possession d'une existence nouvelle ; c'est son existence commencée, et acquise sur le sein de la plante-mère, qui va se continuer. Que l'on substitue au pédoncule, à l'instant où il dessèche, un lien artificiel qui prévienne la chute du fruit, et qu'on le garantisse, ou de la trop grande chaleur, ou des accidens, sa germination commencera par l'aspiration que l'embryon fera de la substance des lobes ; mais, pour la plupart des graines, surtout dans nos climats, il faut ensuite d'autres secours et d'autres alimens que ceux qui peuvent être fournis à l'embryon par l'atmosphère. Le sein de la terre recèle aussi ceux qui sont nécessaires à leur développement.

« Dans les climats chauds et humides, où la végétation est sans cesse favorisée, les embryons continuent de se développer sans interruption; aussi il arrive souvent de rencontrer, sur certains végétaux, des fruits de l'intérieur desquels s'échappent des rameaux, qui, quoique chargés de feuilles, de fleurs et de fruits, restent fixés, en vrais parasites, sur le fruit qui leur a donné naissance. » (Turpin, page 71.)

QUATRIÈME SÉANCE.

Fin de la Physiologie végétale; points de contact entre la constitution des végétaux et celle des animaux; bases particulières de la Physiologie animale.

Nous avons étudié la constitution des végétaux dont l'organisation est parfaite; nous avons suivi les traits principaux de leur développement; nous avons exposé ce qui appartient généralement aux végétaux de cette classe; leur caractère consiste dans l'avantage qu'ils ont, dès leur existence individuelle en état de semence, de présenter à l'action végétale, sous le plus petit volume, le plus grand nombre de principes disposés à l'organisation.

Le célèbre Jussieu a mis, le premier, un ordre très simple dans la classification des plantes; il a montré que la perfection de l'organisation végétale appartient aux plantes dont la semence est pourvue de deux cotylédons; et il a fait voir qu'il y a, cependant, des degrés dans cette perfection. Les végétaux dont la fleur est monopétale sont moins élevés, dans l'échelle des Êtres organisés, que les végétaux dont la fleur est polypétale, parce que, ainsi que nous l'avons dit en expliquant la formation des fleurs, lorsque l'Expansion est très vive, et que les mobiles qu'elle emploie sont très abondans, la corolle ne peut se maintenir dans un évasement continu et uniforme; elle éclate, se morcèle, et chaque fragment prend la coupe que lui assigne la puissance symétrique de combinaison.

Les plantes dicotylédones monopétales sont donc au second rang dans l'échelle de la végétation; au-dessous d'elles sont placées les dicotylédones apétales, en qui l'Expansion n'a pas été assez vive pour former séparément un calice et une corolle. Ces dernières plantes forment la transition qui mène aux plantes monocotylédones, lesquelles sont toutes apétales.

A cette classe des plantes monocotylédones commence la division générale des végétaux imparfaits. Cette division comprend, sous une gradation continue et décroissante, les végétaux dont la semence est, à la fois, moins composée et moins expansive que celle des plantes dicotylédones; la gradation se termine aux plantes dont la semence n'est autre chose qu'un germe organique au terme absolu de la simplicité. L'embryon de ces plantes étant dépourvu de tout corps accessoire, M. de Jussieu les a nommées *acotylédonès*.

Nous allons suivre, en descendant, ces deux derniers degrés de l'échelle végétale.

Monocotylédones. Lorsque l'embryon vient d'être formé dans l'ovaire des plantes de cette classe, l'Expansion n'ayant, dans la substance de ce corps reproducteur, qu'une activité médiocre, les principes accessoires, rejetés latéralement, ne reçoivent pas un mouvement de divergence suffisant pour les contraindre à se dédoubler, et à former deux lobes distincts; ils ne forment qu'un seul lobe, qui engaîne la radicule, et se porte ensuite de côté.

L'embryon lui-même n'a qu'un développement plus faible que celui des plantes dicotylédones; la radicule, plus courte que le cotylédon, reste engagée dans sa substance, et la gemmule est souvent difficile à reconnaître, tandis que, dans les graines des plantes dicotylédones, elle est d'ordinaire saillante et alongée.

Lorsqu'ensuite l'embryon, confié à la terre, commence à y puiser sa nourriture, l'Expansion végétale, toujours médiocre, est facilement cernée et contenue par l'action compressive; de là, résulte une très faible divergence; l'ensemble des produits successifs garde presque entièrement la situation verticale.

Aussi, presque point de nœuds vitaux sur la tige; et ceux qui y sont placés par une Expansion défaillante demeurent presque tous stériles; ils ne donnent point naissance à des rameaux; ce qui fait que la tige ne reçoit presque point d'accroissement en diamètre.

Les vaisseaux qui se composent dans le sein de la tige prennent tous le sens vertical, et ne s'accolent que longitudinalement, sans lancer latéralement des fibres horizontales ou obliques. Il ne se forme donc pas un tissu réticulaire comme dans la tige des plantes dicotylédones.

Pour cette raison, le bois des arbres de cette classe manque de consistance; car on sent combien de force d'union est donnée aux fibres d'un faisceau, lorsqu'elles sont entrelacées par des fibres transversales; c'est la différence de la toile achevée par la *trame* à la toile commencée par la simple *chaîne*.

D'ailleurs, comme il ne végète point d'embryons fixes sur les tiges des plantes monocotylédones, il n'est pas, dans l'intérieur de ces tiges, une couche qui, comme la couche ligneuse du chêne et des autres arbres d'organisation parfaite, soit pressée, en même temps qu'alimentée, par deux foyers d'Expansion. Les tiges du palmier, et des autres arbres de la même classe, doivent donc être d'une densité faible dans toute leur épaisseur, densité néanmoins qui doit croître du centre à la circonférence, comme celle d'un cylindre de métal fondu qui, placé dans la situation verticale, passerait lentement à l'état de consolidation.

La composition des feuilles doit ressembler à celle des tiges; leur tissu est lâche, et presque uniquement formé de fibres longitudinales qui ne divergent point, qui ne forment point un réseau par des entrelacemens mutuels.

Daubenton a expliqué de quelle manière le palmier-dattier prend son accroissement. « Lorsque le palmier, dit-il, a environ six mois ou un an, on aperçoit, au centre de la jeune plante, un tubercule, ou bourgeon, formé par les rudimens des feuilles serrées les unes contre les autres, et contournées en rond. Ces feuilles se développent ensuite successivement l'une après l'autre, pendant toute la durée de la vie de l'arbre. Tous les ans, le palmier produit environ sept feuilles nouvelles, et il s'en dessèche sept des plus anciennes, dont les restes forment, sur le tronc, au lieu d'une vraie écorce, une enveloppe, d'abord écailleuse, ensuite raboteuse, enfin unie, lorsque l'arbre est parvenu à l'état de décrépitude. Les feuilles ne sont qu'une extension des filets ligneux et de la substance cellulaire, que l'on remarque dans le tronc; et c'est par leur développement successif qu'elles opèrent l'accroissement du végétal. »

Ainsi, tout ce que l'Expansion peut produire dans la direction de sa plus grande force, c'est l'exfoliation du sommet de la tige. C'est un résultat bien faible, comparé à l'ensemble de ceux dont un chêne se compose.

Le dattier fleurit rarement avant l'âge de dix ans; ce qui prouve encore que, dans cet arbre, l'action végétale, comparée à celle des arbres provenus de graines dicotylédones, manque de vivacité.

Les fleurs des plantes monocotylédones présentent, dans l'organisation de leurs diverses parties, cette disposition longitudinale et parallèle que nous avons déjà remarquée dans la tige et dans les feuilles. De plus, les étamines ne sont presque jamais qu'au nombre de 3, ou de 6, 9, 12, en un mot des multiples de 3, tandis que, dans le plus grand nombre de fleurs des plantes dicotylédones, les étamines affectent le nombre 5, ou ses multiples 10, 15, 20. Les *péricarpes* de la plupart des monocotylédones sont également formés de 3, 6, 9, 12, etc. feuilles ovariennes, libres ou soudées; et les péricarpes de la plupart des dicotylédones sont formés de 5, 10, 15, 20, etc. feuilles ovariennes, libres ou soudées. Il faudrait des observations très délicates pour remonter à la source immédiate de ces distributions; mais, du moins, leur aspect suffit pour attester, d'une part, la loi de symétrie qui régit également les plantes monocotylédones et les plantes dicotylédones, d'un autre côté l'infériorité expansive des plantes dont les graines ne portent qu'un cotylédon.

Ce n'est que parmi les plantes monocotylédones que l'on trouve celles qui ont une *bulbe* à la base de leur tige; tel est l'ognon commun. Il faut observer que la tige qui surmonte ces bulbes est très ouverte, presque vide en dedans; c'est une tige fistuleuse. La masse principale de la plante est dans la bulbe qui, peut-être, n'est que le collet, ou région médiane; en effet, les racines qui émanent d'une sorte de couronnement placé au-dessous de la bulbe, sont nombreuses, mais fines et courtes; leur masse légère fait équilibre à la tige fistuleuse.

Ce qui porte encore à considérer la bulbe

comme la région médiane des végétaux qui en sont pourvus, c'est la force et l'abondance des sucs propres qui y sont déposés et pressés; ces sucs sont indiqués par l'odeur pénétrante, et le larmoiement que l'on éprouve, lorsque l'on détache successivement les enveloppes d'un ognon commun.

Comme la bulbe des plantes qui en possèdent, telles que l'ognon, le lis, est enfermée dans la terre, elle pousse auprès d'elle des bulbes secondaires, des *caïeux*, qui sont, chacun, un corps reproducteur.

Plantes acotylédones. Nous voilà revenus au point d'où nous sommes partis, à ces plantes d'une organisation très simple, qui cependant peuvent être rangées selon une gradation de simplicité.

Avant d'indiquer le terme de cette gradation qui paraît être le plus abaissé, répétons qu'au-dessous même de ce terme se montrent des ébauches organiques qui ne semblent pas mériter le titre de plantes véritables. Tels sont les *mucors*, les *byssus* ou *moisissures*, la plupart des *champignons*, et généralement tous les produits transitoires de la désorganisation des végétaux ou des animaux. Ces Êtres, quoique presque entièrement composés de globules mouvans, ou du moins prêts à se mouvoir aussitôt qu'ils sont mis en liberté, n'ont point une organisation d'ensemble, puisqu'ils n'ont point la faculté de former en eux-mêmes des corps constitués comme eux, et qui puissent les reproduire; ils n'ont pas une ligne médiane, un système aérien et un système terrestre; ils n'ont à peu près qu'une masse aérienne; c'est-à-dire qu'ils ne forment, au-dessus du sol, qu'un canal d'écoulement pour la matière qui était organisée et qui se met en mouvement de désorganisation.

Si l'on considère au microscope une portion d'épiderme prise sur une poire gâtée (Turpin, p. 79, tableau IV *bis*, fig. 5), on voit un rayonnement très marqué de globules, qui ne tiennent que très légèrement les uns aux autres; ils forment ce que l'on appelle des vaisseaux en chapelet. Leur adhérence mutuelle est si faible qu'elle est rompue par le plus léger vent, ou par la plus légère augmentation de chaleur. On ne saurait voir là des plantes véritables.

De même, la plupart des champignons émanent, au printemps, de la décomposition de végétaux, ou d'animaux, exposés, après avoir cessé de vivre, à l'influence d'une chaleur et d'une humidité concentrées. Dans de telles circonstances, la dissipation des globules constituans, vivement sollicitée, et cependant réprimée par le défaut d'espace, a besoin de s'écouler en faisceaux rudimentaires longs et épais. Un champignon se forme réellement, et sans figure, par une fumigation expansive, coercée en colonne, et lorsqu'elle est parvenue à une certaine élévation, rabattue symétriquement par l'action compressive. Une tige droite, spongieuse, surmontée d'une calotte dont la surface supérieure est unie, tandis que la surface inférieure est feuilletée, un tel appareil peint sensiblement à nos regards la résistance uniforme qu'une puissance de Compression, frappant du haut vers le bas, a opposée à l'action régulière d'une puissance d'Expansion, poussant du bas vers le haut.

Pour reconnaître la justesse de l'expression, *fumigation expansive*, que nous venons d'employer, en indiquant le mode de naissance des champignons, il suffit de jeter un regard sur une coupe transversale de leur tige (Turpin, tabl. IV *bis*, fig. 8). On voit que cette tige est entièrement formée de tubes égaux, uniformément accolés, distribués dans toute l'épaisseur avec une égalité parfaite.

Et en comparant (tabl. II, fig. 4, 5, 6) les coupes transversales de la tige d'un champignon, de la tige d'un palmier, et de la tige d'un chêne, on voit le premier terme, le terme intermédiaire, et le terme élevé, de l'organisation végétale, figurés d'une manière sensible et caractéristique. Dans la tige du palmier, la densité n'est pas uniforme comme dans la tige du champignon, elle est légèrement croissante du centre à la circonférence; et l'on voit, çà et là, des traînées de tissu cellulaire qui annoncent, dans ces végétaux, une tendance à former des rayons. Dans la tige du chêne, la plus grande densité est au cœur, les rayons médullaires sont nombreux, bien marqués; et là seulement on voit des couches concentriques.

Les *lichens tuberculeux* qui s'établissent sur les pierres les plus dépouillées paraissent aussi n'être que de simples ébauches végétales. Seulement, ils doivent leur naissance, non à la désorganisation d'un Être qui a cessé de vivre, mais à la réunion magnétique de globules vibrans fournis par l'humidité chaude et tranquille. C'est sur la face humide et abritée des rochers que ces lichens s'établissent avec le plus d'abondance.

Et de cette origine des lichens résultent plusieurs propriétés qui les distinguent des byssus et des champignons; ceux-ci, se trouvant placés sur la ligne descendante de l'action végétale, puisqu'ils sont le fruit d'une désorganisation plus ou moins avancée, n'ont, comme nous l'avons dit, qu'une existence fugitive, une existence qui marche vers la mort.

Au contraire, les lichens sont au début de l'action végétale ascendante ; aussi, d'une part, ils favorisent, sur le rocher qu'ils recouvrent, la formation d'ébauches végétales plus avancées, ou même de véritables végétaux ; d'un autre côté, ils peuvent se conserver très long-temps. On en a vu, dit M. Ventenat, qui étaient enfermés depuis plus de vingt ans dans des herbiers, reprendre toutes les apparences de la vie lorsqu'ils étaient arrosés à l'air libre.

Les *mousses* sont les premières plantes véritables qui s'établissent sur le fonds préparé, fécondé par les lichens. Les mousses végètent réellement, car elles se ramifient; de plus elles se reproduisent. Au-dessus d'elles, à un degré d'organisation un peu plus avancé, paraissent être les *fougères*, qui, sur plusieurs points de la surface inférieure de leurs feuilles, composent un très grand nombre de corps capables de les reproduire. On en voit, d'ailleurs, dans les deux Indes, qui acquièrent une grande étendue, et qui, munies d'une tige cylindrique plus consistante à sa surface que dans l'intérieur, semblent faire la transition des plantes acotylédones à la famille des palmiers.

Il ne nous reste plus, pour terminer l'histoire philosophique des plantes, qu'à les considérer au terme de leur existence vitale, et à chercher par quels progrès la mort les saisit.

Consultons le principe universel, mais toujours en concurrence avec l'observation directe.

L'Expansion est le seul Principe d'action propre à un Être quelconque; c'est-à-dire que les mouvemens d'Expansion qui s'exécutent dans son sein sont les seuls dont la cause soit en lui-même; tous les autres mouvemens auxquels il est contraint de se prêter, les mouvemens de combinaison, par exemple, sont de source extérieure, ou du moins l'Expansion n'est pas seule à les produire; la Compression extérieure les détermine en concurrence avec l'Expansion.

L'Expansion, puissance essentielle, étant toujours en exercice dans la substance d'un végétal, doit constamment tendre à augmenter son ouvrage; et ce que l'on doit trouver constamment, dans les progrès de la vie des plantes, c'est le progrès des témoignages de l'Expansion.

Mais rappelons la définition générale que nous avons donnée des Êtres organisés. Ce qui les distingue, avons-nous dit, des Êtres organiques, c'est qu'ils possèdent, dans leurs parties internes, un foyer où réside, plus spécialement, l'action expansive, qui, par compensation, abandonne les enveloppes à la prépondérance de la compression.

Il suit de là que les enveloppes de tout Être organisé sont constamment serrées entre deux forces qui unissent leur action pour les condenser et les durcir.

Pendant le premier âge de tout Être organisé, cet effet de la double pression n'étant pas encore atteint, les enveloppes sont encore molles et flexibles ; l'Expansion parvient à les étendre ; et c'est ainsi que se fait l'accroissement en colonne; mais cet accroissement ne peut que se ralentir tous les jours, puisque les enveloppes ne peuvent que devenir, chaque jour, moins flexibles, plus consistantes.

Le terme arrive où elles ne cèdent plus; alors, à leur consistance graduellement augmentée, succède le *durcissement*, qui, à son tour, augmente sans cesse.

Comme les végétaux sont réduits à un tube organique sans complication intérieure d'organes particuliers, ou de foyers particuliers d'Expansion vitale, le durcissement progressif de ce tube simple doit être facile à suivre. Le végétal doit non-seulement rester tubulaire par sa tige principale, mais la cavité intérieure de ce tube doit constamment augmenter.

Et c'est, dans tous les végétaux, le caractère de la vieillesse. On le remarque plus aisément dans les arbres à cause de leur volume. Non-seulement les arbres se creusent intérieurement, mais ils se vident ; ils se réduisent peu à peu à leur couche corticale ; celle-ci, dans le sein de laquelle ont passé et la moelle et le bois, devient plus dure que ne l'était précédemment la couche ligneuse ; sa densité augmente sans cesse ; cependant, c'est par elle seule que, dans la décrépitude, la végétation se soutient.

Mais tout progrès a un terme ; et le terme ne peut être que le dernier pas du progrès.

Le tube cortical, à force d'être serré par l'Expansion interne et par l'Expansion stellaire, à force d'être condensé et durci, perd tous ses canaux capillaires ; alors sont terminées toutes les relations intérieures qui faisaient, de cet Être, un Être vivant ; il n'est plus tributaire que de l'Expansion dissolvante. L'Expansion vitale avait en lui un foyer particulier ; l'Expansion dissolvante a son foyer dans chaque point de la masse ; et c'est ainsi qu'elle désorganise, qu'elle décompose. La rapidité de son action n'est plus modérée que par la densité même que le végétal avait acquise pendant sa vie; c'est-à-dire que, par une dernière application de la Loi de l'Équilibre, les plantes qui, pendant leur accroissement, avaient acquis le plus de substance sous le même volume, qui, pour cette raison, avaient passé le plus de temps en progrès d'accroissement, sont celles que la Puissance dissolvante détruit avec le plus de lenteur.

Maintenant que nous connaissons l'organisation végétale dans tout ce qu'elle a de caractéristique et d'essentiel, nous devons marcher avec facilité dans l'étude de l'organisation animale, puisque ces deux modes d'existence ont le même point de départ, et ensuite de nombreuses analogies. Rassemblons de nouveau, sous un même point de vue, les animaux et les végétaux.

Semblables aux végétaux de l'ordre inférieur, les animaux les plus abaissés dans l'échelle, les vers, beaucoup d'insectes, de mollusques, un grand nombre de poissons, puisent immédiatement dans l'eau, ou dans l'humide, les globules vibrans. Pour soutenir leur existence organique, ils n'ont pas besoin d'autre nourriture. La même substance aqueuse, pour peu qu'elle soit chaude et stagnante, donne en même temps naissance à un grand nombre de plantes ou ébauches de plantes, et à un grand nombre d'animaux imparfaits.

Puisque le milieu originaire est commun aux deux productions, et que toutes les circonstances sont les mêmes, il est indubitable que l'opération animalisante est essentiellement la même que l'opération végétalisante; toute la différence indiquée par l'expérience consiste en ce que l'opération qui organise des végétaux imparfaits saisit, dans l'eau, les globules vibrans qui ont le plus de volume, et le moins de vivacité, tandis que l'opération qui, dans le même liquide, organise des animaux imparfaits, saisit et emploie les globules vibrans les plus subtils, les plus délicats, les plus mobiles, d'où il suit qu'entre les deux genres d'Êtres il n'y a point de lacunes; les végétaux imparfaits sont liés aux animaux imparfaits par des Êtres de transition.

On doit encore penser que, dans le même liquide où se montrent à la fois des animaux imparfaits et des végétaux imparfaits si variés de volume et de forme, chacun de ces Êtres s'adresse à un genre particulier de globules, en sorte que leur distinction caractéristique est fondée sur la distinction originelle de leurs globules.

Il y a aussi, nécessairement, des Êtres de transition entre les ébauches végétales, et les végétaux caractérisés; de même qu'il y a des Êtres de transition entre les ébauches animales, et les animaux caractérisés. Il est facile de concevoir comment s'établissent ces deux transitions organiques.

Les productions organiques les plus élevées dans l'ordre des ébauches végétales ont eu, les premières, la capacité d'admettre, dans leur sein, des globules vibrans de deux espèces, ce qui leur a fourni intérieurement la faculté de se prêter au dédoublement magnétique de leur substance alimentaire; et la faculté de ce dédoublement magnétique les a conduites à celles de composer, en elles-mêmes, des embryons latens, ou corps reproducteurs. Alors, ainsi que nous l'avons dit, le caractère végétal a été acquis; mais il n'a été encore qu'à son début; l'Être qui l'a possédé, ayant commencé par en être dépourvu, a formé le lien, ou passage, de ceux qui restent toujours privés de la faculté de se reproduire, à ceux qui la possèdent par leur constitution héréditaire.

Et ceux-ci se sont graduellement élevés dans

l'échelle organique, parce que, se trouvant pourvus d'un système supérieur, et d'un système inférieur, appuyés l'un et l'autre sur une ligne médiane, ils ont puisé, en concurrence, leurs principes alimentaires à deux sources opposées; ces principes, indéfiniment variés, se rendant ensuite vers un foyer commun, y ont subi des transfusions, des modifications, et ultérieurement un dédoublement magnétique se réfléchissant dans l'embryon.

L'imagination découvre ici un nombre indéfini de combinaisons qui répondent, chacune, à une espèce végétale particulière, ou plutôt à une plante particulière; car il n'y a évidemment que des individus dans la nature; l'indéfinie variété des situations et des circonstances s'oppose à ce que deux plantes puissent avoir exactement la même constitution; mais on sent aussi, et l'on apprend par l'observation, qu'un certain nombre de plantes peuvent avoir, dans leur constitution, tant de traits ressemblans, que nous soyons autorisés à les enfermer toutes sous un nom générique, ce qui est, pour notre mémoire, un heureux soulagement.

Ce que nous venons de dire de l'ordre végétal s'applique à l'ordre animal. Le premier rudiment de cet ordre, l'ébauche la plus abaissée, est formée d'un filet plus ou moins étendu, né de la réunion longitudinale de globules délicats, qui se sont associés, dans cette direction longitudinale, par obéissance à leurs relations magnétiques. Ensuite un certain nombre de filets semblables se sont annexés magnétiquement, soit en se plaçant bout à bout, soit en s'accolant parallèlement; ce qui a formé un faisceau au centre duquel l'Expansion a creusé une cavité longitudinale; c'est ainsi que le faisceau de globules s'est changé en tube globuleux.

Chaque ébauche animale a été homogène; mais il y a eu, entre elles, beaucoup de diversité, beaucoup plus sans doute qu'entre les ébauches végétales, parce que des globules très petits et très actifs peuvent devenir élémens de combinaisons plus nombreuses que ne peuvent en produire des élémens moins petits et moins actifs.

Parmi ces ébauches animales, comme parmi les ébauches végétales, il s'en est trouvé une plus élevée que toutes les autres, qui a été en état d'aspirer des globules de deux ordres de grandeur, ce qui a commencé la faculté du dédoublement magnétique de sa substance alimentaire, et, par suite, la faculté de composer des embryons latens. De ce premier point, commencement de l'animation, le progrès de l'organisme s'est fait au gré de la combinaison indéfinie des situations et des circonstances, combinaison beaucoup plus multipliée que celle des végétaux, parce que, d'une part, ainsi que nous venons de le dire, les principes alimentaires, étant plus petits, plus expansifs, plus mobiles, ont admis, par eux-mêmes, plus de diversité, parce que, d'un autre côté, les animaux élevés dans l'échelle, ayant acquis la faculté de saisir des végétaux en état de vie, de les incorporer à leur substance, ont amené ainsi, vers leur foyer intérieur, des matériaux déjà combinés, élaborés, selon une très grande variété.

La faculté reproductrice, disons-nous, est la faculté définitivement caractéristique de la vie organique, soit végétale, soit animale; et nous avons défini, expliqué, les divers modes de reproduction que possèdent les végétaux.

Parmi ces modes ne se trouve point la génération par fécondation réciproque. Ce mode n'appartient qu'à l'ordre animal. Une différence si marquée va nous conduire à d'importantes considérations.

Les végétaux n'ont point de sexe. De plus, tout végétal est un Être simple dans le sens de sa largeur. S'il est formé de deux systèmes opposés de situation, et reposant sur une ligne médiane, ce partage n'est établi qu'en hauteur; la ligne médiane est horizontale.

Cette ligne médiane horizontale existe également dans l'homme et dans les animaux des espèces élevées; elle sépare les deux sections de leur système rameux, de leur système sanguin.

Mais, de plus, chaque individu de l'espèce humaine, et de toutes les espèces supérieures dans l'ordre animal, est un Être double dans le sens de sa longueur; une ligne médiane verticale unit ses deux moitiés, qui semblent former, chacune, un Être distinct, pourvu de tout ce qui constitue une organisation véritable.

Or, une logique rigoureuse nous conduit à reconnaître que la distinction en deux sexes dans toutes les espèces animales supérieures, et la dualité de chaque individu, ou sa composition sur un plan double, doivent être deux effets connexes d'une même cause, puisque la distinction des sexes, et la dualité de l'individu, n'existent point dans l'ordre végétal, puisque même les animaux des ordres très inférieurs, tels que les vers annulaires, sont, comme les plantes, des Êtres neutres sous le rapport du sexe, et que chaque individu est également un Être simple comme chaque végétal.

Cette vue générale lève le voile qui, dans les espèces animales supérieures, couvrait le mystère de la fécondation mutuelle. Cette opération organique a nécessairement pour but de produire un Être double à l'aide du concours, par contributions égales, de deux Êtres, distingués par le sexe, mais spécifiquement ressemblans.

Expliquons-nous avec quelques détails.

Un oiseau, par exemple, et choisissons celui que nous connaissons le mieux à cause de son utilité domestique, une Poule est un animal femelle, qui, dans son sein, produit tacitement plusieurs embryons-fruits, très ressemblans à ceux des végétaux de l'ordre supérieur. Chacun de ces fruits est enfermé dans son ovule, et entouré des liquides destinés à le nourrir.

A un certain terme de maturité, il sort de la poule; mais ici se montre une différence prononcée entre ce fruit et celui du végétal. Le fruit de l'oiseau demeure stérile; tandis que celui du végétal continue, par son propre développement, l'existence de celui qui l'a formé.

Le fruit de la poule est donc un Embryon incomplet; et ce qui manque à son complément est, en même temps, ce qui manque à sa force vitale. D'où lui viendra ce complément de substance et de force? Le voici :

Pendant qu'il se formait tacitement dans le sein de la poule, un autre oiseau, de la même espèce, mais du sexe mâle, donnait également l'existence, dans son propre sein, à un embryon incomplet. Et ces deux embryons incomplets étaient respectivement constitués de manière à pouvoir être, chacun, le complément de l'autre. Un seul acte était donc nécessaire : c'était la réunion magnétique de l'oiseau mâle et de l'oiseau femelle, afin que l'Être double, et éminemment vital, fût produit.

Telle est l'histoire de toute génération par fécondation mutuelle. Dans toutes les espèces où la distinction des sexes existe, le mâle, Être magnétique de l'ordre majeur, eu égard à la femelle, produit tacitement, dans son sein, des embryons qui sont de l'ordre majeur, relativement à ceux que la femelle produit. Chacun de ces embryons est incomplet, précisément parce qu'il est surabondamment pénétré de l'un des deux fluides magnétiques; il faut que les deux embryons s'agrègent magnétiquement, pour former un Tout harmonique, et, en cette qualité, un Tout vital; cette agrégation, qui se fait dans un moment d'association intime, et de vitalité ardente, du mâle et de la femelle, provoque l'insertion mutuelle des deux embryons;

comme ils sont formés de substances très délicates, très expansives, comme ils sont d'ailleurs dans un état magnétique différent, ils ne se bornent pas à s'accoler l'un à l'autre, ils s'entrelacent, mais sans se confondre; ils forment un Être double, dans lequel chaque Embryon garde sa place, après avoir lancé, de tous les points de sa substance, des filamens dans la substance de l'embryon opposé.

Comme, en fait de composition d'embryons, tous les Êtres vivans sont toujours en surabondance, chaque individu, soit mâle, soit femelle, en produit tacitement en lui-même un certain nombre en même temps; ce nombre est d'autant plus considérable que l'animal est moins élevé dans l'échelle organique; car l'embryon en est d'autant plus facile à composer. Ainsi, chaque poisson mâle, de l'espèce du hareng, par exemple, fait, en lui-même, une production extrêmement nombreuse d'embryons mâles; en même temps, le hareng femelle s'approvisionne intérieurement d'un très grand nombre d'embryons femelles. Presque tous peut-être, après l'association magnétique du mâle et de la femelle, se trouvent mutuellement fécondés; car la même cause qui, dans les espèces inférieures, multiplie à l'excès les embryons, soit mâles, soit femelles, fait aussi l'extrême facilité de leur mutuelle fécondation.

Au contraire, dans les espèces très élevées, dans l'espèce humaine, par exemple, le nombre d'embryons, de part et d'autre, s'élève peu sans doute au-dessus de l'unité; et tous ceux qui existent en même temps, tous ceux qui, de part et d'autre, sont présentés à la fécondation mutuelle, sont loin d'arriver au complément d'existence; un seul, d'ordinaire, jouit de cet avantage. Quelquefois, cependant, plusieurs se complètent au même instant. Ce qui explique pourquoi les jumeaux ont entre eux tant de ressemblance.

Les idées que je viens d'exposer sont trop simples, trop indiquées par la vraisemblance, pour ne s'être pas déjà présentées à la pensée humaine. Le philosophe le plus éclairé et le plus judicieux de l'antiquité, Hippocrate, avait tracé les traits principaux de la théorie générale que vous venez d'entendre. Galien, moins homme de génie, mais plus directement observateur, avait partagé, à cet égard, l'opinion d'Hippocrate. De nos jours, Blumenbach l'avait renouvelée; et cependant elle n'a pas été accueillie; elle est, pour ainsi dire, en réprobation dans la Physiologie moderne.

C'est ce qui m'a imposé l'obligation de l'examiner attentivement avant de l'adopter; car il est sage de se défier de ses aperçus, lorsqu'ils sont combattus par un grand nombre d'hommes.

Mais il est également sage de ne pas considérer comme irréfragable une condamnation portée, même par un grand nombre d'hommes recommandables, lorsque d'ailleurs cette condamnation repousse une explication dont le sujet est par lui-même mystérieux; il est très possible que, sur de tels sujets, les meilleurs esprits se trompent.

N'est-il pas cependant, pour l'homme, un moyen d'acquérir la connaissance certaine des causes cachées qui amènent les effets mystérieux? ce moyen existe, du moins aujourd'hui : le Principe universel étant découvert, il faut le suivre dans celles de ses conséquences immédiates qui se dirigent vers le mystère que l'on veut éclaircir.

Que nous apprend le Principe universel? qu'il a lui-même constitué la Loi à laquelle il s'est universellement soumis : la Loi de l'Équilibre.

Et l'étude de l'Univers nous a déjà montré que l'Électricité universelle n'était autre chose que l'Équilibre en exercice; c'est-à-dire que partout où il y a résultat électrique, il y a eu, pour le produire, concours balancé de deux actions égales.

Or, l'union des sexes dans les espèces vivantes est évidemment un acte électrique ; dans cet acte, les deux parties contractantes sont nécessairement animées de la même puissance. Donc le résultat de l'union est commun aux deux parties contractantes, et il leur est commun par portions égales. Il n'y a point là, comme on l'a pensé, un Être spécialement producteur, et un Être spécialement excitateur ; ils sont nécessairement, l'un et l'autre, producteurs et excitateurs au même degré. Il n'y a différence, ou plutôt modification légère, que dans la qualité, et non la quantité, des deux contributions particulières.

Cette vue générale est certaine, puisque c'est le Principe universel qui l'indique et le démontre. Si, de plus, elle nous donne, dans la suite, la faculté d'expliquer aisément, correctement, toutes les circonstances du problème, rien ne manquera à son évidence.

Or, c'est ce que le développement du sujet ne manquera pas d'amener.

Nous allons entrer dans l'étude de la Physiologie animale. Une telle étude devait être précédée de considérations générales sur la génération par voie de fécondation mutuelle; car, voulant débuter par le sujet qui est naturellement au commencement, par la naissance des Êtres animés, il nous était nécessaire de savoir, de présumer du moins, comment cette naissance est préparée, comment l'animal existe à l'instant précis où il commence d'exister.

Nous allons maintenant procéder comme nous l'avons fait en Physiologie végétale; les principes étant posés, nous allons examiner physiologiquement le premier des Êtres animés; en expliquant l'homme, nous les expliquerons tous; il ne nous restera plus ensuite, pour définir successivement la constitution des Êtres animés inférieurs à l'homme, qu'à retrancher successivement les avantages qui font de l'homme un Être supérieur.

CINQUIÈME SÉANCE.

Physiologie de l'homme. — Début de son existence. — Formation de ses principaux organes: organe sanguin; organe cérébral; organe pulmonaire; organes abdominaux; organe générateur. — Formation des membres.

Le raisonnement qui doit nous guider dans l'étude de la constitution de l'homme est celui-ci :

Deux embryons, formés séparément, l'un dans le sein d'un homme, l'autre dans le sein d'une femme, se sont unis, embrassés, entrelacés, dans un moment de vive gravitation magnétique. Leur union a formé le *Fœtus*.

Il suit de là que s'il est, dans le Fœtus, des organes natifs, qui aient une constitution double, et qui soient situés, par moitiés égales, l'une d'un côté de l'axe, l'autre de l'autre côté, ces organes existaient avant la fécondation. Chaque embryon en a porté une moitié.

Et s'il existe, dans le Fœtus, des organes de constitution simple et unique, situés dans l'axe, et néanmoins appartenant à l'ensemble par leurs fonctions, de tels organes ne préexistaient pas à l'acte de fécondation mutuelle; ils sont nés de cet acte; ils sont les fruits de l'union.

Quels sont les organes doubles? ce sont: le cœur, les poumons, le foie, les glandes génératrices, et le cerveau, avec les organes des sens qui sont ses dépendances.

Quels sont les organes simples, placés dans l'axe, et communs, par leurs fonctions, à toute l'économie? ce sont: la moelle épinière, le cervelet, ou du moins sa partie centrale, le tube digestif, et l'organe générateur.

Commençons par les organes doubles; c'est l'ordre naturel, puisque le début de leur existence a été antérieur à celle des organes simples.

Mais devons-nous concevoir chaque embryon partiel comme une composition si compliquée, ayant déjà cinq parties essentielles, cinq fondemens d'organes? La Nature, procédant toujours avec unité, et par les voies les plus simples, ne nous a-t-elle pas appris qu'elle réduisait chaque embryon des plantes à trois parties essentielles, la radicule, le point médian et la gemmule? Cette distribution n'est-elle pas le fruit nécessaire de la Loi magnétique, Loi universelle, puisqu'elle n'est autre chose que l'Équilibre?

Ces considérations nous conduisent à accepter les réductions suivantes, que d'ailleurs l'observation nous indique.

L'organe pulmonaire, quoique de constitution double, n'est pas un organe préexistant; il se forme postérieurement à l'acte de fécondation, et même postérieurement aux premières ramifications du cœur; s'il est double, c'est parce que le cœur, qui provoque sa composition, se ramifiant toujours par dédoublement symétrique, imprime le dualisme symétrique à tout ce qui se forme sous son influence.

La même pensée s'applique au foie. Dès les premiers temps de l'existence du Fœtus, il se montre, aux anatomistes, sous la forme d'une gelée dans laquelle se ramifient quelques-uns des vaisseaux qui émanent du cœur.

Nous chercherons quelles sont les autres circonstances qui concourent à la formation du foie et des poumons; mais, dès ce moment, nous pouvons définir ainsi la constitution de chaque embryon formé séparément : un globule sanguin, point médian ou intermédiaire, origine du cœur; au-dessus un globule nerveux de l'ordre mineur, origine du cerveau; au-dessous un globule nerveux de l'ordre majeur, origine de l'organe fécondant.

Chacun de ces trois rudimens d'organes étant un foyer d'Expansion enveloppé dans une capsule globuleuse, est en vibration constante dès le principe de son existence; nous avons vu que ce genre de mouvement était la condition nécessaire d'une telle constitution. Nous savons aussi que la durée de la vibration de tout foyer globuleux d'Expansion est proportionnée à la grosseur de ce foyer. Ainsi, dès le principe, la vibration du globule sanguin a eu plus de durée et plus d'étendue que la vibration du globule cérébral et du globule inférieur; mais comme, dès le principe, ces trois parties de l'embryon ont eu entre elles des relations et une continuité qui les ont rendues solidaires, les trois vibrations, sans être isochrones, sont devenues harmoniques, c'est-à-dire ont pris entre elles les rapports les plus simples.

Cet état vibratoire harmonique de tous les organes est un Principe Physiologique d'importance majeure, que, pour cette raison, nous devons déjà fonder soigneusement. Il sera, un jour, le caractère de l'équilibre entre toutes les fonctions, et, par conséquent de la santé; son dérangement, ou la discordance des vibrations, sera le signe de la maladie; ne négligeons pas de le saisir à son origine.

Passons maintenant aux conséquences immédiates de l'acte de fécondation mutuelle.

Les deux embryons partiels sont constitués exactement de même; mais l'embryon conçu dans le sein de la femme est formé de trois globules qui sont, respectivement, d'ordre mineur eu égard aux trois globules de l'embryon de l'homme; ainsi, les deux embryons sont dans l'état magnétique le plus favorable à leur gravitation mutuelle. Il se fait donc une projection, non-seulement réciproque, mais régulière, de toute la substance de l'un vers toute la substance de l'autre; l'union n'entraîne pas désordre, mais infusion harmonique, entrelacement; le foyer sanguin se double, ainsi que le foyer supérieur, ainsi que le foyer inférieur.

Mais la nature ductile, délicate, du foyer supérieur, fait qu'au moment de l'infusion, les deux globules concourent à la formation d'un corps qui se place de manière à montrer qu'il est leur production commune. Ce corps est l'origine de celui que les anatomistes nomment *protubérance vermiforme*, et qu'ils découvrent au centre du *cervelet*.

De même, dans chaque embryon partiel, le globule inférieur étant de nature très délicate, très active, leur infusion mutuelle les a entraînés à jeter les premiers traits d'un organe simple, qui sera placé entre eux et dans l'axe du corps; ce sera, un jour, l'organe générateur.

Le foyer sanguin, moins atténué, moins ductile que les deux autres, s'est doublé, mais la réunion des deux globules n'a pas donné naissance à une production qui leur soit commune; cet effet a été remplacé par plusieurs autres effets. En premier lieu, le globule mâle, origine du *ventricule* gauche, a resté beaucoup plus fort, beaucoup plus épais, que le globule femelle, origine du ventricule droit; mais, par compensation, le ventricule droit a acquis beaucoup plus de capacité que le ventricule gauche, qu'il a embrassé comme un croissant embrasserait un cercle qui aurait le même centre; situation respective qui figure d'une manière très marquée, et le mode respectif de constitution, et le mode de gravitation mutuelle.

En second lieu, le globule gauche, moins ardent au mouvement de translation, est resté un peu en arrière dans la somme des deux progressions; ce qui a fixé le cœur un peu à gauche de l'axe général.

En troisième lieu, chaque ventricule, excité au développement subit, par l'action pénétrante de l'infusion mutuelle, s'est donné, à l'instant, un appendice, une *oreillette*, qu'il a composée de la partie la plus subtile, la plus délicate, de ses propres élémens.

Telle a été, à l'instant précis de la conception, la constitution de l'Embryon double, ou du Fœtus.

Cette formation subite a placé, au sein de la femme, dans un état de parfaite indépendance, un Être encore très petit, mais éminemment expansif, éminemment vital, qui n'a pu que devenir, pour elle, un nouveau foyer d'Expansion très animé, provoquant de vives et abondantes relations entre lui-même et tout ce dont il était environné.

Ainsi, dès l'instant de la conception, la Puissance d'Expansion détermine, dans l'ensemble du corps de la mère, une révolution dont le but est de diriger le plus qu'il est possible de substances mobiles vers le point occupé par le Fœtus. Ce point est, selon le langage des Physiologistes, un centre de fluxion très vif, très exigeant.

Le Fœtus, dès-lors, luttant contre cette affluence que lui-même sollicite, il se forme autour de lui une enveloppe qui prend un certain degré de densité, parce qu'elle est battue, en deux sens opposés, par l'Expansion du Fœtus, et par celle de la mère.

Lorsque cette enveloppe, origine de la *peau*, est constituée, l'Expansion intérieure du Fœtus prend un nouveau degré d'énergie; le faisceau dont il est composé se gonfle, se creuse; une cavité centrale s'établit depuis l'une de ses extrémités jusqu'à l'autre; c'est ainsi que se forme le premier trait du *tube digestif*, et ce tube, ouvert à chacun de ses deux bouts, n'est pas du même diamètre dans toute sa longueur; l'Expansion le sollicite à se gonfler plus fortement vers le milieu de son étendue; c'est ainsi qu'elle fixe déjà la place de l'*estomac*.

N'oublions pas que tout alors est en ébauche; chaque partie essentielle, chaque organe, commence en même temps que tous les autres; et, par cela même qu'il commence d'exister, il prépare ses fonctions et ses relations.

Le foyer principal de l'Expansion du Fœtus étant situé au centre de sa cavité abdominale, c'est principalement sur les points de l'enveloppe qui recouvrent cette partie, cette ligne médiane, qu'un duvet cotonneux s'établit; mais, de son côté, la Mère est pressée de fournir à la subsistance du Fœtus; l'organe qui le recèle, la *matrice*, se gonfle, se dilate; le tissu dont elle est formée, augmente, non-seulement d'étendue, mais encore d'épaisseur. Ces deux Êtres, le Fœtus et la Mère, qui, au premier instant, sont indépendans l'un de l'autre, mais qui, l'un et l'autre, sont dans un état de vive Expansion, éprouvent mutuellement, par leurs points les plus rapprochés, toute l'ardeur des gravitations magnétiques les plus soutenues. C'est un Être qui s'organise dans un vase déjà organisé selon les rapports magnétiques qui lui sont le plus convenables.

Un filet émane de la région médiane du Fœtus, et se dirige vers la matrice; celle-ci, de son côté, se hérisse de petites éminences sur les points vers lesquels le filet s'avance; bientôt, elle projette de nombreux vaisseaux. Un corps vasculaire, le *placenta;* se forme à la jonction de ces émanations mutuelles; il s'étend, se mamelonne, s'enfonce, par ses lobes, dans les cellules de la matrice, multiplie ainsi le contact qui les unit. Une grande quantité de sang artériel est alors versée dans le placenta par les artères *utérines* de la mère; ce sang est aspiré par le filet du Fœtus; la *veine ombilicale* s'établit au centre de ce filet.

Ne négligeons pas, en passant, de bien remarquer cette gravitation mutuelle et la composition qu'elle entraîne ; c'est l'observation directe qui a révélé aux anatomistes l'indépendance primitive du Fœtus ; le cordon ombilical ne se forme, ne se place, ne devient un lien continu qu'après un certain intervalle de temps. L'analogie, fortifiée d'ailleurs par les conséquences nécessaires du Principe universel, nous autorise à concevoir la composition du cordon ombilical, non-seulement dans les Fœtus animaux, mais dans les Fœtus végétaux, dans les graines, comme procédant des mêmes causes.

C'est par le cordon ombilical que la substance de la Mère s'écoule dans le sein du Fœtus ; mais à peine y est-elle reçue qu'elle est soumise, par l'Expansion, au dédoublement magnétique : la partie d'ordre mineur s'élance vers le foyer supérieur ; la partie d'ordre majeur se porte vers le foyer inférieur ; la partie intermédiaire reste dans la région médiane où elle est employée, soit par le foyer thorachique, soit par le foyer abdominal.

L'accroissement est à son début ; c'est par une continuité de communications et d'actions semblables à celles que nous venons de décrire, qu'il se continue ; pendant cette succession rapide, les effets se combinent, les relations s'étendent ; l'Être qui se compose devient merveilleux par la complication des détails, l'harmonie des rapports, et l'unité de l'ensemble.

Essayons de suivre en concurrence cette extension progressive et simultanée de tous les organes.

Organe sanguin. Le sang de la Mère, porté, dans la cavité médiane du Fœtus, par la veine ombilicale, est un liquide très composé ; dès son entrée dans ce foyer de vitalité ardente, il se divise, comme nous l'avons dit : la partie la plus délicate se porte vers l'organe cérébral ; la partie moins subtile vers l'organe inférieur ; celle qui reste encore en état de mélange abreuve l'estomac et les deux ventricules dont le cœur est formé.

Mais, nous l'avons vu, ces deux ventricules ne sont pas égaux de force ni d'étendue ; le ventricule gauche, beaucoup plus fort, saisit, dans le sang de la Mère, les molécules qui lui correspondent ; le ventricule droit, qui est plus faible, plus délicat, mais aussi qui a plus de surface, saisit les molécules plus délicates, plus mobiles.

Le sang s'élabore dans la cavité de chaque ventricule ; il se dédouble magnétiquement en deux ordres de globules ; ceux de l'ordre majeur jaillissent immédiatement de chaque ventricule, en provoquant la formation des deux troncs *d'artères* : l'une, qui est *l'aorte*, et qui émane du ventricule gauche, plus forte que l'autre, qui émane du ventricule droit.

Les globules de l'ordre mineur passent, de chaque ventricule, dans l'oreillette qu'il s'est donnée; et de là, sollicités par l'Expansion, et par l'affluence des principes semblables qui toujours arrivent, ils jaillissent en formant, de part et d'autre, les deux premiers troncs des *veines*.

A l'instant même où ces quatre jaillissemens se font hors de leurs cavités respectives, les substances muqueuses qu'ils traversent leur fournissent des enveloppes; c'est ainsi qu'ils acquièrent une forme permanente, qu'ils deviennent des *vaisseaux;* et les tuniques de chacun de ces vaisseaux sont analogues à la nature du liquide qu'elles enferment, parce que ce liquide lui-même leur fournit des élémens. Celles des artères sont épaisses et fortes; celles des veines sont faibles, minces et flexibles.

Ces artères, ces veines se propagent, se ramifient, comme les produits de la végétation, et pour la même cause; mais, comme l'Expansion du sang veineux est plus facile que celle du sang artériel, le développement des veines est plus rapide et plus abondant que celui des artères; elles sont partout plus fines et en plus grand nombre ; leur direction est plus rapprochée de la ligne droite, les contours des artères sont plus nombreux, plus prononcés ; elles ont éprouvé plus de résistances, mais elles les ont vaincues, sans laisser s'établir sur elles-mêmes les témoignages de leur action ; au lieu que les tuniques des veines, faibles et flexibles, se sont froncées partout où elles ont rencontré une résistance; ce qui leur a donné des replis *valvulaires*.

La même mobilité plus vive du sang veineux a fait que les veines se sont étendues avec plus d'abondance à la surface du Fœtus, tandis que les artères se sont engagées plus profondément dans sa substance.

Organe cérébral. Comme cet organe, de première importance, est très compliqué, et n'a été connu que récemment avec exactitude, je ne saurais mieux faire que d'en donner la description d'après M. Cuvier. Je l'emprunte au rapport qu'il a fait, cette année même (22 juillet 1822), à l'Académie des sciences, sur un beau Mémoire de M. Flourens.

« On sait aujourd'hui, et surtout par les dernières recherches de MM. Gall et Spurzheim, que la *moelle épinière* est une masse de matière médullaire, blanche à l'extérieur, grise à l'intérieur, divisée longitudinalement, en dessus et en dessous, par des sillons dont les deux faisceaux communiquent ensemble au moyen de fibres médullaires transversales; qu'elle est renflée d'espace en espace; qu'elle donne, de chaque renflement, une paire de nerfs; que la *moelle alongée* est la partie supérieure de la moelle épinière enfermée dans le crâne, laquelle donne aussi plusieurs paires de nerfs; que les fibres de communication de ses deux faisceaux s'y entre-croisent de manière que celles du droit montent dans le gauche, et réciproquement; que ces faisceaux, après s'être renflés une première fois dans les mammifères, par un mélange de matière grise, et avoir formé la proéminence connue sous le nom de *pont de varole*, se séparent et prennent le nom de *jambes du cerveau*, en continuant de donner des nerfs; qu'ils se renflent une autre fois par un nouveau mélange de matière grise, pour former celles que l'on nomme *couches optiques*; et, une troisième fois, pour former celles que l'on nomme *corps cannelés*; que, de tout le bord externe de ces derniers renflemens, naît une lame plus ou moins épaisse, plus ou moins plissée à l'extérieur, selon les espèces, toute revêtue de matière grise, qui revient en dessus pour les recouvrir, en formant ce que l'on nomme les *hémisphères*, et qui, après s'être recourbée dans leur milieu, s'unit à celle du côté opposé par une ou plusieurs commissures, ou faisceaux de fibres transversales, dont la plus considérable, qui n'existe que dans les mammifères, prend le nom de *corps calleux*. On sait encore que sur les jambes du cerveau, en arrière des couches optiques, sont une ou deux paires de renflemens plus petits, connus, lorsqu'il y en a deux paires, comme dans les mammifères, sous le nom de *tubercules quadrijumeaux*, et des premiers desquels paraissent naître les nerfs optiques; que le nerf olfactif est le seul qui ne prenne pas sensiblement son origine dans la moelle ou dans ses piliers; enfin, que le *cervelet*, masse impaire, blanche au dedans, et cendrée au dehors, comme les hémisphères, mais souvent beaucoup plus divisée par des plis extérieurs, est posé en travers, derrière les tubercules quadrijumeaux, et sur la moelle alongée, à laquelle il s'unit par des faisceaux transversaux, qui se nomment les *jambes du cervelet*, et qui s'y insèrent à côté du pont de varole. »

La première pensée qui naît d'une telle constitution, si contournée, si repliée, c'est que, dans son ensemble, elle est le fruit d'une opération successive, qui, pressée par la surabondance de ses matériaux, et gênée par le manque d'espace, a été obligée de ramener sur eux-mêmes et d'entremêler ses résultats.

Mais quel a été le premier acte de cette opération, et quel ordre a-t-elle progressivement suivi? Voici ce qui semble indiqué par la disposition des parties :

Au premier instant de l'existence, à l'instant précis de la conception, les deux globules supérieurs des deux embryons partiels se sont unis par infusion électrique; le résultat de cette infusion mutuelle a été un lobe de substance pulpeuse éminemment délicate, de *matière blanche;* ce lobe, noyau du *cervelet*, a été l'origine de tout l'organe cérébral.

Dès le moment de l'infusion mutuelle, une disposition au croisement des deux globules primitifs s'est établie; chacun, pour ainsi dire, a annoncé qu'il dirigeait son Expansion le plus qu'il lui serait possible vers le côté opposé à celui d'où il était provenu; c'est ainsi que s'opère le croisement électrique dans l'Électromoteur.

Mais la résistance de la capsule ayant, dès les premiers instans, réprimé, dans le sens latéral, et dans le sens supérieur, le développement expansif, ce développement ne s'est fait avec facilité que dans le sens inférieur.

C'est donc en profondeur que s'est exercée la première Expansion du cervelet; et c'est ainsi, sous la forme d'un filament pulpeux de matière blanche, que s'est placé le premier trait de la *moelle épinière*.

Le foyer cérébral est maintenant pourvu d'une racine qui plonge dans les régions des deux autres foyers. Or, c'est vers ces régions, et plus particulièrement vers le point qui les unit, que le sang de la mère est porté par la veine ombilicale. A peine est-il introduit qu'il est livré à une Expansion rapide, suivie d'une séparation, ou d'une modification de principes; la racine nerveuse aspire et modifie ceux qui sont avec elle en relation électrique; elle les élève vers le foyer cérébral.

C'est ainsi qu'au sein, et dans l'axe de la racine nerveuse, s'établit une pulpe nouvelle, une *matière grise*, formée de la combinaison de la pulpe blanche originelle, avec les principes fournis par le sang maternel.

La continuité de l'écoulement alimentaire affermit la racine nerveuse, et en même temps l'ouverture par laquelle le foyer cérébral s'est mis en communication avec les foyers inférieurs.

Cette ouverture est l'origine du *grand trou occipital.*

Comme, dans son principe, la moelle épinière a été le fruit d'une exubérance du cervelet, et comme le noyau du cervelet a été lui-même le fruit d'une infusion croisée, cette disposition s'est maintenue dans la moelle épinière qui s'est trouvée formée, dans toute sa longueur, de deux faisceaux parallèles, séparés par des sillons, mais communiquant ensemble par des fibres médullaires transversales que le développement expansif ne cessait de projeter.

Le sang de la Mère continuant d'affluer, et même d'augmenter successivement d'abondance, le jet médullaire adressé au foyer cérébral a successivement augmenté d'intensité; pour cette raison, le développement expansif a acquis assez de force pour étendre la capsule dans le sens supérieur; c'est ainsi que la *moelle alongée* est devenue le prolongement supérieur de la moelle épinière.

Mais ce prolongement n'a pu prendre une extension indéfinie; à un certain terme, la résistance des enveloppes a vaincu l'impulsion ascendante. L'Expansion alors a renflé la moelle alongée; elle a formé ainsi la proéminence nommée *pont de varole;* et, bientôt, ce renflement étant loin de suffire à l'abondance continuellement croissante de la matière médullaire, l'Expansion l'a déversée latéralement d'un côté et de l'autre; ce qui a donné naissance aux *jambes du cerveau*.

Ces deux branches, en se développant, se sont également trouvées dans la nécessité de se renfler toutes les fois que leur progression a été gênée par des obstacles énergiques; et c'est ainsi que, d'abord, les *couches optiques* ont pris naissance, ensuite les *corps cannelés*, et enfin, par un dernier effort, les *tubercules quadrijumeaux*.

Là, comme aux fruits d'un arbre, semble s'être terminée, non la production cérébrale, mais la combinaison, en proportion sensible, de la pulpe primitive, ou matière blanche, et de la pulpe secondaire, ou matière grise; celle-ci, constamment fournie par les foyers inférieurs, est devenue prépondérante; elle a recouvert tous les prolongemens des corps cannelés, formant ainsi les *hémisphères*, dans lesquels, par une disposition contraire à celle de toutes les parties que nous venons de décrire, la matière blanche est intérieure, et la matière grise est située à l'extérieur.

Le déversement de la pulpe secondaire a fini par s'étendre jusque sur le noyau primitif; et c'est ainsi que la composition du *cervelet* a été terminée; en sorte que cet organe a été le principe et la fin de toute l'organisation cérébrale.

Hâtons-nous maintenant de rappeler que tout s'est fait simultanément dans l'économie humaine; et, cependant, nous ne pouvons définir que successivement les diverses parties de cet ouvrage; il nous est donc nécessaire, en nous occupant de chaque nouvel organe, d'en combiner la composition avec celle des organes dont nous avons déjà parlé.

Nous avons tracé la composition du système sanguin; disons maintenant que, pendant même qu'il s'établit, il donne naissance à un système nerveux accessoire qui est d'une grande importance; c'est le système du *nerf grand sympathique*.

De même que la moelle épinière, source principale du cerveau, a eu pour aliment continu la partie la plus délicate du sang de la mère, aussitôt que ce sang est entré dans la capsule environnant le Fœtus, de même, pendant le travail postérieur, lorsque les ramifications du système artériel se sont placées, chaque rameau, en s'arrêtant, et avant de se dédoubler, a laissé échapper la portion la plus subtile, la portion nerveuse, du sang qu'il contenait.

Tous ces jets particuliers, qui émanaient à la fois d'un grand nombre de points, se sont trouvés contraints, par le manque d'espace, de se grouper ensemble, de se replier les uns sur les autres, en choisissant, pour cela, les abris les plus favorables à leur rassemblement. C'est ainsi que des *ganglions* se sont formés, çà et là, dans le voisinage des artères, ganglions dont les racines forment d'ordinaire un *plexus* autour des artères principales. Et chacun de ces ganglions, de ces cerveaux secondaires, devenant, à son tour, un petit foyer d'Expansion nerveuse, a projeté, vers les ganglions voisins, des filets nerveux; c'est ainsi qu'ils se sont mis en relations mutuelles, et qu'ils ont formé un ou plusieurs cordons continus. Mais, se trouvant toujours subordonnés au système artériel, puisqu'ils en étaient l'émanation directe, ils ont composé un faisceau principal qui a suivi le système artériel dans sa progression vers le foyer cérébral.

Nous pouvons maintenant compléter l'esquisse que nous avons déjà tracée de l'organisation de la *tête*.

Cette partie, la plus importante de celles dont

le corps humain se compose, est elle-même formée de deux portions distinctes, le *crâne* et la *face*. Le crâne contient le cerveau et le cervelet; la face contient les organes des sens.

On voit, dès le premier examen, que la formation de la face a été postérieure à celle du crâne, puisque l'on trouve, dans l'intérieur du crâne, l'origine immédiate des parties qui se montrent les plus essentielles dans les organes des sens. Mais on voit aussi que la forme extérieure du crâne a été, dès le principe, modifiée par la composition des organes des sens, et que, de plus, le cerveau a été promptement en relations directes avec les foyers inférieurs, surtout avec le foyer sanguin, puisque, dans la face même, des artères, après s'être développées dans le cerveau, ont placé un de leurs rameaux jusqu'au centre de chacun des faisceaux nerveux dont chaque organe des sens est composé. Voici donc, avec vraisemblance, l'ordre et le progrès de composition.

Au premier instant, à l'instant précis de la conception, le noyau cérébral est formé, et il projette sa racine vers les régions inférieures. A la seconde époque, lorsque le sang de la mère s'injecte dans l'enveloppe du Fœtus par la veine ombilicale, la colonne dorsale se dessine et s'affermit. Bientôt, le noyau cérébral et la moelle épinière se déversent par surabondance; ils forment, sur les côtés et en dessus, la substance médullaire du cerveau. Pendant que celle-ci se distribue, s'organise, le système sanguin et celui du nerf sympathique s'élèvent vers le foyer cérébral. Les artères *vertébrales*, déjà introduites dans la colonne dorsale, entrent dans ce foyer avec la moelle épinière par le grand trou occipital. L'artère *carotide*, et le nerf grand-sympathique, n'ayant pas les mêmes moyens d'introduction, s'arrêtent en avant du cervelet, et forment là, par soulèvement, de nouvelles *fosses*, que les anatomistes nomment *fosses moyennes*.

L'Expansion continue; ses matériaux augmentent; les fosses moyennes, et la *fosse postérieure*, dans laquelle réside le cervelet, s'ouvrent, en plusieurs points, à l'introduction des vaisseaux sanguins, et des projections du nerf grand-sympathique; la tête, enrichie de tant d'envois, devient plus grosse que le reste du corps; le cerveau, alimenté à la fois par plusieurs sources diversement placées, se compose d'un grand nombre de pièces diversement repliées, croisées, confondues; sa masse extérieure, réprimée par la compressiou, et cependant sollicitée de s'étendre, se retourne sur elle-même; dans la région moyenne, les *circonvolutions* sont grosses, alongées; c'est la région de la plus grande affluence; elles sont moins volumineuses et plus contournées dans la région antérieure et dans la région postérieure; c'est là que les résistances ont le plus de force.

Les enveloppes du cerveau ont cédé le plus possible; les artères pénètrent directement à l'aide de la force dont elles sont animées; les veines, plus hâtives dans leur développement, mais aussi plus faibles, plus flexibles, sont, presque toutes, contraintes de dévier; elles débouchent dans des *sinus* formés par des duplicatures de la première enveloppe du cerveau, de la *dure-mère*, que sans doute les veines elles-mêmes, par leur Expansion, ont ainsi boursouflée.

Ce n'est plus alors seulement par la colonne dorsale, et par le trou occipital, que les substances, d'origine inférieure, pénètrent dans la capsule au sein de laquelle se forme le cerveau; c'est par un grand nombre de points. Une si grande affluence augmente rapidement la masse cérébrale; ses enveloppes n'ont d'abord été formées que de plusieurs membranes continues, qui, peu à peu, se sont avancées vers la consolidation osseuse; lorsque la membrane extérieure a été sur le point d'y parvenir, l'Expansion intérieure, gênée par sa consistance, l'a forcée de se rompre en huit parties, en provoquant d'ailleurs l'écartement le plus grand dans la région supérieure; vers le bas, les fragmens, moins divergens, se sont appuyés sur la pièce inférieure, qui est devenue comme clef de la voûte, ce qui lui a fait donner le nom de *sphénoïde*. Lorsque, dans la suite, ces huit fragmens se sont ossifiés, ils se sont engrenés les uns dans les autres par des *sutures*.

Le progrès continuant toujours, l'injection de substances nerveuses dans le cerveau, soit immédiatement par la moelle épinière et le cordon sympathique, soit médiatement par les vaisseaux sanguins, est devenue surabondante. Alors l'Expansion cérébrale s'est d'abord fortement concentrée dans le milieu du crâne, où elle a formé un grand vide, qui est très apercevable, lorsque l'on sépare verticalement les deux hémisphères du cerveau, et, de ce centre vacant, elle a établi une communication immédiate entre toutes les parties du viscère; ensuite elle s'est portée latéralement sur la face antérieure et sur les deux côtés du cerveau; elle a jeté, vers ces faces, antérieure et latérale, les premiers traits des organes des sens. Toujours soumise à la puissance d'équilibre, et au croisement électrique, elle a lancé ses faisceaux nerveux par paires symétriquement distribuées et croisées. Toutes les *dix paires de nerfs* n'ont pas été employées, dans la tête, à la composition des organes des sens ; quelques-unes sont redescendues vers les viscères inférieurs.

Les révulsions de la substance cérébrale, lorsqu'elle est devenue surabondante, paraissent s'être étendues jusques à la colonne dorsale ; en effet, selon M. Serre, elle formait, dans les premiers temps de l'existence du fœtus, un canal continu ; bientôt, il n'en est plus ainsi ; elle est morcelée en anneaux, en *vertèbres*, qui indiquent une résistance opposée par un mouvement direct, déjà établi, à un mouvement rétrograde ou de rebroussement. On remarque d'ailleurs que cette colonne n'est pas d'un égal diamètre dans toute sa longueur ; d'abord étroite et comme étranglée, elle se renfle vers le milieu, c'est-à-dire vers ce point médian, d'où elle recevait les principes émanés de la veine ombilicale ; elle diminue de nouveau en allant vers son extrémité inférieure ; et, ce qui est remarquable, chaque anneau de vertèbre est échancré des deux côtés pour le passage de faisceaux nerveux, qui, s'ils provenaient de source inférieure, iraient en montant ; ils doivent provenir de source supérieure, puisque les anneaux du milieu de la colonne, et de la partie inférieure, sont échancrés en dessous. Dans les dorsales supérieures et dans les vertèbres du cou, l'échancrure est latérale, et pratiquée sur la ligne de jonction des anneaux contigus.

Les observations montrent que, jusques à une certaine époque, la tête prend des accroissemens très rapides; formée la première, elle est au terme direct des projections les plus expansives; et la longueur du *cou*, qui est comme le pédicule de la tête, est proportionnée, moins à l'abondance, qu'à la vivacité des principes mis en œuvre par l'Expansion.

Lorsqu'ensuite la surabondance amène les mouvemens latéraux et rétrogrades, la tête devient un lieu de passage où s'élaborent les substances ascendantes, pour redescendre ensuite en quantité plus ou moins considérable. Depuis cette époque, les accroissemens du tronc doivent être plus rapides que ceux de la tête.

Il est d'ailleurs vraisemblable que la rapidité de l'accroissement de la tête, aux premiers temps de l'existence, lui donne bientôt un poids supérieur à celui du reste du Fœtus; ce qui entraîne un mouvement général de renversement. Mais ce mouvement ne saurait produire une situation fixe, parce que le Fœtus, qui est sous le travail d'une organisation très compliquée, doit fréquemment éprouver, dans ses diverses parties, des vibrations qui ne s'accordent pas entre elles, qui, pour cette raison, agitent convulsivement l'ensemble, et déplacent l'axe de gravité; parce que d'ailleurs la mère, soit pendant le jour, soit pendant la nuit, varie sans cesse sa position et ses mouvemens. Ainsi, l'Expansion principale est tantôt vers la tête, tantôt vers les parties qui lui sont opposées. Mais comme, dans l'ensemble du temps que le Fœtus passe au sein de sa mère, tous les mouvemens se sont nécessairement fait équilibre, toutes les compositions partielles se balancent mutuellement.

C'est ce que nous reconnaîtrons de nouveau tout à l'heure en parlant de la formation des membres. En ce moment, traçons la composition d'un organe de première importance, de l'*organe pulmonaire*.

Nous avons vu, en Physique, que tout liquide, coërcé à l'extérieur, et en Expansion par ses parties centrales, porte un certain nombre de ses molécules intérieures à l'état gazeux.

Le sang de la mère, introduit au centre du Fœtus, n'a pu que subir ce genre d'Expansion par une certaine portion de sa substance, par la portion aqueuse; et les globules gazeux, ainsi formés dans la cavité médiane, ont dû être principalement de l'ordre mineur, l'Expansion qui leur était appliquée était si ardente!

Aussi, les rameaux de l'artère et de la veine de l'ordre mineur, de l'artère et de la veine émanées du ventricule droit, qui se sont terminés dans cette cavité médiane où le cœur est situé, ont laissé échapper une quantité progressivement croissante d'un gaz de l'ordre mineur, d'un gaz hydrogène. Ces globules, nageant dans la mucosité qui baignait toutes les parties du Fœtus, y ont pris, chacun, une enveloppe délicate, cependant visqueuse, qui a fait qu'en se multipliant, en s'agglomérant, ils n'ont pu aisément se confondre; on sait combien toute matière constituée en écume par une Expansion multipliée et hachée, devient permanente dans un liquide visqueux.

C'est ainsi que les globules de gaz hydrogène ont formé des groupes, ou lobes très petits, qui, en se réunissant, ont composé des lobes plus gros; ceux-ci, s'agglomérant encore, ont formé deux masses principales, placées aux deux termes des sources qui les alimentaient.

Mais comme l'Expansion gazeuse, ou plutôt écumeuse, augmentait sans cesse d'abondance, et que cependant l'espace qui lui était accordé était fort peu étendu, le moment est arrivé où la compression résultant de la surabondance a contraint un certain nombre de globules gazeux à rompre leurs enveloppes, et à s'unir pour s'élever ensemble vers le haut du Fœtus. Cette opération s'est d'abord faite partiellement entre un certain nombre de globules pris deux à deux, ensuite, pendant la route ascensionnelle, entre les globules de seconde formation, un peu plus haut, entre les globules de troisième formation, et ainsi de suite; en sorte que la ramification gazeuse qui a été produite, s'est établie en sens inverse des ramifications végétales, et des ramifications du système sanguin. Celles-ci ont commencé par un tronc ou vaisseau principal, et se sont dédoublées progressivement; au contraire, la ramification gazeuse a marché progressivement des bulles premières à la formation d'un vaisseau principal, la *trachée-artère,* immédiatement formée de la réunion des deux dernières *bronches,* qui elles-mêmes s'étaient formées, chacune, de la réunion immédiate de deux rameaux, et ainsi successivement.

La trachée-artère s'est ouverte auprès de l'extrémité supérieure du tube central. Le *larynx* s'est placé auprès du *pharynx.*

Telle a été l'origine de l'organe pulmonaire; et nous verrons comment, au moment de la naissance, il est entré en exercice.

Occupons-nous maintenant des viscères contenus dans la cavité abdominale. Et d'abord, guidés par l'analogie, en même temps que par les conséquences naturelles du Principe universel, nous observerons que l'insertion du cordon ombilical est, dans le Fœtus de l'homme, comme dans le Fœtus des plantes dicotylédones, plus rapprochée de l'extrémité inférieure du tronc que de son extrémité supérieure, et que là, vers le point de cette insertion, correspond dans le Fœtus de l'homme, comme dans le Fœtus des plantes, le plus fort gonflement du tube central. Nous conclurons de ce rapprochement, que la ligne médiane s'abaisse dans le tronc par la nécessité pour elle de se rapprocher le plus possible de la source immédiate des principes alimentaires.

Et cette disposition ne troublera pas l'équilibre général; les compensations s'établiront, comme nous le verrons tout à l'heure, dans la formation des membres.

La cavité abdominale, origine de l'*estomac*, devait se placer entre deux portions du tube central, se faisant mutuellement équilibre; la portion supérieure a pris la forme évasée d'un entonnoir dont les parois, battues par toutes les expansions concurrentes, ont acquis de la consistance. Cet entonnoir a été l'origine de l'*œsophage*.

La portion inférieure du tube central, beaucoup moins gênée dans son développement, a pris une extension beaucoup plus considérable, mais ses tuniques ont resté, proportionnellement, plus faibles, plus délicates; et cette flexibilité les a exposées, comme les tuniques des veines, à se froncer, à former des *valvules*, partout où elles rencontraient des résistances.

Au reste, l'action digestive du tube central a, sans doute, commencé dès sa formation. Les anatomistes ont observé que la bouche du Fœtus reste ouverte pendant les trois premiers mois. L'Expansion centrale, étant à son début, tient ainsi évasée toute la cavité du tube.

Mais, comme il est des momens où toute Expansion se ralentit, ne fût-ce que par l'influence de la nuit succédant au jour, la compression a dû profiter de ces ralentissemens périodiques pour injecter dans la cavité abdominale, à travers l'œsophage, une partie de la substance muqueuse dont tout le Fœtus était environné,

Cette substance muqueuse s'est élaborée dans ce foyer médian du tube central; il s'est fait une séparation de principes; les uns, plus atténués, ont transsudé à travers la partie supérieure de l'enveloppe de cet estomac naissant; ils se sont agglomérés sous forme de cette gelée dont nous avons déjà parlé, et sur laquelle nous allons revenir; les autres, plus grossiers, ont formé une masse superflue, que l'Expansion a poussée dans la portion inférieure du tube central, dans les *intestins*; c'est là que nous en trouverons l'accumulation au moment de la naissance; et il est vraisemblable que cette accumulation croissante, n'étant pas encore accompagnée d'une force d'expulsion, est ce qui a contraint la portion inférieure du tube central à s'alonger si considérablement aux dépens de l'épaisseur de ses tuniques.

Quant à cette gelée formée par transsudation au-dessus de l'estomac naissant, elle a fixé l'origine du *foie*, viscère qui occupe la partie supérieure de l'abdomen. Dans l'enfant qui vient de naître, il est très-volumineux; il l'est proportionnellement davantage dans le Fœtus; sa partie supérieure demeure toujours convexe et unie comme celle du cerveau; sa partie inférieure est de même très inégale; ce qui prouve que, semblable au cerveau, il a été formé par une injection de substances venues principalement de source inférieure.

Et, en effet, indépendamment de cette mucosité élaborée qui fait la base de la substance du foie, et qui est venue de l'estomac placé au-dessous, la veine ombilicale, avant de se porter vers le cœur, se jette dans le foie, et s'y divise en un très grand nombre de rameaux; c'est surtout dans le lobe gauche qu'elle se répand avec une grande abondance; tandis que le lobe droit reçoit principalement les rameaux de *l'artère* et de la *veine hépatiques* : en sorte que la constitution double du foie paraît provenir de ce que sa base muqueuse a reçu deux injections de sang d'origines différentes.

Ce qui le prouve encore, c'est que les deux lobes du foie sont séparés l'un de l'autre par une scissure profonde, et que de cette scissure, tournée en dessous, émane un système particulier de vaisseaux sanguins. C'est le système de la *veine-porte*. Ce système diffère de celui des artères et des autres veines, en ce que, semblable à un arbre, il a des racines, un tronc et des branches; tandis que le système de chaque veine, et le système de chaque artère, naissent immédiatement du cœur, chacun par un tronc unique, qui se dédouble successivement.

La veine-porte a ses racines, en nombre très considérable, dans les deux lobes du foie; à leur sortie du foie, elles se réunissent subitement en un tronc fort gros qui, à son tour, jette des ramifications très nombreuses dans toute la partie inférieure de l'abdomen; et les extrémités de ces rameaux finissent encore par se replier les unes vers les autres de manière à former les *glandes conglomérées*, que l'on nomme la *rate*, le *pancréas*, glandes qui ont des propriétés ressemblantes à celles du foie, dont elles sont en quelque sorte les succursales; ce qui ne doit pas surprendre, puisqu'elles en tirent leur origine.

Lorsque tous les viscères de l'abdomen sont assez avancés en composition pour que leur exercice prenne un certain degré de force, l'économie organique marque son progrès d'une manière très importante; l'Expansion rétrograde appliquée au système nerveux, au système sanguin, et au système abdominal, unit leurs résultats au bas du tronc, à l'extrémité inférieure de l'axe; l'appareil destiné un jour à la conservation de l'espèce humaine par le renouvellement de l'individu, s'enrichit, s'organise; il devient le complément de la complication harmonique dont le tronc est le théâtre.

Mais la composition de l'homme est encore loin d'être achevée. L'Expansion du système nerveux et celle du système sanguin sont encore animées d'une force surabondante à laquelle il faut un emploi. Ils le trouvent dans la formation des *membres ;* les ramifications des vaisseaux nerveux et celles des vaisseaux sanguins s'étendent de part et d'autre latéralement aux deux extrémités de l'axe ; semblables à la projection double qui, dans bien des plantes, s'élance, symétriquement, de l'extrémité d'une branche et de l'extrémité d'une racine, elles laissent entre elles, en haut et en bas, un *nœud vital,* la tête et l'appareil générateur.

Les *bras,* projection double supérieure, sont formés un peu avant les *jambes,* production double inférieure, l'Expansion directe marchant toujours un peu avant l'Expansion rétrograde ; pour la même cause, les *doigts des mains* se séparent avant ceux des *pieds*. Ces deux végétations sont d'ailleurs presque simultanées, la Loi de l'Équilibre l'exige ; elle permet seulement à l'Expansion ascensionnelle de commencer le mouvement.

Quant au nombre *cinq* qui est, universellement, dans l'espèce humaine, le nombre des doigts des mains, et de ceux des pieds, la cause immédiate en est peut-être trop subtile pour pouvoir être jamais surprise par l'observateur. Reconnaissons du moins, parce que l'analogie nous y autorise, que ces deux ramifications quintuples doivent procéder du même mécanisme organique qui donne cinq étamines aux fleurs du plus grand nombre des végétaux parfaits.

Suivons encore les analogies. Dans l'économie végétale, les rameaux qui terminent les branches des arbres s'écartent librement les uns des autres; il en est de même des rameaux des racines, quoiqu'ils aient moins de liberté; mais les fibres destinées à former les feuilles se replient les unes vers les autres, parce qu'elles naissent sous des enveloppes qu'elles ne peuvent écarter.

Toutes les ramifications des systèmes progressifs, dans le Fœtus de l'homme, enveloppées bien plus fortement que les feuilles naissantes d'un arbre, trouvent bientôt le terme de leur extension directe; et, cependant, elles sont soumises à une Expansion beaucoup plus vive que celle des plantes; aussi, elles se replient beaucoup plus sur elles-mêmes. On peut dire généralement, pour caractériser l'organisation de l'homme, que c'est, de tous les Êtres vivans, le plus étendu et le plus rassemblé.

La *flexion* des membres dans le Fœtus de l'homme, et leur position à l'égard du tronc et de la tête, sont déterminées par les causes qui, après la naissance, produiront la *station verticale.* La tête repose presque verticalement sur le tronc. L'inclinaison très légère qu'elle prend en avant vient de ce que le trou occipital s'est ouvert un peu en arrière de l'axe du crâne, ce qui a projeté en avant les substances dont la face s'est composée. Mais comme l'irrégularité primitive a été très peu considérable, la distribution générale n'en a été que très peu affectée; les membres supérieurs et inférieurs, en se pliant sur eux-mêmes, au gré des résistances, se sont placés d'une manière à peu près égale des deux côtés de la ligne qui unit le centre de la tête et le centre du tronc, cette ligne étant à peu près l'axe de gravité. Aussi, tandis que les membres supérieurs se sont pliés de manière à ce que les *coudes* se portassent un peu en arrière, et les mains vers la tête, les membres inférieurs ont pris une disposition contraire; les pieds se sont portés en arrière, et les *genoux* en avant.

Observons d'ailleurs que la loi d'un Equilibre rigoureux a présidé au balancement mutuel de toutes les compositions. Le point ombilical, source alimentaire, est devenu le centre du corps, ou plutôt le point de croisement à angles droits de la ligne médiane verticale et de la ligne médiane horizontale. Dans tout homme bien constitué qui élève verticalement ses bras au-dessus de sa tête, la distance du point ombilical à l'extrémité des mains étendues, est la même que la distance de ce point à l'extrémité des pieds également étendus.

Dans les membres, comme dans le tronc et la tête, aussitôt que la force de développement imprimée, par l'Expansion, au système nerveux, et au système sanguin, est devenue inférieure à l'action des résistances, ce développement s'arrête, du moins en longueur; mais les fibres terminales des deux systèmes s'étendent encore, d'abord, en se repliant les unes vers les autres, ensuite, en s'abouchant ensemble par l'effet d'une véritable gravitation électrique. Nous l'avons dit: le liquide transporté par les artères, est d'ordre électrique majeur; et le liquide transporté par les veines, est d'ordre électrique mineur. La circulation par abouchement mutuel, par *anastomose*, s'établit exactement comme la circulation entre les deux pôles de l'Électromoteur, et pour la même cause. Après la naissance, cet abouchement mutuel entre les veines et les artères du Fœtus devient apercevable; il ne l'est jamais entre les vaisseaux nerveux des deux ordres; mais il n'en est pas moins de toute certitude. La Loi Électrique, qui n'est autre chose que l'Équilibre, l'exige; et nous trouverons, dans l'obéissance nécessaire du système nerveux à cette loi, l'explication des plus importans phénomènes physiologiques.

SIXIÈME SÉANCE.

Suite de la Physiologie de l'homme ; formation des os, des membranes, du tissu cellulaire, du diaphragme, des muscles, des tendons, des aponévroses, des cartilages, du système absorbant, des tégumens, de l'épiderme, des poils, des cheveux, des ongles.

Considérons de nouveau le Fœtus sous un aspect général.

Aux premiers temps de son existence, ce n'est qu'un filament tubulaire, indépendant, inapercevable, partagé en trois régions ; presque aussitôt il est enfermé dans une capsule ovulaire où il nage au sein d'un liquide; et cette capsule est elle-même environnée d'une mucosité nébuleuse.

Bientôt les relations mutuelles avec la Mère s'établissent, et alors le développement commence ; insensiblement, des parties molles servent d'appui ou d'enveloppes aux substances liquides qui s'élaborent et se distribuent ; et, à mesure que cette distribution s'étend, s'affermit, les parties molles augmentent aussi d'étendue et de consistance ; la proportion des liquides diminue. Enfin, quelques-unes des parties molles passent à l'état presque solide ; ces mêmes parties, après la naissance, parviendront, plus tôt ou plus tard, à une forte solidité.

Comme la masse des liquides demeure toujours très supérieure à celle des parties molles et solides ; comme, cependant, la quantité relative des liquides diminue à mesure que celle des parties molles et solides augmente ; comme enfin, aux premiers temps de l'existence, les parties molles et solides n'existaient pas encore, on ne peut douter que la formation de celles-ci ne soit secondaire dans le Fœtus, et que leurs matériaux ne soient fournis par les liquides.

La charpente du corps humain est formée par les *os* ; toutes les parties essentielles sont enveloppées de *membranes* ; il est même des viscères dont la portion principale est membraneuse ; enfin une substance molle, pulpeuse, nommée *tissu cellulaire*, est déposée, comme une sorte de ciment, entre toutes les parties organiques.

Les *os*, les *membranes*, et le *tissu cellulaire*, sont ces parties molles ou solides dont la formation est secondaire, et dont l'origine est la même.

Voici cette origine. La bouche du Fœtus demeurant ouverte pendant les trois premiers mois, la puissance d'Équilibre y injecte, par intervalles périodiques, ainsi que nous l'avons dit, cette liqueur de l'*amnios*, dans laquelle le Fœtus nage, et qui, en effet, diminue à mesure que le Fœtus prend de l'accroissement. Haller a trouvé, dans l'estomac du poulet, une espèce de fromage, tel qu'il s'en forme de la liqueur de l'amnios caillée par les acides; de plus, il a vu, dans les Fœtus de l'homme et des quadrupèdes, l'estomac rempli, aux premiers temps, d'une liqueur rousse, semblable à celle de l'amnios.

De là nous devons conclure, d'une manière générale, que les liquides dont le Fœtus est environné, sont jetés, par la puissance d'Équilibre, dans tous les intervalles que laissent entre eux les organes ou viscères qui, peu à peu, se composent. Lorsque deux ou un plus grand nombre de ces organes s'établissent d'une manière contiguë, et que leur Expansion, en les amenant à se toucher mutuellement, les presse les uns contre les autres, le liquide interposé acquiert de la densité; une *membrane* se forme;

si, pendant que la pression augmente, le sang jette, dans la substance de cette membrane, des principes susceptibles d'une densité encore plus avancée, tels que ceux qui entrent dans la composition du phosphate calcaire, la membrane forme une couche *osseuse*, qui n'attend plus que l'addition de couches semblables pour donner naissance à un *os*.

Lorsque la substance interposée, après avoir été serrée et amincie au degré moyen, de manière à former une membrane, se trouve placée sur la direction d'une grande quantité de vaisseaux sanguins, et de ramifications nerveuses, qui s'insèrent et s'établissent dans son sein, cette membrane forme alors un organe *musculaire* et *membraneux*, tels que l'estomac, les intestins, la vessie.

Enfin ce qui reste du liquide interposé, n'ayant point subi de pression violente, conserve la nature d'une gelée demi-concrète, coule et se fixe à demi dans tous les intervalles que laissent entre elles les parties plus ou moins solides, les embrasse toutes, les soutient, prend leurs formes en se moulant sur elles. Ce ciment général est le *tissu cellulaire*.

Ce tissu lâche et muqueux, étant, plus que toute autre partie, d'une nature inerte et passive, s'est nécessairement distribué, dès le principe, en trois grandes masses renflées, servant d'enveloppes aux trois principaux foyers d'Expansion. Le premier embrasse la sphère d'Expansion cérébrale dont le centre est dans la tête; le second embrasse la sphère d'Expansion thorachique dont le cœur est le centre; le troisième est placé dans le bas-ventre; il embrasse et soutient tous les organes qui y sont déposés; il est plus lâche, plus perméable que les deux autres; ce qui vient sans doute de ce que les divers organes du foyer abdominal jouissent d'une Expansion moins ardente que ceux du foyer cérébral et du foyer thorachique. La substance de ce troisième ballon, moins pressée, moins rejetée, a non-seulement acquis moins de consistance que celle des deux autres, mais s'est distribuée d'une manière beaucoup plus irrégulière.

Il est remarquable que chacun de ces ballons est partagé latéralement en deux parties par un appendice émané de lui-même; c'est la *faux* dans le ballon cérébral, le *médiastin* dans le ballon thorachique, le *mésentère* dans le ballon abdominal. Cette constitution double est le produit de celle qui, par l'acte même de conception, a été donnée au foyer sanguin et au foyer cérébral.

Le *diaphragme*, situé horizontalement, et en forme de cloison, entre la poitrine et l'abdomen, semble devoir son origine au tissu cellulaire interposé entre le foyer d'Expansion inférieur, et le foyer d'Expansion thorachique. Ces deux Expansions opposées, à force de battre, en sens inverse, cette masse cellulaire, l'ont convertie en une membrane consistante, que l'insertion abondante des nerfs et des vaisseaux sanguins a rendue ensuite éminemment musculaire. Comme elle était liquide, au commencement de l'existence du Fœtus, elle a resté, en s'affermissant, percée de trois larges ouvertures pour le passage des gros vaisseaux sanguins et de l'œsophage ; c'est ainsi que la capsule donnée, dès le principe, au foyer cérébral, a resté, en s'affermissant, percée du *trou occipital*, ouvert, au premier instant, pour le passage de la moelle épinière.

Le Diaphragme sert à montrer que l'Expansion thorachique a eu, dès le principe, plus d'énergie que l'Expansion abdominale ; ce muscle, dans son état naturel, se déprime et s'affaisse sur les viscères de l'abdomen.

Indépendamment des membranes devenues musculaires par l'injection qu'elles ont reçue d'une grande quantité de vaisseaux nerveux et sanguins, des *muscles longs* se sont formés, dans le fœtus, toutes les fois que les dernières ramifications des vaisseaux artériels, encore sollicitées par l'Expansion de se développer et de s'étendre, ont été retenues par l'opposition d'une masse alongée, de substance cellulaire, qu'elles n'ont pu déplacer ; le vaisseau artériel s'est alors recourbé sur lui-même ; il a ensuite pénétré dans la substance cellulaire; il y a déposé le sang, ou, selon l'expression des Physiologistes, la *fibrine* qu'il contenait. Cette fibrine, forcée par l'Expansion de s'extravaser hors des dernières ramifications artérielles, n'a plus été qu'un liquide, ou, comme on l'a très bien nommée, une *chair coulante*, qui a été saisie circulairement par l'action compressive, de manière à former un filament cylindrique plus ou moins alongé. Une telle composition, se formant au sein de la substance cellulaire, en a été, à l'instant, enveloppée; toutes les compositions semblables, que le progrès de l'action vitale a amenées, se sont posées les unes auprès des autres, se sont environnées, chacune, d'une gaîne cellulaire, et ont reçu encore une enveloppe commune de la même substance, lorsque toutes les projections artérielles ont été achevées.

Sans doute aussi, lorsqu'un faisceau musculaire avait pris une certaine étendue, l'Expansion, appliquée à ses élémens intérieurs, extravasait, jusques à sa surface, les principes que l'affinité commune ne pouvait retenir.

Et, ce qui est encore plus indiqué par l'observation, chaque fibre originelle, formée, comme la fibre végétale, d'une succession de globules alongés, et successivement insérés les uns dans les autres, par leurs bouts ouverts, était sollicitée, par l'Expansion, de jeter autour d'elle, des fibrilles, qui, comme autant de branches, s'entrelaçaient avec celles des fibres environnantes ; ce qui, par des liens réciproques, préparait la force du tissu ; en sorte que nous retrouvons ici une organisation essentiellement ressemblante à celle des tiges végétales dans lés plantes composées. C'est que, dans des circonstances analogues, l'action universelle, l'Expansion, ne peut s'exercer que de manière à amener des résultats ressemblans.

D'après les mouvemens que nous venons de décrire, on voit que des muscles longs devaient se former partout où les dernières ramifications des artères, avant de s'aboucher avec les veines, rencontraient des corps d'une demi-résistance, qui les gênaient sans les arrêter. Ainsi, des muscles s'ébauchaient en dedans et en dehors des parties qui étaient destinées à devenir membraneuses ou osseuses. Lorsque, ensuite, ces parties éprouvaient une flexion par la nécessité où était le fœtus de se replier sur lui-même, afin de s'accommoder à sa demeure peu spacieuse, cette circonstance apportait nécessairement une modification à la composition des muscles; l'action expansive était moins réprimée dans l'intérieur qu'à l'extérieur des parties où se faisait cette composition; les muscles fixés dans la concavité de toutes les parties repliées devaient être formés de fibres plus longues, plus épaisses, plus fortes que celles des muscles qui s'étaient composés en dehors des mêmes parties. Ainsi s'établissait la supériorité des muscles *fléchisseurs* sur les muscles *extenseurs*.

On voit que, de cette position respective, il devait résulter un *antagonisme*, quelquefois entièrement direct, quelquefois simplement latéral, et propre à imprimer dans la suite des mouvemens en diagonale, tandis que les muscles directement antagonistes étaient destinés à imprimer dans la suite des mouvemens directement opposés. On voit encore que les muscles fléchisseurs, par leur position même dans la concavité des lieux qui les recevaient, devaient prendre leurs points d'attache plus loin du centre de flexion que ne pouvaient le faire les muscles extenseurs ; ceux-ci, indépendamment de ce que moins de matériaux étaient fournis à leur composition, avaient plus d'espace à embrasser, puisqu'ils avaient à suivre les diverses courbures de surfaces plus ou moins anguleuses ou convexes.

En même temps que le corps charnu du muscle se formait, comme je viens de le dire, et tandis que des vaisseaux nerveux, ainsi que des ramifications veineuses, s'inséraient et se fixaient dans sa substance, les os se composaient de la manière que j'ai indiquée ; l'exhalation artérielle leur fournissait sans doute quelques principes ; mais le tissu cellulaire, condensé par toutes les pressions environnantes, formait, comme nous l'avons dit, leur partie essentielle. L'Expansion, agissant alors avec plus de puissance au sein de ces masses condensées, tamisait à travers leur substance quelques-uns de leurs élémens les plus délicats ; l'action compressive consolidait aussitôt ces principes autour de la substance osseuse ; elle en formait le *périoste*, membrane très-fine, à laquelle venaient s'unir, d'une manière intime, des cordes tendineuses. La matière, de celles-ci était sans doute fournie, d'un côté par la substance osseuse extravasée au-delà même du périoste; de l'autre côté par la substance musculaire extravasée au-delà même du muscle.

Le *tendon*, formé de la réunion et de la pénétration réciproque de ces deux substances, est un corps dont la nature tient le milieu entre celle des os et celle des muscles, qui, de plus, forme le lien des muscles avec les os. Ces cordes tendineuses, n'étant, de part et d'autre, que les extrêmes de deux expansions combinées, ont pour élémens des fibres moins serrées, moins dures que celles des os, plus serrées, plus dures que celles des muscles.

Les *aponévroses* semblent démontrer, par leur position et leur nature, que le tendon est, comme je viens de le dire, le produit combiné de l'Expansion osseuse et de l'Expansion musculaire. Les aponévroses sont de deux sortes; les unes sont nommées intérieures, les autres sont nommées extérieures. Les premières ne sont que le prolongement du tendon, en sorte que cette partie, qui semble émaner de l'os, pénètre, par le moyen de l'aponévrose, dans le corps charnu du muscle, et s'y élargit par Expansion, en diminuant d'épaisseur. Les aponévroses extérieures, dont la substance est la même que celle des intérieures, paraissent être le dernier épanouissement de la substance musculaire. En effet, « elles forment des plans minces et étendus en largeur qui, tantôt, recouvrent une portion de la surface du muscle auquel elles appartiennent, d'autres fois enveloppent la totalité d'un membre, fournissent des points d'attache aux muscles qui le composent, préviennent le déplacement de ces muscles et des cordes tendineuses qui les terminent, dirigent, en quelque sorte, leur action, et augmentent leur force, de la même manière qu'une ceinture médiocrement serrée augmente la vigueur d'un athlète. » (*Physiologie de M. Richerand.*)

On doit observer d'ailleurs que, le plus fréquemment, l'insertion du tendon dans le périoste est oblique, ainsi que l'insertion des fibres musculaires dans le tendon ou dans l'aponévrose intérieure. Ainsi, ces corps, soit tendineux, soit aponévrotiques, se trouvant placés entre l'os et le muscle de manière à n'être le prolongement direct ni de l'un ni de l'autre, et étant cependant liés à l'un et à l'autre, paraissent avoir été formés d'émanations provenant en même temps de part et d'autre, qui se sont fléchies de manière à s'écarter de la direction de leurs sources respectives, pour prendre une direction qui les portait à se pénétrer mutuellement.

Les diverses résistances opposées à l'Expansion du système sanguin et à celle du système nerveux, ayant occasionné la composition des divers corps musculaires, ces corps ne pouvaient être que couchés à peu près sur les masses résistantes qu'ils étaient destinés à mouvoir. Leur insertion, déterminée par la puissance de combinaison, devait se faire très près du point où ces pièces étaient fléchies, et l'angle de cette insertion devait être plus ou moins aigu. Aussi, les muscles longs, considérés dans leur position à l'égard des pièces osseuses qu'ils font agir, sont bien plus près de leur être parallèles que de leur être perpendiculaires; de plus, leur insertion, près de l'articulation ou du centre du mouvement, fait que ces pièces osseuses ne peuvent agir qu'à la manière des leviers du troisième genre; c'est-à-dire que la puissance motrice est placée sur ces leviers entre le point d'appui et la résistance. Une telle disposition était celle qui, dans la mécanique animale, devait rendre nécessaire la plus grande quantité de principe moteur, car elle était la plus défavorable au mouvement; mais nous verrons bientôt, lorsque nous traiterons des mouvemens musculaires, combien d'avantages réels ont résulté de cette défaveur apparente.

Nous allons maintenant donner un complément à ce que nous avons dit sur la composition des *os*.

Ces corps ne sont point d'une égale dureté dans toutes leurs parties; les uns sont d'une forme longue, les autres d'une forme arrondie, et ni les uns ni les autres ne sont des corps pleins, sans cavités; au contraire, une de leurs parties est spongieuse, et leur centre présente une cavité cylindrique, remplie de sucs médullaires. Il est facile d'expliquer ces diverses conditions.

En premier lieu, partout où une masse cellulaire d'une certaine épaisseur acquiert un commencement de consistance, l'Expansion augmente d'énergie dans ses parties intérieures, par conséquent elle la creuse, comme elle creuse tout premier faisceau, végétal ou animal.

Mais tout premier faisceau, végétal ou animal, est libre, du moins par son extrémité supérieure, et c'est ce qui soumet cette extrémité à la prépondérance de la compression.

Au contraire, si nous considérons d'abord les os de forme alongée, nous trouverons que, par l'une et l'autre de leurs deux extrémités, ils tienneint à des corps, soit osseux, soit musculaires, sur lesquels ils se meuvent, ou qui se meuvent sur eux. Ce contact et ce frottement favorisent l'Expansion aux deux points extrêmes. Ainsi, les os de forme longue doivent se dilater, devenir spongieux, plus ou moins arrondis vers chacune de leurs extrémités, et n'acquérir que vers leurs parties intermédiaires toute la dureté dont ils sont susceptibles.

Ces conditions appartiennent en effet, non-seulement aux os de l'homme après sa naissance, mais à ceux du Fœtus, du moins après l'âge de quatre mois, époque où il commence à exécuter sensiblement le mouvement musculaire.

En second lieu, de ce que l'Expansion règne plus fortement sur les deux extrémités des os que sur leur partie intermédiaire, il résulte que l'un des produits directs de ce que l'on peut appeler la compression vitale, le phosphate calcaire, se forme ou se dépose en plus grande quantité dans la partie intermédiaire des os que dans leurs parties extrêmes. Ce principe, le phosphate calcaire, augmente graduellement dans tout le squelette avec les progrès de l'âge, parce qu'il est le produit direct de cette compression intérieure qui résulte du progrès continu de l'Expansion.

Lorsqu'un os qui formait un corps continu a été fléchi par l'action qui a plié le corps du Fœtus, et lorsqu'un appareil musculaire s'est établi au-dessous et autour de l'endroit où cette flexion a été opérée, le point de coïncidence des deux os nouveaux est devenu celui où les divers mouvemens se sont fait le plus fréquemment sentir, et ont eu le plus d'influence. Aussi, la partie de l'os primitif sur laquelle la flexion s'est exécutée, forme, entre les deux os nouveaux, un corps particulier qui diffère des os par beaucoup moins de consistance. Ce corps, nommé *cartilage*, étant sans cesse frotté dans plusieurs sens, demeure beaucoup plus affranchi que les os des effets de l'action compressive; pour cette raison, il ne se charge point de phosphate calcaire; il devient au contraire le terme et comme le *centre de fluxion* des principes qui, par une plus grande délicatesse, sont davantage à la disposition de la puissance expansive. Le cartilage ne s'ossifie jamais, même dans l'âge avancé. Cependant, lorsqu'il demeure trop long-temps immobile, l'action compressive détermine ses surfaces à contracter adhérence avec les surfaces des os contigus; et elle produit cet effet avec d'autant plus de facilité, que l'Expansion suspendue, ou du moins affaiblie par la cessation du frottement, n'appelle point autour du cartilage cette exhalaison artérielle que l'on nomme *humeur synoviale,* qui est séparée du sang par la capsule membraneuse dont les cartilages sont environnés, qui lubrifie les surfaces de ces cartilages, et se verse sur elles avec une abondance qui est en raison de la fréquence et de l'activité des mouvemens. On a donné le nom d'*ankylose* à cette adhérence des surfaces articulaires.

La substance destinée à devenir osseuse est, au commencement, très molle, très perméable; des vaisseaux sanguins et des nerfs s'introduisent dans son sein, pénètrent même jusques à la cavité intérieure qui en occupe le centre; là, ils exhalent par Expansion quelques-uns de leurs principes. Un suc médullaire, fruit de cette exhalation, se dépose dans l'intérieur du canal; il s'y accumule; sa couche extérieure, plus exposée à l'action compressive, se consolide sous forme de membrane très délicate qui tapisse les parois de la cavité. Cette membrane, ce *périoste interne*, se laisse ensuite traverser de nouveau en sens opposé par le suc médullaire, lorsque celui-ci est pressé par sa surabondance ou par un redoublement d'action expansive; la substance de l'os est aussi traversée. C'est ainsi que, dans les arbres, la moelle centrale se tamise à travers le corps ligneux. L'analogie devient ensuite plus parfaite; la moelle osseuse, parvenue à la surface de l'os, y est retenue et consolidée par l'action compressive; elle forme le *périoste externe*, comme la moelle végétale forme l'écorce; et il est vraisemblable que le périoste externe, à mesure qu'il se forme en dehors, contracte adhérence par sa surface intérieure avec la surface de l'os, et contribue ainsi à son accroissement circulaire, comme l'écorce cède au tronc de l'arbre ses parties intérieures, et contribue à son accroissement.

Une observation du professeur Chaussier prouve que le périoste se forme, comme nous venons de le dire, en s'appropriant les principes que l'Expansion osseuse projette de l'axe vers la surface. Si l'on enlève le périoste sur quelques parties d'un os vivant et sain, la surface de ces parties dépouillées se couvre de tubercules ou concrétions plus ou moins nombreuses. Généralement, toutes les membranes s'entretiennent par la transsudation des principes que l'Expansion porte au-delà des organes qu'elles enveloppent. On doit même dire que si les enveloppes des divers organes sont de nature plus ou moins différente, quoique la substance muqueuse, ou lymphe primitive, soit l'élément principal de toutes, cela vient de ce que la lymphe a été diversement modifiée par son union aux divers principes que l'Expansion a lancés hors des organes enveloppés.

Tous les os, dans le corps humain, ne sont point alongés; il en est qui sont courts, quelquefois isolés, et d'une forme plus ou moins aplatie, plus ou moins irrégulière. L'action compressive s'est appliquée autour de ces os d'une manière plus uniforme que sur les os longs; la partie spongieuse et les cavités médullaires s'y sont établies vers le centre. On voit aussi que les fibres de ces os, au lieu d'être disposées en long, comme dans les os qui sont eux-mêmes figurés selon cette dimension, s'étendent du centre à la circonférence. Le plan d'un de ces os ressemble à celui qui est montré par une section transversale faite au tronc d'un arbre. On peut encore mieux présumer, en examinant la structure de ces os, que le périoste, qui les recouvre aussi bien que les os longs, est généralement le produit de l'Expansion médullaire.

Il est un indice qui porte à reconnaître que la partie spongieuse, dans les os, est le siége d'une Expansion plus vive que celle de la partie compacte. Dans les fractures, des bourgeons charnus s'élèvent plus promptement de la partie spongieuse; et la formation du *cal* y est également très prompte.

De toutes les parties du squelette, la colonne vertébrale est la plus importante. Il est vraisemblable que c'est celle qui, dès le principe, a éprouvé le plus de trémoussemens. On voit que, dans l'homme fait, c'est sur elle que viennent s'appuyer toutes les secousses et tous les mouvemens qui ont un peu de force; une très grande quantité de muscles y est attachée. Les ébranlemens très fréquens qu'elle a reçus, dès le principe, ont fait que les os qui la composent sont courts, s'articulent les uns sur les autres par des surfaces très larges, et s'engrènent mutuellement à l'aide d'irrégularités épineuses.

Formation du système absorbant ou lymphatique.

Le système *absorbant* ou *lymphatique* est universellement répandu dans le corps humain où il remplit des fonctions très importantes; nous les décrirons lorsque nous traiterons successivement des fonctions vitales. Nous allons dire comment il paraît que ce système se compose.

Rappelons encore une des observations fondamentales. Le tissu cellulaire, les tissus membraneux diaphanes, comme la plèvre, le péritoine, et enfin les membranes muqueuses qui tapissent l'intérieur des voies alimentaires, aériennes et urinaires, ont puisé primitivement leurs principes à une source commune; la conformité de nature indique cette communauté d'origine. Chaque membrane, considérée dans sa partie originaire et essentielle, n'est autre chose qu'une portion de la lymphe primitive, introduite dans le fœtus, étendue par l'Expansion, condensée par les résistances, mais n'ayant d'abord aucune organisation réticulaire, uniquement composée d'élémens juxta-posés, en un mot semblable à la membrane bullaire que l'on forme en étendant, par le souffle, la liqueur du savon; et comme la bulle de savon n'est pas toujours globuleuse, quoiqu'elle tende naturellement à l'être, comme elle est obligée de se mouler sur les parois du vase dans lequel on la dépose, de s'accommoder aux formes des corps déjà placés dans le même vase, et même des bulles déjà faites, de même les premières membranes prennent, pour contenir l'Expansion qui les gonfle, des formes modifiées par la disposition des lieux qui les reçoivent, et elles se modifient le plus souvent les unes par les autres.

Appliquons de nouveau maintenant un principe général. Toutes les fois que, dans l'intérieur du vase qui contient un liquide, l'Expansion est favorisée par les progrès extérieurs de la compression, un certain nombre de molécules du liquide passe à l'état gazeux, et cette opération indique sa marche par la position de ses résultats; des bulles se fixent isolément en certains points; ailleurs, elles s'agglomèrent; ailleurs encore, quelques-unes forment le centre d'aiguilles ou fibres gazeuses qui rayonnent en plusieurs sens.

Or, nous venons de le dire, il est un temps, dans la vie du fœtus, où l'ensemble de ce corps naissant est divisé en un grand nombre de cases, diversement placées, diversement configurées, séparées les unes des autres par des toiles membraneuses d'une densité commençante, et les substances contenues dans l'intérieur de ces cases sont presque toutes encore dans l'état de liquidité; toutes sont encore mêlées à une portion plus ou moins grande de substance muqueuse.

La substance muqueuse ou lymphatique, dans le fœtus, est un liquide très aqueux, dont les molécules doivent passer à l'état gazeux, lorsque cette conversion est favorisée par la position et les circonstances. Or, dans toutes les cases que laissent entre elles les diverses membranes, et jusque dans le tissu de ces membranes, le système sanguin et le système nerveux exhalent, par les orifices extrêmes de leurs ramifications, une grande quantité de calorique dont le mouvement est facile, qui bientôt agite la substance muqueuse, divise ses molécules, se combine avec un certain nombre, forme avec elles des gaz qui se fixent en bulles, ou s'injectent en suivant les directions mutipliées que l'Expansion leur imprime. Comme les foyers de ces injections sont très nombreux, très rapprochés les uns des autres, les toiles membraneuses sont bientôt traversées, en tout sens, par ces fibres gazeuses qui s'entrelacent, s'unissent, se replient, forment un lacis inextricable. Dans tous les lieux où des replis de membranes ont produit le double effet d'augmenter les résistances et de favoriser le mouvement local du calorique, celui-ci s'est accumulé; il a tourbillonné, pour ainsi dire, en entraînant, dans sa direction contournée et sa marche rapide, les molécules avec lesquelles il s'est combiné. Telle a été l'origine des *glandes lymphatiques* que l'on trouve principalement dans les creux du jarret et de l'aisselle, aux plis de l'aîne et du coude, dans l'épaisseur du mésentère, en un mot, dans tous les abris que forment les parties sinueuses.

On sent qu'un ordre de vaisseaux composés par l'injection d'un fluide qui émane d'un très grand nombre de sources, et qui ne se meut que pour parvenir à son propre équilibre, doit se former avec toute l'irrégularité des mouvemens de ce fluide. Rien aussi n'est plus variable dans le corps humain que le système lymphatique; il serait impossible d'en donner une description qui convînt à plus d'un sujet.

Un grand nombre de vaisseaux lymphatiques s'est borné à courir le long des premières surfaces sans avoir de grandes connexions avec les vaisseaux intérieurs. Plus fortement soumis à la puissance compressive, ces lymphatiques extérieurs se sont unis entre eux, non-seulement par entrelacemens, mais par anastomoses singulièrement fréquentes; ils ont ainsi formé des organes particuliers qui ont été chargés, dans la suite, de distributions particulières.

« Souvent, dit M. Richerand (*Élémens de Physiologie, article* Absorption), un lymphatique très étroit se dilate au point d'égaler le canal thorachique en grosseur, puis se rétrécit, pour grossir de nouveau, sans que, dans le trajet qui présente ces dilatations et ces rétrécissemens successifs, il reçoive aucun rameau. »

Cette *progression vésiculaire*, caractère particulier des vaisseaux lymphatiques, démontre qu'ils sont le produit d'une Expansion gazeuse ; en effet, une telle Expansion, lorsqu'elle agit dans des canaux flexibles, les gonfle ou se condense, selon l'espace qui est laissé à l'extension de ces canaux.

Le système lymphatique se distingue encore par des valvules placées dans ses vaisseaux comme dans les intestins et les veines, et destinées à s'ouvrir vers le centre du corps. Il est vraisemblable que ces valvules se sont formées dans les momens où l'injection de calorique, qui se faisait du centre vers la circonférence, était passagèrement refoulée par un redoublement survenu dans l'action compressive. Ce qui confirme cette conjecture, ce qui semble même la démontrer, c'est que, selon M. Cuvier, les vaisseaux lymphatiques des extrémités sont ceux où les valvules sont le plus nombreuses, et nulle part on n'en trouve moins que vers le centre de ce système.

L'appareil alimentaire ayant résulté, comme nous l'avons vu, des premiers effets produits par l'Expansion muqueuse, le système absorbant devait être, en grande partie, la continuité de l'appareil alimentaire; les fonctions, ainsi que les vaisseaux de ces deux systèmes, devaient être liés par des connexions intimes. Seulement, le système lymphatique, formé postérieurement, lorsque l'organisation du fœtus était déjà avancée, devait recevoir une composition plus délicate et plus compliquée; l'unité ne devait pas se montrer dans ce système aussi bien que dans le système alimentaire; celui-ci s'était formé aux premiers temps de l'existence du fœtus, à l'époque où l'Expansion ne pouvait encore agir que dans l'intérieur d'un corps très simple.

Cependant, le système lymphatique devait avoir, comme le système alimentaire, une bulle centrale ou originaire; et cette bulle, comme l'estomac, devait être placée dans l'abdomen. Cette bulle, la *citerne lombaire*, devait, comme l'estomac, jeter des racines dans le sens inférieur, et une tige dans le sens supérieur; mais cette tige, ce *canal thorachique*, n'était point libre de s'étendre aussi loin que l'œsophage; il en était empêché par les obstacles que lui opposait le système sanguin; parvenu à la partie supérieure de la poitrine, il était d'abord contraint de se recourber, et ensuite de s'injecter dans le tissu d'une veine, tissu plus flexible que celui d'une artère. Cette veine, quelquefois la *jugulaire*, plus souvent la *sous-clavière gauche*, résistait quelques momens à l'injection, ce qui déterminait la formation d'une valvule destinée à s'ouvrir dans l'intérieur de la veine.

Formation des Tégumens.

Il ne me reste, pour achever le tableau de la composition du Fœtus, qu'à exposer comment je conçois que se sont formées les enveloppes générales dont il se montre revêtu lorsqu'il parvient à la lumière.

Le tissu cellulaire n'est, comme nous l'avons vu, que la lymphe primitive modifiée pendant son séjour dans l'intérieur du corps, rendue plus concrète, plus dense, et, en même temps, plus onctueuse par les diverses combinaisons qu'elle a éprouvées. Dans cet état, elle a continué d'être pressée généralement par l'Expansion de se porter vers la surface du corps; mais elle n'a pu céder à cette impulsion que par masses peu disposées à se désunir.

A mesure que le tissu cellulaire s'est fixé vers la surface du corps, il s'est affermi sous l'action de la puissance compressive; il a formé ce que l'on nomme un *panicule graisseux ;* ses lames extérieures se sont appliquées les unes sur les autres plus fortement encore que n'ont pu le faire les lames intérieures ; elles ont composé le *derme,* membrane dense, très élastique. Cette membrane cependant n'a point acquis une densité suffisante pour être imperméable aux injections vasculaires que l'Expansion a portées jusqu'à elle ; on voit aussi se distribuer dans sa substance une immense quantité de vaisseaux sanguins. Ces vaisseaux se sont trouvés là au terme de l'action expansive ; c'est pour cela qu'ils sont devenus capillaires ; c'est pour cela encore que l'action compressive, profitant de leur extrême flexibilité, les a enchevêtrés les uns dans les autres, de manière à en former un lacis à mailles très fines ; en même temps, l'Expansion gazeuse a porté jusque dans le sein du derme l'extrémité du système lymphatique, et enfin, l'Expansion nerveuse a aussi inséré dans la substance de cette enveloppe une immense quantité de filamens qui ont formé spécialement l'organe du *toucher.*

C'est ainsi que la *peau,* ayant pour fondement le tissu cellulaire, et pour accessoires un très grand nombre de vaisseaux de toute espèce, et de vaisseaux très délicats répandus sur une grande surface, a formé un tissu gélatino-fibreux, tenant le milieu, par sa composition, comme par son degré de contractilité, entre les tissus celluleux et la chair musculaire.

Ce tissu, dans le Fœtus, a revêtu entièrement la partie essentielle de son être; c'est-à-dire qu'il a séparé tout ce qui doit être l'homme un jour, des enveloppes primitives et des liquides contenus sous ces enveloppes.

Rappelons maintenant ce que nous avons indiqué en parlant de la formation du canal alimentaire. Les diverses tuniques dont ce canal est composé ont eu, pour élément principal, la lymphe primitive; et cette lymphe est encore l'élément principal de la peau extérieure. Ces deux parties, le canal alimentaire et la peau extérieure, doivent donc être la continuité l'une de l'autre, et très ressemblantes par leur constitution; c'est ce que M. Cuvier a démontré.

Ainsi, nous pouvons dire d'avance, ce qui sera confirmé par l'examen plus attentif de l'homme et des êtres animés qui lui sont inférieurs: tous les êtres animés consistent essentiellement en un double fourreau, formé de deux enveloppes, qui ont une origine commune, qui sont enfermées l'une dans l'autre, qui sont continues l'une à l'autre par leurs extrémités, et entre lesquelles sont placés et protégés des organes plus ou moins parfaits, et en nombre plus ou moins considérable. Cette idée est, à mes yeux, le fondement de la Physiologie générale.

Revenons à l'homme. La finesse de la peau, dans le corps de l'homme, en fait une enveloppe au-delà de laquelle l'Expansion ne peut que difficilement extravaser la matière cellulo-graisseuse; c'est ce qui fait que celle-ci s'étend sous la peau, en couches plus ou moins spongieuses, distend la peau elle-même, lui donne sa blancheur, sa souplesse, et favorise son application aux objets qu'elle doit toucher. C'est principalement vers les extrémités du corps que cet effet doit être produit, parce que c'est là que l'action compressive affaiblit le plus la dissipation de cette substance. Aussi, « la pulpe des doigts, siége d'un tact plus exquis, présente-t-elle une sorte de matelas ou coussinet graisseux, soutenu par les ongles, prêt à s'appliquer aux corps les mieux polis, à en ressentir les aspérités les plus légères. » (*Physiologie de M. Richerand.*) La peau des femmes ayant plus de finesse que celle des hommes, les coussinets graisseux qui la distendent sont ordinairement mieux nourris, et leur sens du toucher est plus délicat.

Pour remplir ses fonctions, la peau avait besoin de conserver son humidité, sa souplesse. L'action compressive lui en a fourni les moyens en collant sur sa surface une dernière membrane, mince, transparente, que l'on nomme *épiderme*. En parlant des végétaux, nous avons indiqué la nature et la source de l'épiderme qui recouvre généralement tous les êtres organisés. Dans l'homme, l'épiderme est formé de la superposition d'une multitude de lamelles qui se recouvrent mutuellement dans une portion de leur surface. L'épiderme est insensible; cependant, lorsqu'il est enlevé, il se répare et se reproduit avec une rapidité singulière, quoiqu'il ne tienne à aucun vaisseau. Ces conditions démontrent que chaque écaille de l'épiderme est le produit immédiat de l'élaboration intérieure. Les fluides, dans l'intérieur du corps, sont toujours en Expansion plus ou moins rapide; lorsque, par l'effet de l'exercice ou de certains états accidentels, ces fluides s'élancent vivement, ils forment avec abondance la *transpiration insensible*. Mais lorsque, dans le repos du corps et des sensations, ils ne s'épanchent qu'avec lenteur, la portion la moins subtile de ces fluides qui s'évadent en est séparée, par l'action compressive, à l'instant même de l'évasion; elle est condensée, consolidée, aplatie sur la surface de la peau par cette même action. L'épiderme formé ainsi, par la répercussion de l'action compressive sur la masse habituelle de la transpiration, a de la finesse et de la flexibilité, comme on le voit dans les personnes qui mènent une vie molle, encore plus dans les enfans, surtout dans le fœtus; car l'épiderme commence à se montrer dès le troisième mois de la vie. Mais lorsque l'action compressive est augmentée par des pressions répétées, l'épiderme devient dur, calleux, épais, comme on le voit à la paume de la main des artisans, et à la plante des pieds des voyageurs.

Les lamelles dont la réunion forme l'épiderme étant, chacune, un produit de l'action compressive qui s'est rapidement exercée sur des substances très délicates, ne doivent être que très peu susceptibles de dilatation. C'est pour cela que l'épiderme est un mauvais conducteur de calorique; ce qu'il est facile de reconnaître lorsque l'on soumet les parties du corps humain qui en sont fortement revêtues, aux expériences de galvanisme ou d'électricité. Par la même raison, l'épiderme, abandonné aux causes naturelles, doit être très difficile à dissoudre; les os mêmes sont moins incorruptibles que l'épiderme. « Dans les tombeaux qui ne contiennent plus que la poussière du squelette, il n'est point rare de trouver intact et reconnaissable l'épiderme épaissi qui sert de semelle à la plante du pied et surtout au talon. » (*Richerand*, *Élémens de Physiologie.*)

Toutes les parties du corps humain, telles que les cheveux, les poils et les ongles, qui ne sont que des modifications, et pour ainsi dire des végétations de l'épiderme, participent à sa nature élémentaire et à ses propriétés.

La nature des cheveux et celle des poils sont absolument les mêmes. Seulement les poils ont gagné en épaisseur et en force ce que les cheveux ont acquis en longueur. Le calorique qui se mêle à la projection de ceux-ci, comparé à celui qui se mêle à la projection des poils, est un fluide mineur. Aussi les cheveux perdent sans cesse de leur finesse, et se rapprochent de la force des poils à mesure que l'âge augmente ; pour la même raison, les cheveux des femmes sont plus fins et plus longs que ceux des hommes.

Toutes ces productions épidermoïques, les cheveux, les poils, les ongles, se placent, dans le Fœtus et dans l'homme, au revers de la tête, au revers des doigts, au bas du visage, généralement aux environs des parties qui sont habituellement le siége d'une Expansion rapide. Ce qui semble annoncer que tandis que les substances éminemment expansives, telles que la substance nerveuse, sont portées avec abondance et rapidité vers les parties où elles entretiennent les organes des sens, vers la face, par exemple, les résidus de ces substances élaborées ne pouvant les suivre, ni dans leur mouvement, ni dans leur emploi, sont rejetés vers les parties voisines, et s'y laissent réprimer par l'action compressive.

Les cheveux du Fœtus commencent à paraître vers le cinquième mois; à cette époque les organes des sens s'alimentent et se développent; mais tout ce qui leur est essentiel est entièrement formé.

Je termine ici l'examen général de la composition du Fœtus. Nous allons maintenant assister à la naissance de l'homme; nous le suivrons progressivement jusques au terme de sa vie, en parcourant l'histoire de toutes ses fonctions; nous trouverons alors de nouveaux détails et de nouvelles preuves en faveur des explications que nous venons de présenter. Il est évident que les fonctions remplies par chacun de nos organes, et les résultats de ces fonctions, doivent être en rapport direct avec la nature même et la composition de ces organes; d'autres organes exerceraient d'autres fonctions; la plus légère modification même dans la composition d'un organe doit entraîner une modification correspondante dans ses fonctions et leurs résultats. Toute cause est suivie de son effet.

Réciproquement, toute différence entre des effets, d'ailleurs ressemblans, atteste une différence correspondante entre les causes, d'ailleurs ressemblantes, qui les ont produits. Cet axiome va trouver ici une application importante.

Il n'est pas deux hommes d'une constitution exactement la même; les différences organiques entre tous les individus sont signalées, non-seulement par les différences des traits extérieurs, mais par des modifications intérieures plus ou moins caractérisées. Par exemple, dans le système lymphatique, la citerne lombaire est d'une grosseur très variable, et il est des hommes qui n'en ont point. Le canal thorachique est quelquefois simple, quelquefois divisé dans sa partie inférieure. Souvent, un second canal thorachique, indépendant du premier, se montre vers le côté droit supérieur.

Cette diversité, que l'on rencontre également dans le système sanguin, dans le système nerveux, dans le système osseux et musculaire, prouve que le germe de chaque homme n'a pas été un ouvrage renfermé dans le premier ouvrage du même genre, produit, comme lui, par l'application instantanée de la même cause; contemporain, avec lui, de l'origine des Êtres. De telles modifications, qui sont des différences dans des effets, annoncent que le germe de chaque homme est de formation actuelle, et que cette formation, caractérisée, dans son ensemble, par le concours de conditions ou circonstances qui, pour tous les individus de l'espèce humaine, sont analogues ou ressemblantes, est d'ailleurs abandonnée à l'influence des circonstances locales et particulières.

La faculté de filiation, soit dans l'espèce humaine, soit dans une espèce quelconque d'Êtres organisés, n'est donc que la faculté de prêter territoire et de fournir des élémens à une composition qui se fait par elle-même, c'est-à-dire, sous l'impulsion et la direction du principe universel. Il faut choisir entre cette vue générale indiquée par tous les faits, et la préexistence des germes, ou leur emboîtement indéfini; il faut considérer chaque Fœtus, animal ou végétal, comme une composition spéciale, ou bien enfermer, dans le sein de la première femme, tous les hommes et toutes les femmes qui ont existé et qui existeront à l'avenir; dans le premier gland de chêne, tous les chênes de tous les pays et de tous les temps. On sait que la capsule de certains pavots contient 80 mille graines; il faut que la première graine de pavot ait contenu 80 mille graines qui, chacune, et dans le même moment, en contenaient 80 mille autres, lesquelles, dans le même moment, en contenaient, chacune, 80 mille autres encore...., et ainsi de suite, sans terme que l'on puisse assigner.

Une telle supposition est manifestement impossible. Il ne reste donc que la génération spontanée en faveur de chaque Être, mais déterminée, dans ses caractères, par la nature du vase dans le sein duquel il se produit.

Tout alors s'explique et se concilie; et, nous l'avons dit souvent: tout expliquer n'est pas autre chose que tout unir.

SEPTIÈME SÉANCE.

Suite de la Physiologie de l'homme ; naissance ; début des Fonctions organiques ; respiration ; circulation ; digestion ; nutrition ; sécrétions ; transpiration ; absorption.

« Celui qui examine attentivement l'économie animale, y voit les traces de l'harmonie qui se montre partout dans l'univers. Les momens de la gestation sont comptés ; l'accroissement et les âges ont leurs phases particulières ; l'écoulement des règles a ses périodes ; non-seulement chaque époque, mais encore chaque jour de la vie est sujet aux mêmes lois ; la digestion, et toutes les fonctions, dans les personnes saines, sont gouvernées suivant les mêmes principes. Dans les maladies, l'ordre des crises est une nouvelle preuve de cette influence périodique par laquelle tout est régi ; les accès ou paroxysmes des fièvres suivent une progression constante. »

Cette belle et ancienne observation, si bien

présentée par Vicq-d'Azir, démontre que les phénomènes de la vie sont généralement les résultats d'une cause dont l'influence est, à la fois, constante et périodique. Cette cause est l'Expansion, puissance constante, puisqu'elle est éternelle et universelle, puissance périodique dans son action particulière sur chacun des Êtres vivans, parce qu'elle s'est elle-même soumise, dans le sein de chacun de ces Êtres, à des balancemens d'intensité alternativement croissante et décroissante. La périodicité n'est autre chose que l'oscillation dans la durée.

L'alternative des jours et des nuits est la cause immédiate des balancemens dont les Êtres organisés sont tributaires.

Neuf mois de cette alternative sont ordinairement nécessaires à l'entier développement du Fœtus humain. A ce terme, l'Expansion a donné, aux vaisseaux du Fœtus, toute l'extension que la puissance compressive peut leur laisser prendre; les systèmes, sanguin, nerveux, absorbant, sont achevés; tous les organes sont formés dans leurs parties essentielles; le moment est venu où il faut que leur exercice commence, afin que l'homme obtienne de nouveaux moyens de développement.

Par cela même que l'action des résistances ne

permet plus à l'Expansion de placer de nouveaux principes dans le corps du Fœtus, l'écoulement du sang de la mère est arrêté ; le cordon ombilical, qui n'est plus traversé par des substances en mouvement, s'apprête à perdre sa constitution organique ; le Fœtus tend à tomber comme un fruit parvenu à sa maturité, et dont le pédoncule se dessèche ; le placenta, qui continue de recevoir le sang artériel, et qui ne peut plus le transmettre, se gonfle, s'engorge ; il agit par compression sur tous les organes qui l'environnent ; ceux-ci réagissent ; ils sont tous musculaires et élastiques ; ils unissent leurs mouvemens de réaction à la pesanteur du Fœtus et de ses enveloppes. Le premier effet de ces mouvemens, et des froissemens qui les accompagnent, est de déchirer les membranes qui environnent le Fœtus ; les liquides s'écoulent ; la matrice, organe vibrant par lui-même, est soumise, par l'érétisme général, à des ondulations plus fortes, plus étendues, qui s'appuient énergiquement sur le Fœtus.

C'est par le concours de ces diverses actions que le Fœtus est pressé, lancé ; il se montre, s'avance, tombe ; ses enveloppes le suivent ; l'accouchement est terminé.

C'est l'instant d'un changement de très grande importance dans l'organisation de l'homme ; nous allons suivre, le mieux qu'il nous sera possible, les effets de ce changement.

A peine l'enfant est-il sorti du sein de sa mère, que, d'une part, un espace beaucoup plus libre est accordé à son Expansion vitale, tandis que, d'un autre côté, il passe dans un climat dont la température est bien moins élevée que celle du sein maternel. Ainsi, son développement est, à la fois, plus sollicité, et plus réprimé.

Mais une grande circonstance nouvelle vient, à l'instant même, augmenter vivement les droits de l'Expansion : l'air atmosphérique entre en contact avec l'organe pulmonaire, et avec toute la surface du corps.

Comment ce contact augmente-t-il l'action vitale ? Pour répondre à cette question, nous devons commencer par fixer nos idées sur l'état dans lequel se trouve, au moment qui précède celui de la naissance, non-seulement l'organe pulmonaire, mais le système sanguin, et le système nerveux ; ces trois systèmes étant liés entre eux par des relations aussi intimes que multipliées.

Ces trois organes, au moment qui précède immédiatement celui de la naissance, occupent avec plénitude tous leurs vaisseaux ; leurs principes n'y circulent pas; mais ils n'y sont pas immobiles; tous sont en mouvement de vibration; c'est l'état essentiel de tout globule organique, soit qu'il fasse partie d'un liquide tel que le sang, soit qu'il fasse partie d'un fluide gazeux, tel que le gaz hydrogène déposé dans les cellules pulmonaires, soit enfin qu'il appartienne à un fluide subtil, tel que le fluide nerveux.

Disons maintenant qu'au moment qui précède celui de la naissance, les vibrations de tous les globules d'un même organe, ou du moins de chacune de ses parties principales, sont isochrones entre elles; ce qui imprime à leur foyer une vibration qui est en harmonie avec toutes les vibrations particulières. Quant aux vibrations des globules contenus dans chacun des trois systèmes, elles sont respectivement harmoniques, et non isochrones; c'est-à-dire, que si chaque globule de sang fait, par exemple, cent vibrations par seconde, chaque globule pulmonaire qui, sans doute, est plus subtil, en fait deux cents ou quatre cents, ou peut-être un plus grand nombre, mais toujours selon le rapport le plus simple; et le globule nerveux, beaucoup plus subtil encore, fait, dans le même temps, un nombre de vibrations beaucoup plus grand, mais qui n'est qu'un multiple, en raison doublée, peut-être triplée, mais toujours très simple, du nombre de vibrations exécuté par le globule de sang. Ce n'est qu'à cette condition qu'il y a unité dans le résultat général de l'action vitale.

Cela posé, comme tout changement critique dans l'action vitale ne peut être qu'une continuité de l'exercice des lois qui règlent cette action, tout ce qui peut résulter, au moment de la naissance, d'une circonstance nouvelle, si l'influence de cette circonstance est de nature vivifiante, c'est que la vibration de chacun des trois systèmes prenne une plus grande amplitude, et peut-être une plus grande vitesse; mais les trois vibrations générales, ou les vibrations des trois foyers, doivent conserver entre elles leurs rapports.

La circonstance nouvelle, le contact de l'air atmosphérique, est de nature vivifiante. Le système pulmonaire, déjà disposé à la dilatation par l'augmentation d'espace, s'ouvre à l'introduction de l'air; il se fait aussitôt une gravitation électrique entre le gaz atmosphérique et le gaz hydrogène déposé dans les cellules des poumons; ces deux gaz entrent en combustion. D'une part, il se forme de l'eau, ou de la vapeur aqueuse; d'un autre côté, un calorique très expansif se dégage, et communique son

Expansion à tout l'organe; ce qui augmente l'étendue de la phase de dilatation. Mais, à l'instant même, la phase de contraction succède; et elle balance celle de dilatation. Dès ce moment, la vibration pulmonaire prend une plus grande étendue, et peut-être aussi une plus grande rapidité; car il est possible qu'à ce premier instant de la *respiration*, chaque cellule aérienne, soumise à une nouvelle Expansion très vive, se divise en cellules plus petites encore; mais, comme la masse générale de l'organe n'en serait pas augmentée, il est vraisemblable que la vibration d'ensemble n'acquiert, comme nous l'avons dit, qu'une amplitude plus étendue, et continue de s'exécuter dans le même temps.

Rappelons maintenant que des vaisseaux capillaires sanguins, en nombre très considérable, se terminent dans les cellules pulmonaires; ces capillaires sanguins émanent principalement de la partie droite du cœur, de la partie d'ordre électrique mineur; elles contiennent par conséquent un sang d'ordre mineur, un sang hydrogéné; le gaz atmosphérique doit également entrer en combustion avec ce sang hydrogéné, le soumettre à une opération électrique qui, d'une part, lui enlève son hydrogène pour en faire de l'eau, qui, d'un autre côté, verse dans le reste du liquide un calorique très expansif.

Il est donc alors une partie de la masse générale du sang qui est mise subitement dans un état d'Expansion augmentée; cela suffit pour que l'égalité et la tranquillité de distribution générale soient rompues; la partie dilatée cherche à s'étendre; ce mouvement d'extension lui est bien plus facile du côté du cœur que du côté opposé; car, de ce côté opposé, elle ne trouve que les fibres terminales et capillaires des artères, tandis que, du côté du cœur, elle trouve des canaux qui s'élargissent progressivement.

Elle se rend donc vers le cœur; et elle y entre par l'oreillette gauche, d'où elle se verse immédiatement dans le ventricule gauche, et de celui-ci dans le ventricule droit, par le *trou de Botal*. Aussitôt, la température exhaussée de ce sang introduit se communique à l'ensemble du cœur, qui se dilate, et qui, par ce moyen, rend encore plus facile l'injection du sang qui occasionne sa dilatation.

La première moitié de la vibration du cœur, la phase de dilatation, est donc augmentée en étendue, sans être, pour cela, augmentée en durée; au terme fixé, elle est remplacée par la phase de contraction. Celle-ci rétablit le cœur dans son premier volume; elle contraint par conséquent le sang surabondant à sortir.

Mais cette évacuation ne peut se faire par aucune des deux veines; en premier lieu, la veine pulmonaire se dispose déjà à porter vers le cœur une nouvelle masse de sang dilaté; en second lieu, le tronc de chaque veine est garni d'une valvule au point de son insertion dans l'oreillette; et cette valvule, ou languette, est fixée de manière à ne pouvoir s'ouvrir que dans l'intérieur du ventricule, et à se relever par conséquent vers l'oreillette, lorsque le sang s'efforce d'y rentrer.

Il ne reste donc qu'une issue au sang expulsé par la contraction du cœur; il est contraint de se jeter dans le tronc de chaque artère. Là aussi est fixée une valvule; mais elle s'ouvre dans l'intérieur de l'artère.

Ainsi commence le mécanisme admirable de la circulation du sang. Il est essentiel de retenir que le moteur primordial des mouvemens du cœur est dans cet organe même, et non dans le sang que les veines y jettent. « Arraché du sein d'un animal vivant, dit M. Richerand (page 151), le cœur palpite, ses cavités se resserrent et se dilatent, quoique parfaitement vides de sang.

Elles sont agitées de mouvemens alternatifs, qui vont en s'affaiblissant, à mesure qu'il perd sa chaleur. On voudrait en vain s'opposer à la diastole; le cœur fait effort contre la main qui le saisit, et ses cavités paraissent douées, comme le pensait Galien, de cette force qu'il nomme *pulsive*, force en vertu de laquelle elles se dilatent pour recevoir le sang, et non point parce qu'elles le reçoivent. »

Cette force pulsive est initiale et originelle dans le cœur, parce que c'est un foyer élastique organisé, c'est-à-dire, formé de fibres élastiques entrecroisées, toutes tubulaires, toutes en relations mutuelles, toutes remplies de globules élastiques, qui les parcourent avec indépendance, et dont les vibrations sont isochrones. Cette force pulsive était possédée par le cœur du Fœtus, dès l'instant même de la conception, et c'est elle qui, soutenue et progressive, faisait de cet organe un centre de ramifications.

Après la naissance, la force pulsive, ou plutôt expansive, subitement augmentée sur un point, constitue aussitôt le mode circulatoire du liquide, parce que, pour un liquide enfermé, le mode circulatoire est le seul qui puisse continuer l'action, et la mettre en Équilibre.

Les artères sont des vaisseaux élastiques organisés; leur constitution est la même que celle du cœur; subitement distendus par le sang qu'ils reçoivent à chaque contraction du cœur, ils se contractent par réaction, et d'une manière proportionnelle; mais cette contraction ne peut faire remonter le sang vers le cœur, qui, lui-même, en ce moment, s'apprête à lancer un nouveau jet de liquide; le sang est donc contraint de se porter dans le prolongement de l'artère; chaque jet de sang, émané du cœur, est reçu par l'artère avec les mêmes circonstances; chaque jet s'enfonce dans le sein de l'artère, en poussant devant lui le liquide antécédent.

C'est ainsi que de proche en proche, et par l'effet des contractions successives du cœur et des artères, tout le sang qui est reçu par le cœur est porté jusqu'aux extrémités du système artériel, qui, lui-même, n'a d'autres limites que les extrémités du corps.

Et il est évident que lorsque la propagation du sang jusqu'aux extrémités du système artériel se trouve établie, ce système se trouve divisé en colonnes placées bout à bout, qui, nécessairement, vibrent toutes ensemble, et en même temps que le cœur.

Telle est la cause de ce battement artériel que l'on désigne sous le nom de *pouls*; battement que d'avance nous pouvons déjà reconnaître comme devant être, depuis la naissance, l'indicateur de l'état de régularité ou de désordre, de santé ou de maladie. En effet, d'une part, toutes les causes qui peuvent affaiblir, précipiter, ou dérégler les contractions du cœur, d'un autre côté, toutes les causes qui peuvent affaiblir, précipiter, ou dérégler le cours du liquide dans le système artériel, ne peuvent que désordonner le pouls d'une manière exactement correspondante.

Lorsque le sang a parcouru les tiges, les branches et les rameaux du système artériel, il est jeté dans les divisions capillaires; là, il est tellement atténué que ses molécules nous paraissent sans couleur.

Nous avons vu qu'au terme de la composition du Fœtus, la puissance de gravitation électrique, aidée par l'action des résistances, a déterminé les extrémités capillaires du système artériel à s'aboucher avec les extrémités capillaires du système veineux. A la naissance, le sang, continuellement poussé par les contractions du cœur, finit par être contraint de passer des extrémités du système artériel dans les extrémités du système veineux; il devient, dès ce moment, la propriété de ce second système.

Mais il en est des veines et des artères, dans leurs rapports mutuels de grandeur, comme des branches et des racines d'un arbre ; l'ensemble de la capacité du système veineux est beaucoup plus considérable que l'ensemble de la capacité du système artériel. Cependant ces deux systèmes sont toujours pleins de liquide en mouvement. Mais, d'une part, le système artériel dépose, en divers lieux de son passage, une certaine partie du sang qu'il transporte ; d'un autre côté, le liquide contenu dans le système veineux fait des acquisitions nouvelles en plusieurs lieux de son passage, acquisitions qui changent sa nature, en même temps qu'elles donnent à sa masse plus ou moins d'augmentation. Nous rendrons raison des acquisitions que fait le sang veineux, et des pertes que le sang artériel éprouve.

La puissance qui détermine le retour du sang vers le cœur est la puissance d'Équilibre, puissance par elle-même égale et continue ; les contractions de cœur ne peuvent plus propager leurs battemens jusque dans le système veineux ; déjà ils étaient insensibles dans les capillaires artériels.

Chaque globule de sang veineux est d'ailleurs en vibration constante comme chaque globule de sang artériel ; mais il n'en résulte point une vibration sensible des veines, parce que ces vaisseaux, très alongés, très ramifiés, ne font que prêter territoire à un liquide qui coule, et qui ne frappe pas en même temps à tous les points de leur surface intérieure; il n'est que le cœur qui reçoive cette impulsion simultanée, ou du moins ondulatoire, car il la partage avec les oreillettes qui, pour cette raison, se contractent pendant qu'il se dilate, et réciproquement.

Les artères, comme les veines, transportent un liquide composé de globules vibrans; mais elles ne vibrent pas; leurs battemens ne sont, comme nous venons de le voir, qu'une réaction élastique.

La poitrine, considérée dans son ensemble, forme une cavité, dont toutes les parois sont contractiles, ou liées par des corps susceptibles de dilatation et de contraction. Aussi la poitrine vibre, comme le cœur, sous l'impulsion simultanée du calorique dégagé par la combustion pulmonaire. Mais comme la capacité de la poitrine est plus considérable que celle du cœur, sa vibration a plus de durée; et il est très remarquable que le rapport de ces deux vibrations est harmonique; habituellement, chaque mouvement de respiration complète répond à quatre pulsations du cœur.

On doit remarquer encore que, tandis que

l'*inspiration* est un acte progressif, l'*expiration* est un acte subit. C'est que l'inspiration est le fruit de la dilatation expansive, propriété soutenue et progressive, par cela même qu'elle est essentielle ; l'expiration est le produit d'une décharge électrique qui se fait nécessairement avec brusquerie. Il en est de même du mouvement de contraction du cœur, comparé à son mouvement de dilatation. Celui-ci est bien moins rapide.

Lorsque, peu de temps après la naissance, la circulation du sang est bien établie, le *conduit veineux*, privé du sang qui lui était porté par la veine ombilicale, s'affaisse, se rétrécit, devient bientôt un simple ligament.

Pour la même raison, le trou de Botal ne tarde pas à se fermer; le mode circulatoire devenant le mode vital de l'Expansion, toute la masse du liquide se soumet à ce mouvement. Il est des individus en qui cette ouverture se conserve, ou ne se ferme qu'imparfaitement; mais ceux-là, dès leur naissance, sont d'une organisation tellement faible, que la circulation de leur sang est molle, sans énergie; aussi ils n'atteignent pas un âge avancé, et leurs facultés sont habituellement engourdies.

D'après la définition que nous venons de donner de l'action pulmonaire, il est évident que cette action ne doit pas être considérée comme étant exclusivement concentrée dans l'intérieur de la poitrine ; partout où le sang et l'air atmosphérique peuvent entrer en contact, la combinaison électrique, ou la combustion, doit se faire, et une certaine quantité de calorique dégagé doit échauffer, à la fois, le sang et la surface des parties voisines du lieu où s'est faite la combustion.

Or, toute la surface du corps humain est disposée de manière à servir de théâtre à la combinaison électrique; le système artériel et le système veineux se terminent et s'abouchent ensemble à un très grand nombre de points de l'enveloppe générale ; et l'air atmosphérique est appliqué sur tous les points de la même enveloppe.

Ainsi, toute la surface du corps humain doit être habituellement d'une température supérieure à celle de l'air qui en est séparé par une légère distance, et la température générale du corps doit se maintenir habituellement au même degré ; en effet, tout le calorique dégagé, soit dans l'intérieur de l'organe pulmonaire, soit à la surface de la peau, se confond et se distribue avec égalité dans l'ensemble de l'économie ; la Puissance d'Équilibre lui en impose la Loi; d'un autre côté, la somme de calorique dégagé, soit dans les poumons, soit à la surface du corps, est toujours à peu près la même, parce que si l'air atmosphérique est dilaté par sa propre température, si, pour cette raison, la combinaison électrique est moins abondante, moins vive, moins efficace, toutes les parties non inspiratoires demandent aussi moins de chaleur aux organes de la respiration, elles en reçoivent de la température extérieure. Au contraire, lorsque l'air est froid et condensé, il se fait, dans chaque point de nos organes respiratoires, une combustion plus ardente, pour la même raison qui, dans la même circonstance, donne plus d'ardeur à la combustion de nos foyers. Mais l'ensemble de notre organisme est alors avide d'une plus grande quantité de calorique, et en absorbe davantage.

D'après cette fonction respiratoire de la peau qui nous enveloppe, il est aisé de voir pourquoi la propreté et les bains favorisent, dans l'ensemble de notre organisme, l'acquisition et la distribution de la chaleur vitale; le *derme*, dans le sein duquel les vaisseaux sanguins s'épanouissent, est recouvert de l'épiderme, substance isolante, qui gêne, jusqu'à un certain point, le contact du sang avec l'air atmosphérique. Si cette enveloppe isolante, qui tend sans cesse à s'augmenter, parvient à un certain degré de densité et d'épaisseur, les communications électriques sont empêchées ; il n'y a plus de combustion. Il est donc important de laver ou nettoyer habituellement la surface de la peau.

Lorsque nous avons cherché, tout à l'heure, les causes immédiates de la circulation du sang, nous les avons déduites de la loi suivante, qui est, elle-même, l'un des corollaires du Principe universel :

Tout liquide, ou fluide, distribué d'abord, par une Expansion uniforme, dans des canaux qui partent d'un centre, et que les résistances ont réduits à s'aboucher par leurs extrémités, prend le mode circulatoire, aussitôt qu'une Expansion nouvelle est imprimée séparément à une certaine partie de sa masse. Ce mode circulatoire résulte de ce que, d'une part, nulle action ne peut être perdue, et de ce que, d'un autre côté, toute action ne peut s'effectuer qu'en se soumettant aux lois de l'Équilibre.

Semblable au système sanguin, le système nerveux s'est placé dans le Fœtus, par Expansion, soit des extrémités vers un centre principal, soit de ce centre vers les extrémités ; et comme la matière du fluide nerveux a été immédiatement fournie par le sang; comme, de plus, le sang, dès l'origine, a été partagé, dans le sein du Fœtus, en sang artériel, et en sang veineux, l'un de l'ordre électrique majeur, l'autre de l'ordre électrique mineur, l'exhalation qui a fait la matière du fluide nerveux a été également de deux ordres, et, dès le principe, il s'est établi, comme pour le sang, un système nerveux artériel, ou d'ordre majeur, et un système veineux, ou d'ordre mineur.

Les fibres terminales de ces deux systèmes se sont nécessairement abouchées comme celles des deux sections du système sanguin, et avec plus de facilité, parce qu'elles étaient plus délicates, plus flexibles. Seulement les anastomoses ont resté inapercevables, à cause même de l'excessive ténuité des derniers filamens.

A la naissance, l'acte respiratoire a subitement commencé; il a jeté, dans l'ensemble de l'organisme, une quantité subite de calorique très expansif. A ce premier instant, l'action nouvelle s'est adressée plus efficacement aux veines nerveuses qu'aux artères nerveuses; les veines, et le fluide qu'elles contenaient, étant plus susceptibles de la recevoir.

N'oublions pas maintenant que chaque globule de fluide nerveux, soit veineux, soit artériel, était, dans le sein même du Fœtus, un globule vibrant, et que le foyer nerveux était nécessairement, comme le cœur, en vibration continue, harmonique à celle du cœur; elle lui est même consonnante; le nombre immense de connexions sympathiques entre les deux systèmes ayant établi cette consonnance.

Au moment de la naissance, les choses se passent dans tout le système nerveux comme dans le système sanguin; le fluide contenu dans les veines nerveuses se porte vers le foyer cérébral dans un état d'Expansion et de vibration augmentée; l'organe central prend aussitôt lui-même une Expansion et une vibration plus étendues; dans sa phase de dilatation, il s'ouvre à l'injection d'une grande quantité de fluide nerveux mineur; dans sa phase de contraction, il exprime hors de son sein cette surabondance, et il la fait passer par les fibres d'ordre majeur.

C'est ainsi que la circulation nerveuse s'établit; circulation qui ne pourra jamais être surprise par les regards de l'observateur, mais qui n'en est pas moins certaine, puisque le Principe universel l'exige, circulation d'ailleurs qui recevra une preuve directe de la facilité qu'elle nous donnera pour expliquer la contractilité musculaire, les sensations, et généralement les phénomènes les plus importans de l'économie animale.

Mais marchons avec méthode. Nous assistons à la naissance de l'homme; il entre en fonctions organiques; nous venons de voir comment il procède à la jouissance de la circulation, et de la respiration. Voyons maintenant comment l'organe de la digestion se met en exercice.

Nous avons dit que le tube central qui s'était établi au sein du Fœtus, s'était plus particulièrement gonflé dans sa partie moyenne, et que ce gonflement, vers lequel le système sanguin, et le système nerveux, avaient adressé un grand nombre de rameaux, était devenu un ballon musculaire.

Ce ballon, formé par un grand nombre d'expansions concurrentes, et de fibres entrelacées, qui, elles-mêmes, sont constamment parcourues par des globules vibrans, ne peut être, par son ensemble, que dans un état de vibration continuelle, comme la poitrine, le cœur et le cerveau.

Mais le ballon abdominal, n'étant en réalité que la partie renflée d'un long canal membraneux et musculaire, et non un lobe creux duquel des vaisseaux ont émané, ne peut vibrer à la manière du cœur, du cerveau, et de la poitrine; ses contractions, ainsi que ses dilatations, doivent s'alonger et se poursuivre, par *ondulations*, depuis l'une des extrémités du tube jusqu'à l'autre.

Tel est, en effet, l'état constant du tube central; et tel déjà il était avant la naissance. On observe même que les intestins continuent leur mouvement péristaltique un certain temps après la mort; ce qui prouve que ce mouvement leur est essentiel à titre d'appareil élastique.

Depuis la naissance, les ondulations du tube central, comme les vibrations du cœur, du cerveau et de la poitrine, ont dû prendre une plus grande amplitude, mais en conservant leur caractère.

Les ondulations du tube central ont augmenté d'amplitude, parce que le calorique dégagé par l'acte de respiration s'est distribué rapidement dans toute l'économie organique, et, partout, a imprimé un surcroît de dilatation, auquel a succédé immédiatement une contraction égale. Mais la vibration ondulatoire de l'estomac a demeuré harmonique aux vibrations sphériques du cœur, du cerveau, et des poumons, parce que tous ces organes ont demeuré en relations multipliées et intimes.

Voici maintenant une autre différence caractéristique entre le tube central et les trois autres organes; différence qui a entraîné des résultats correspondans.

Le tube central n'est qu'un corps continu sans branches, ni rameaux; il n'est pas formé de deux systèmes qui s'abouchent et s'anastomosent par leurs fibres terminales; il a bien une partie d'ordre mineur, c'est celle qui forme l'œsophage, et une partie d'ordre majeur, qui forme les intestins; mais semblables aux deux parties, situées de même, qui, dans un arbre, forment le tube central, en s'unissant par le *collet*, ces deux parties ne se replient point l'une vers l'autre; chacune s'ouvre librement à son extrémité.

Il suit de là que chacune, dès le principe, a transporté vers son extrémité, mais sans retour, le fluide électrique en rapport avec sa composition particulière.

Ainsi la *bouche*, extrémité supérieure du tube central, a été le terme d'une affluence électrique émanée progressivement du ballon abdominal; et les *lèvres* sont devenues la houpe saturée et divergente, éminemment disposée à favoriser la combinaison électrique.

Si un corps spongieux, arrondi, d'un volume peu considérable, se présente; si ce corps est également une houpe terminale, saturée d'un fluide électrique qui est d'ordre majeur, eu égard à celui qui surabonde dans les lèvres de l'enfant, ces lèvres le saisissent et l'embrassent; à l'instant la combinaison électrique se produit; par conséquent, la dilatation des lèvres de l'enfant est remplacée par une contraction qui presse le corps spongieux.

Observons de plus que non-seulement les lèvres de l'enfant, mais sa langue et toute sa bouche, étaient dans l'état de divergence électrique, que, par conséquent, au second instant, c'est tout l'organe qui se contracte, qu'ainsi la langue se retire, ce qui fait dans la bouche un vide pneumatique, à l'aide duquel le mamelon est encore plus fortement pressé.

Ce mamelon est plein d'une liqueur ductile; elle jaillit; l'œsophage la reçoit, parce que la vibration du tube central étant ondulatoire, l'œsophage se trouve en phase de dilatation, pendant que la bouche est en phase de contraction; réciproquement, il se contracte, pendant que la bouche se dilate; mais il ne rejette point vers la bouche la liqueur qu'il en a reçue, parce que l'action de pesanteur tend à faire descendre cette liqueur, parce que, d'ailleurs, le ballon abdominal qui suit l'œsophage, se dilate pendant la contraction de ce vaisseau, et le décharge de ce qu'il rejette.

Nous nous occuperons tout à l'heure des opérations qui s'exécutent dans le sein du ballon abdominal, lorsqu'il reçoit des substances alimentaires; en ce moment, observons encore ce qui se passe à l'extrémité supérieure du tube central, lorsqu'il entre pour la première fois en exercice.

Il est aisé de voir que le mouvement de contraction et de dilatation alternatives, à l'aide duquel l'enfant aspire le lait de sa mère, a sa cause immédiate dans l'état vibratoire du tube dont la bouche est l'ouverture supérieure; en effet, ce mouvement s'exécute de la même manière, quoique avec moins de force et de continuité, lorsque l'on présente le bout du doigt à la bouche de l'enfant. On voit souvent des enfans contracter et garder long-temps l'habitude de sucer l'un de leurs doigts, en l'embrassant étroitement; et si, lorsqu'ils se sont endormis, un de leurs doigts dans la bouche, on le retire doucement, leur bouche continue de montrer un mouvement de contraction et de dilatation alternatives. Enfin, il est un grand nombre d'enfans, tous peut-être, qui, lorsqu'ils sont endormis, font, de temps en temps, avec leurs lèvres unies, ce mouvement alternatif.

On ne pourra douter, non plus, qu'il ne s'établisse des rapports de communication réciproque entre l'enfant et la femme qui le nourrit, si l'on observe, avec Bordeu, que certains nourrissons excitent, d'une manière abondante, l'écoulement du lait, tandis que d'autres le refoulent, pour ainsi dire, dans le sein qu'on leur présente. Telle femme, qui nourrit très bien un certain enfant, serait une mauvaise nourrice pour un autre, quoique mieux constitué peut-être. Cette sorte de caprice involontaire, qui tient aux conditions respectives de l'organisation, ne peut avoir lieu que très rarement entre une mère et l'enfant qu'elle a porté dans son sein. C'est une des raisons nombreuses qui imposent aux mères le devoir de nourrir leurs enfans.

Cette opération de l'allaitement est à peine commencée qu'en se continuant elle se rend elle-même plus facile, parce qu'elle détermine une voie d'écoulement en faveur de l'Expansion. Une révolution se fait dans l'économie organique de la mère; les substances qui, pendant neuf mois, s'étaient portées vers le séjour du Fœtus, n'y trouvent plus d'emploi; elles n'y sont plus reçues ; il faut qu'elles prennent une direction nouvelle ; ce qui ne peut s'établir sans un peu d'effort et de trouble, dont la *fièvre de lait* est le témoignage. Il y a fièvre tant qu'un nouveau mode d'équilibre n'est pas encore établi ; mais enfin le cours général des humeurs et des fluides les plus mobiles se prononce vers le lieu de leur nouvel emploi ; alors un nouvel ordre vital commence ; la souffrance est terminée.

Comme la bouche de l'enfant est celui de ses organes qui est le plus en mouvement, il devient aussi un terme d'écoulement pour un grand nombre de principes élaborés dans l'intérieur. L'Expansion dissipe les plus mobiles ; mais ceux qui sont dirigés vers les gencives, se trouvant pressés, d'un côté, par les mouvemens extérieurs, de l'autre, par l'Expansion même qui les adresse, tendent à la concrétion, à la fixité. Ainsi commence la formation des *dents ;* et, lorsque cette formation a déjà un certain degré, elle occasionne ce qui a toujours lieu dans la nature partout où il existe un foyer d'Expansion concentré par la compression environnante : la jeune dent se creuse intérieurement ; on trouve, à son centre, une cavité figurée comme elle, remplie d'une pulpe gélatineuse, qui est enveloppée d'une membrane très fine, à travers laquelle des vaisseaux sanguins et des nerfs ont pénétré.

Nous allons maintenant étudier les fonctions de l'estomac, d'abord au moment où elles commencent, et, avec plus de détails, lorsqu'elles sont en plein exercice.

Le lait est une substance simple, très peu animalisée, surtout pendant les premiers jours qui suivent la naissance. Son premier emploi, lorsqu'il est descendu, par l'œsophage, dans l'estomac de l'enfant, est d'y répandre une chaleur douce, qui concourt efficacement à augmenter la force de la vibration ondulatoire; l'estomac de l'enfant tire, de cette augmentation de force, la faculté de repousser, dans les intestins, le *meconium* qui avait résulté du travail digestif fait sur le sang de la mère pendant la vie utérine. Les intestins, associés à la vibration ondulatoire de tout le tube central, se délivrent graduellement du méconium, le poussent, par leurs contractions, vers l'ouverture extrême, ouverture contractile, comme celle de l'extrémité supérieure, et qui expulse par jaillissement dans chacune de ses phases de contraction, de même que l'ouverture supérieure, ou la bouche, exprime et fait jaillir, du dehors au-dedans, le lait de la mère, dans chacune de ses phases de contraction.

Le mécanisme de la digestion, dans l'adulte, et dans chacun de nous, n'est que l'emploi des mêmes genres d'action, mais s'exerçant sur des substances plus composées.

Une substance n'est nutritive que lorsqu'elle est agréablement sapide; et elle n'est agréablement sapide que lorsqu'elle est constituée de manière à entrer aisément, par elle-même ou par ses émanations, en combinaison électrique avec les globules organiques qui sans cesse tendent à s'échapper de notre organe du goût. Aussitôt que la combinaison s'effectue, la vibration organique augmente d'énergie dans toutes les membranes nerveuses et musculaires dont le sens du goût est formé. Chaque phase de contraction s'appuie sur la substance étrangère, la brise, l'écrase, met en liberté ses parties intimes, multiplie le contact et la combinaison électriques, fortifie ainsi progressivement la vibration organique.

Cette vibration s'étend aux glandes salivaires, qui, pressées convulsivement, par leur propre contraction, et par celle de tous les muscles voisins, versent dans la bouche une quantité de salive proportionnelle à la vivacité de l'opération ; il en est de même des glandes *molaires*, *labiales*, *palatines*, *linguales* ; et les artères même de la bouche, agitées par un tel mouvement, laissent exhaler une portion plus ou moins considérable de la sérosité du sang.

La *salive*, principal ciment de la substance triturée, est un liquide composé d'eau et d'albumine tenant en dissolution des phosphates de soude, de chaux, et d'ammoniaque ; l'albumine est une substance très avide d'oxigène, ou de gaz majeur ; elle saisit l'air atmosphérique dont la bouche est constamment remplie ; elle l'introduit dans tous les points de la substance mâchée.

Celle-ci, au terme de cette préparation, repose sur la langue, dont elle provoque énergiquement la contraction. Dans ce mouvement de contraction, la langue, dont la pointe se relève et se recourbe, place la substance mâchée sur un plan incliné. La *déglutition* est sollicitée ; et elle ne peut être suspendue sans souffrance, car la contraction de la langue tient fermée l'ouverture de la trachée-artère, ce qui suspend la respiration.

La substance mâchée, ou le *bol* alimentaire, franchit donc l'*isthme du gosier*, passage contractile, comme toutes les parties de l'organe, et qui est rendu onctueux et coulant par les mucosités que les glandes *amygdales* versent sur sa surface.

Le bol alimentaire est alors dans le *pharynx*, au commencement de l'œsophage. Le pharynx, dans son mouvement de contraction, s'appuie sur la substance qui en augmente l'énergie; mais cet appui devient vague, si la substance est liquide; aussi la déglutition des liquides est plus difficile que celle des solides ramollis par la mastication. La déglutition des substances gazeuzes, telles que l'air atmosphérique, est encore plus difficile; et il est remarquable que l'air que l'on réussit à avaler excite le vomissement; ce qui indique que l'estomac exerce rapidement sur cet air atmosphérique une opération semblable à celle des poumons : combinaison électrique, combustion, dégagement de calorique; et comme le calorique dégagé s'applique alors aux parois de l'estomac avec plus de liberté qu'il ne s'applique aux parois de la poitrine, la vibration ondulatoire de l'estomac est brusquement augmentée avec violence; dans sa phase de contraction, ce viscère rejette, par ses deux issues, les substances étrangères qu'il contient. Telle est, d'avance, l'explication de toutes les déjections convulsives.

Revenons à la digestion opérée régulièrement.

Le bol alimentaire, poussé dans l'œsophage, par sa propre pesanteur, et par les contractions ondulatoires de cet organe, est enfin reçu dans l'estomac. Celui-ci, tant qu'il est vide, demeure affaissé sur lui-même ; la substance alimentaire le distend en raison du volume qu'elle a elle-même acquis ; les parois de l'estomac s'appliquent constamment et exactement sur elle.

A mesure que les membranes de l'estomac sont distendues, les vaisseaux en très grand nombre, et de tout genre, qui sont insérés dans le tissu de ces membranes, s'écartent les uns des autres, ce qui ménage plus d'espace, plus de liberté, plus d'activité, au mouvement des fluides que l'Expansion jette dans ces vaisseaux. Aussi, le sang lui-même coule alors dans les artères et les veines de l'estomac avec plus de rapidité et d'abondance ; pourvu toutefois que la surabondance de substance alimentaire n'ait pas distendu l'estomac outre mesure ; car alors tous les vaisseaux recommencent à être gênés, pressés, par les organes environnans; ceux-ci réciproquement éprouvent la gêne qu'ils occasionnent ; l'ensemble de l'économie organique est jeté dans la torpeur par stagnation et engorgement.

Et si l'engorgement se prolonge, s'augmente, le terme arrive où l'Expansion régulière et organisatrice se trouve suspendue; c'est alors l'Expansion délétère, ou dissolvante, qui seule peut s'exercer; toutes les substances entassées entrent en fermentation tumultueuse et discordante; ce qui jette l'ensemble de l'économie dans de pénibles angoisses; il faut, en tout sens, une débâcle pour décharger le viscère central; le moment qui la précède est d'une souffrance intolérable, et l'on doit cependant s'en applaudir; car il faut passer par ce trouble cruel pour que l'Équilibre puisse se rétablir. Une *indigestion* qui manquerait de force pour être conduite à un si violent désordre, serait mortelle.

Mais nous supposons le viscère modérément distendu, modérément rempli; l'énergie de sa vibration ondulatoire est alors modérément augmentée; tous les organes concurrens redoublent d'action, mais avec ordre; les artères, entre autres, exhalent leurs sécrétions de la manière la plus soutenue et la plus efficace.

Le *suc gastrique* est le fruit le plus important des sécrétions artérielles; abondamment versé sur la substance alimentaire, il entre avec elle en combinaison. Alors s'effectue l'opération organique essentielle, le dédoublement électrique de la masse alimentaire; il demande là, comme partout où la nature le sollicite, les faveurs du repos. Si le corps est tranquille, ou, du moins, s'il n'est que modérément et agréablement occupé, si l'esprit est calme, si tous les sens sont paisibles, la masse alimentaire commence à se partager en deux ordres de substances, les unes plus délicates, plus spécialement pénétrées de fluide électrique mineur, les autres plus graves, moins avancées en élaboration, plus spécialement pénétrées de fluide majeur. Les vaisseaux absorbans, qui s'ouvrent immédiatement dans l'estomac, s'emparent des premières; l'action qui leur en donne la faculté est cette action capillaire que nous avons vue, en Physique, n'être que l'un des emplois de la gravitation électrique.

Cette première séparation, qui n'est cependant encore qu'une préparation digestive, a été rendue facile, si la masse alimentaire adressée à l'estomac a été composée, avec une variété modérée, de substances fortes et abondantes en principes graves, telles que le pain, les viandes, et de substances légères, volatiles, abondantes en principes fugitifs, telles que les liqueurs spiritueuses et les fruits.

Lorsque, par un premier dédoublement, la masse alimentaire s'est dégagée de sa partie d'ordre éminemment mineur, ce qui reste, formant une masse d'ordre majeur, se trouve en rapport électrique avec la constitution des intestins; aussitôt que ce rapport est établi, le *pylore*, ouverture du *duodenum*, reçoit, dans ses phases de dilatation, la masse préparée pendant ses phases de contraction; il se ferme sur elle; il la contraint ainsi à s'étendre dans toute la capacité de ce premier intestin.

C'est là que la masse préparée reçoit une élaboration plus avancée, presque définitive. Ce n'est pas seulement un repos plus concentré qui la conduit à un nouveau dédoublement électrique; trois glandes très importantes, le *foie*, la *vésicule du foie*, et le *pancréas*, qui sont entrées en action vive depuis que l'estomac est devenu un centre de fluxion générale, adressent leurs sécrétions au duodénum avec lequel ces organes sont en relations immédiates. A l'aide de ce levain électrique, la masse *chymeuse* se dédouble en partie délicate, de couleur laiteuse, c'est le *chyle*, et en partie grossière. Le chyle est capillairement absorbé par les vaisseaux lymphatiques qui s'ouvrent en très grande abondance dans le duodénum ; la partie grossière est poussée, par les contractions de ce vaisseau, vers les intestins *grêles*, avec lesquels l'augmentation de différence électrique lui procure précisément augmentation de convenance. Quelques vaisseaux lymphatiques s'ouvrent encore dans ces intestins grêles, et s'emparent de tout ce qu'il a pu rester de laiteux dans la masse qui les parcourt.

Enfin, toujours pressée par les vibrations ondulatoires de tout l'appareil digestif, et, dépouillée progressivement, entièrement, de tous ses principes délicats, la masse grossière arrive à l'extrémité inférieure du tube, où elle est mise en évacuation par les efforts successifs de la vibration générale.

L'opération de la digestion, dont nous venons de définir le mécanisme, a pour objet d'enrichir le sang d'une quantité plus ou moins considérable de principes organiques, en état de mélange varié; car ils proviennent d'un nombre plus ou moins considérable de substances différentes.

C'est maintenant à l'action vitale à séparer du liquide général ce qui doit être fixé immédiatement dans le corps en addition de substance, et ce qui doit rentrer, soit dans le sang même, soit dans la masse alimentaire, et enfin, ce qui doit être rejeté hors du corps.

Qu'est-ce que l'action vitale? Nous ne saurions trop souvent la définir : c'est l'Expansion universelle, ayant, dans le sein de chaque Être organisé, un ou plusieurs foyers principaux, qui, par des canaux continus, portent, de leur centre vers la circonférence, les substances dont ils disposent, qui, de plus, ont entre eux des relations immédiates, à l'aide encore de canaux continus.

Il suit de là que l'Expansion ne serait jamais nutritive, si elle était libre d'agir indéfiniment sur les mobiles intérieurs; elle les dissiperait sans cesse.

Il faut donc que, pour être cause d'accroissement, de *nutrition*, elle soit réprimée.

Mais cette condition ne suffit pas; car il faut que l'accroissement se fasse, du moins pendant un certain temps de la vie, selon le mode organique, et qu'il ne se borne pas à une augmentation de masse. Il est donc nécessaire que chaque organe reçoive des principes semblables à ceux qui le composent, et que ces nouveaux principes se placent, en lui, conformément à la distribution de ses principes anciens.

Il faut donc qu'il existe, dans chaque organe

destiné à l'accroissement, une faculté de choix qui s'exerce sur les principes mélangés que l'Expansion lui adresse; il doit admettre ceux qui lui conviennent, et repousser ceux qui lui sont étrangers.

Une telle faculté qui, de la part de nos organes, est manifestement aveugle et mécanique, ne peut résider que dans leur état électrique, et dans les rapports de cet état électrique avec celui des substances qui se présentent. Nous avons vu, en Physique, que la Mécanique Électrique est la seule Mécanique de choix et de répulsion, en un mot, d'affinité.

Ainsi, la *nutrition* de chaque organe est le produit de sa combinaison électrique avec les principes qu'il choisit dans les substances qui se présentent. Réciproquement, la *sécrétion* opérée par chaque organe est le produit de la répulsion électrique qu'il exerce sur les principes qui ne peuvent lui convenir.

La sécrétion et la nutrition sont par conséquent deux fonctions toujours en raison inverse l'une de l'autre; la sécrétion se forme de tout ce que la nutrition n'emploie pas.

Mais il est évident que le rapport mutuel, entre la somme générale de nutrition et la somme générale de sécrétion, est très variable; lorsque, par l'effet de circonstances plus ou moins durables, l'Expansion est devenue impétueuse, il se dissipe un grand nombre de principes que la puissance de combinaison aurait retenus si l'Expansion avait eu moins d'ardeur.

L'expérience nous apprend encore que toutes les sécrétions particulières se suppléent mutuellement, que, de plus, la transpiration cutanée, à laquelle on peut donner le titre de sécrétion générale, supplée si bien à toutes les sécrétions particulières, que lorsqu'elle est très abondante, toutes les sécrétions particulières sont affaiblies, et que, réciproquement, toutes les sécrétions particulières s'augmentent, lorsque la transpiration cutanée s'affaiblit ou se suspend.

Cela nous démontre que la Loi de l'Équilibre est une Loi encore plus rigoureuse, une Puissance encore plus impérieuse que la puissance de combinaison électrique; celle-ci, qui est une loi de l'Équilibre local et particulier, ne peut s'exercer que lorsque la Puissance d'Équilibre général est satisfaite; lorsque le défaut d'Équilibre général est très marqué, la Puissance majeure transporte, sur les points dégarnis, les substances qui, ailleurs, sont en surabondance, et elle les force à prendre la nature convenable à l'organe qui les reçoit : preuve frappante de la transmutation réciproque de toutes les substances, ou de l'identité de la matière.

Toute partie du corps humain, soit solide, soit molle, soit membraneuse, n'étant qu'un tissu criblé d'ouvertures, et abreuvé de liquides, est nécessairement un organe sécrétoire; mais il est des organes, auxquels on a donné plus particulièrement ce nom : ce sont les membranes *séreuses* et les diverses *glandes*.

Les membranes séreuses, telles que la *plèvre*, le *péritoine*, qui enveloppent les principaux viscères, laissent constamment transsuder, à leur surface intérieure, une sérosité albumineuse; elle leur est donnée par le sang des capillaires artériels qui se terminent dans leur substance, et qui laissent exhaler leur *serum*, ou partie lymphatique. Les autres parties du sang passent dans les capillaires veineux qui se terminent dans le tissu des mêmes membranes.

Nous avons dit de quelle manière les *glandes* s'étaient composées dans le Fœtus; ajoutons maintenant que le fond *parenchymateux* de chacune est d'une nature particulière, que par conséquent il agit par un mode particulier de gravitation électrique sur le sang qui le traverse; c'est ce qui explique la diversité des sécrétions.

Tout organe sécrétoire agit avec d'autant plus de force qu'il est lui-même dans un état d'Expansion plus vive, parce que, alors, son tissu parenchymateux est plus dilaté, ce qui permet à une plus grande quantité de sang de le traverser, ce qui, d'ailleurs, imprime à l'opération électrique une activité plus grande.

Revenons maintenant à cette sécrétion principale dont nous avons déjà parlé, à celle qui se tamise à travers le tissu de la peau, et s'échappe dans l'atmosphère.

La transpiration cutanée se fait surtout par les parties de la peau qui sont garnies d'une plus grande quantité de nerfs, et par celles que leur position abritée défend le mieux contre l'action compressive.

Il paraît que l'eau est le fond principal de la transpiration cutanée, et que cette eau est le dissolvant, ou le véhicule, qui entraîne plusieurs sels, et tout ce qui, dans l'économie générale, a été mis en débris par le travail de la vie. C'est ce qui rend si utile cet émonctoire universel.

Mais quelle est la source de l'eau qui est contenue en si grande quantité dans la transpiration cutanée, dans la transpiration pulmonaire, et dans les urines? L'eau qui est fournie par les alimens et les boissons est loin habituellement de pouvoir suffire à une évacuation si abondante.

Mais, en premier lieu, notre organe cutané n'est pas seulement un organe d'évacuation, il est encore un organe d'absorption; il remplit avec prépondérance la fonction d'organe transpirateur lorsque notre Expansion est plus forte que la compression extérieure, par exemple pendant le jour, toutes choses égales d'ailleurs; mais pendant la nuit, règne naturel de la compression, l'impulsion du dehors au dedans reprend la prépondérance, et alors notre organe cutané absorbe l'humidité de l'atmosphère, plus qu'il ne transmet d'humidité du dedans au dehors. C'est ce qui fait que nos sécrétions aqueuses ne sont jamais plus abondantes et plus pressantes qu'à notre réveil. Nous avons besoin de rejeter par toutes les issues une eau accumulée.

Et si, pour une cause accidentelle, notre Expansion vitale est affaiblie, nous nous prêtons encore plus aisément à l'introduction de l'humidité extérieure, ce qui augmente encore nos besoins d'évacuation pour le temps où nous aurons ressaisi tous nos moyens d'Expansion.

En second lieu, pour expliquer la grande quantité d'eau dont nous paraissons être habituellement la source, nous devons dire encore que nous aspirons l'air atmosphérique, non-seulement par nos poumons, mais, comme nous l'avons dit, par toute la surface de notre corps; et les composans de l'air atmosphérique ne sont autre chose que de l'eau gazeuse; c'est ce que nous avons montré en physique. Ainsi, lors même que l'atmosphère est sans humidité, nous recevons, par l'absorption cutanée, les principes de l'eau, et celle-ci se recompose dans notre sein d'autant plus aisément que toutes les parties de notre économie organique sont constamment le théâtre de combinaisons électriques.

Ce n'est point par la quantité de *sueur* dont notre corps se couvre que nous devons mesurer l'abondance ou la rareté de notre transpiration cutanée; en effet, les hommes du tempérament le plus animé sont ceux qui suent le moins, et qui cependant transpirent le plus, car ils consomment plus que les autres hommes. Sans doute, la *sueur* n'est souvent que la transpiration cutanée condensée par excès d'abondance; mais, dans les hommes faibles, qui, d'ordinaire, sont très aisément en sueur, la transpiration cutanée peu abondante, et, pour la même cause, manquant d'énergie, est aisément réprimée et condensée, à sa sortie du corps, par l'action compressive. Aussi les hommes faibles se sentent incommodés par la sueur ; elle n'entre pas aisément en évaporation ; pour prévenir les suites funestes de son refroidissement, ils ont besoin de changer de linge. Les hommes forts, qui se sont mis en sueur, s'en affectent peu. Leur force expansive lui imprime une dilatation qui la dissipe.

L'âge amène, pour les hommes d'un tempérament très animé, une époque où la sueur les incommode, et où, en même temps, ils se chargent progressivement d'embonpoint. Ces deux effets procèdent ensemble, et au même degré, de l'affaiblissement de l'action vitale.

Cela prouve que tout accroissement de masse n'est pas fruit de nutrition. C'est ce que nous montrerons avec plus de détails, lorsque nous chercherons par quel progrès arrive le terme de la vie.

Nous avons parlé souvent de l'*absorption* exercée, soit à la surface, soit à l'intérieur de l'économie organique, et, précédemment, lorsque nous avons assisté successivement à la composition des organes du Fœtus, nous avons indiqué l'origine des vaisseaux absorbans. Nous devons maintenant entrer dans quelques développemens sur l'action de ces vaisseaux.

Nous ne donnerons point, à l'ensemble de ces

vaisseaux, le titre de système, parce qu'ils n'ont point un centre spécial, et qu'ils ne sont point liés entre eux par des relations progressivement subordonnées. Les vaisseaux absorbans commencent partout, et en tout sens, dans l'intérieur du corps et à sa surface. D'ailleurs, si l'on excepte les *vaisseaux lactés*, qui prennent le chyle dans le duodénum, et de proche en proche vont le porter dans le sang, les vaisseaux absorbans ne sont point chargés d'une aspiration spéciale ; ils saisissent toutes les substances qui se présentent à leur orifice, lorsque d'ailleurs ces substances se trouvent dans un état électrique qui les rend susceptibles d'aspiration.

On sait que lorsque le sang est épanché dans les *ecchymoses*, il est souvent absorbé de nouveau, et ramené dans le torrent de la circulation ; il arrive même souvent que les parties solides, lorsqu'elles sont décomposées dans les maladies locales, sont absorbées, et dispersées, soit au-dehors, soit dans l'intérieur de l'économie.

Il est impossible que l'aspiration du sang épanché se fasse par l'intermédiaire des vaisseaux lymphatiques qui s'ouvrent dans les vaisseaux sanguins ; mais il est également possible que, selon l'opinion de M. Magendie, les veines sanguines elles-mêmes soient douées de la faculté absorbante pour toutes les substances qui s'appliquent sur les pores de leurs tuniques, et qui ont, avec elles, les convenances électriques. Cela semble prouvé par les expériences qui constatent que des sels, et diverses substances odorantes, peuvent passer directement dans le sang par l'absorption que les veines intestinales leur font éprouver.

M. Magendie ayant d'ailleurs établi par l'observation que les substances solubles par nos humeurs, et capables de mouiller nos vaisseaux, sont les seules qui puissent être absorbées, on ne peut douter que le mécanisme de l'absorption ne soit un mécanisme électrique; car il s'exerce aux mêmes conditions que l'action capillaire, laquelle est indubitablement un acte d'Électricité.

Mais, ici, une considération se présente. Les tubes capillaires n'élèvent que jusques à une certaine hauteur les substances qu'ils aspirent; les vaisseaux absorbans se font parcourir dans toute leur longueur par les substances qui leur conviennent.

Cette différence vient de ce que les vaisseaux absorbans, dans toute économie organique, soit végétale, soit animale, sont non-seulement flexibles, mais vibrans; et, sans doute, leur vibration est ondulatoire comme celle de l'estomac. Ils vibrent constamment, parce que toute fibre organique a eu des globules vibrans pour composés primaires; leur vibration est ondulatoire, parce que tel est le mode de vibration de tout corps tubulaire, flexible et alongé.

Ainsi l'absorption d'une substance quelconque, qui s'exécute par l'entremise d'un vaisseau placé en un point quelconque de l'économie organique, est un mécanisme dont nous avons donné l'histoire en racontant l'absorption de la masse alimentaire par l'entremise de l'œsophage. Pendant sa phase de dilatation le vaisseau absorbe; pendant sa phase de contraction, il ferme son orifice et pousse en longueur; ces deux mouvemens, à la fois simultanés et alternes, à cause de l'ondulation, portent la substance jusqu'à l'extrémité du vaisseau; de là elle jaillit; ce qui la place dans la sphère d'un autre organe.

On voit maintenant pourquoi, dans tout Être organisé, l'absorption *vivifiante* est en raison de la force vitale, l'énergie de la vibration organique étant proportionnelle à cette force. Mais insistons sur l'épithète, absorption *vivifiante* : par là, il faut entendre celle qui, étant l'un des produits d'une Expansion énergique, se trouve unie à la force qui emploie rapidement les substances introduites, et à celle qui ne permet pas l'introduction de substances funestes.

Il est une absorption *délétère* : c'est celle qui, pendant la langueur vitale, ou la faiblesse de l'Expansion, est le produit d'une injection déterminée par la prépondérance de l'action compressive; celle-ci pousse alors vers le centre du corps des substances sans convenance organique, qui se trouvent, en ce moment, répandues dans l'atmosphère ; c'est un vide qu'elle remplit sans égard pour la nature des substances qu'elle précipite. Le vase se trouve alors encombré de principes dont l'Expansion se fait avec désordre, qui, par conséquent, entraînent la destruction de l'économie organique, si l'énergie vitale ne se relève pas jusques au point de pouvoir les expulser.

En traitant des maladies contagieuses, nous reviendrons sur ces importantes considérations.

HUITIÈME SÉANCE.

Suite de la Physiologie de l'homme. — Action nerveuse; contractilité; sensibilité. — Mécanique générale du corps humain.

L'Action nerveuse, dans l'économie animale, est le terme de toute l'action organique. Commençons par considérer, d'une manière générale, l'effet le plus important et le plus mystérieux de cette action : cet effet est la *Sensibilité.*

Un être organisé est *sensible*, lorsqu'il est susceptible de *sensations*, c'est-à-dire lorsqu'il est capable de *jouir* et de *souffrir*, à l'occasion des corps qui lui sont étrangers.

D'où l'on peut conclure, l'ordre général étant nécessaire dans l'Univers, que tout Être organisé qui ne jouit pas de la faculté loco-motive, qui, par conséquent, ne peut ni éviter les objets qui doivent lui être nuisibles, ni rechercher ceux qui peuvent le servir, est privé de *sensibilité.*

Ce principe d'ordre nécessaire doit poser la ligne de démarcation entre la *sensibilité* toujours unie à la *contractilité*, et la simple *contractilité* que la *sensibilité* n'accompagne pas.

Les plantes ne possèdent que la simple *contractilité;* les polypes, les zoophytes ne possèdent pas davantage ; seulement ils l'exercent sur des globules alimentaires plus subtils, plus délicats, que ceux qui servent à la nourriture des plantes ; c'est ce qui les place au commencement de l'ordre animal.

Tout Être organisé qui n'a point de nerfs, n'est point *sensible*, il n'est que *contractile;* tels sont les végétaux. Toute partie dépourvue de nerfs, dans les Êtres sensibles, est elle-même dépourvue de sensibilité, quoiqu'elle soit très contractile. Ainsi, dans l'homme, le tissu cellulaire, les os, les cartilages, les ligamens, les poils, les ongles, sont insensibles.

Cependant, la présence des nerfs, soit dans un Être organisé, soit dans certains organes, ne suffit pas pour que la sensibilité existe; il faut encore que ces nerfs se rapportent à un centre d'action, et qu'ils forment, avec lui, un système circulatoire ; partout où des nerfs ne font qu'aboutir et se répandre, sans établir une circulation, il y a seulement contractilité vive et exquise, mais il n'y a point sensibilité.

Voici ce qui le prouve rigoureusement :

« Lorsque l'on pince ou que l'on pique un nerf, les muscles où il se rend se contractent avec plus ou moins de violence, et, en même temps, l'animal éprouve des douleurs plus ou moins fortes; lorsqu'un nerf est séparé du reste du système nerveux par une ligature ou une section, et que l'on agit sur lui de la même manière au-dessous de la ligature ou de la section, il se produit encore des contractions dans le muscle, mais il n'y a plus de douleur dans l'animal, et l'animal perd, en même temps, le pouvoir de commander ces contractions au muscle que ce nerf anime. » (Cuvier.)

Pouvons-nous dire maintenant que les nerfs, lorsqu'ils sont constitués selon un mode circulatoire, sont l'organe immédiat de la sensibilité? Non sans doute, car la sensibilité est une action qui, tantôt s'augmente dans certaines parties de l'économie organique, tantôt s'y affaiblit jusqu'au point de disparaître.

Or, la même quantité de nerfs est toujours distribuée de la même manière dans l'économie organique; il ne se fait jamais une concentration de nerfs sur certains organes, ni une dissipation de ceux que d'autres organes possédaient.

Observons encore qu'en exerçant trop fréquemment, et trop long-temps de suite, un organe sensible, on suspend en lui cette faculté; pour qu'elle revienne, il suffit, ordinairement, de laisser reposer l'organe; ce qui prouve que le repos n'est que le temps nécessaire pour le retour, ou le renouvellement, d'un principe, qui n'est pas le nerf, puisque le nerf a toujours subsisté.

C'est par cette loi de la sensibilité que, selon l'observation d'Hippocrate, deux parties ne peuvent pas être douloureuses à la fois; la douleur la plus violente obscurcit la plus légère, et celle-ci reparaît souvent lorsque la plus violente est dissipée.

De ces faits universellement constatés, on doit conclure que la *sensibilité* a, pour organe immédiat, non des vaisseaux fixés, mais des substances très mobiles, des fluides, éminemment subtils, qui tantôt précipitent leur cours dans le sein d'un organe, tantôt le ralentissent, mais qui, lorsqu'ils le précipitent, passent en plus grande quantité, dans le même temps, par les mêmes points, ce qui exige qu'en d'autres points, ils passent en moindre quantité.

L'exercice de la *sensibilité*, ainsi défini, se réduit à une circulation toujours subsistante dans les nerfs constitués circulairement, mais non toujours distribuée d'une manière uniforme, au contraire, s'accélérant dans certains rameaux du système nerveux circulatoire, se ralentissant dans d'autres rameaux, se faisant équilibre par l'ensemble de toutes ses oppositions, mais ayant pour tendance continue l'équilibre par uniformité.

Tous les nerfs constitués selon le mode circulatoire sont plus ou moins engagés dans des tissus d'organes qui contiennent d'autres substances que de la matière nerveuse, et qui sont moins expansives qu'elle; lorsque ces substances environnantes augmentent de masse, elles gênent le mouvement du fluide nerveux; elles diminuent la sensibilité.

Aussi, comme l'observe M. Richerand, « les personnes très sensibles ont rarement de l'embonpoint; les femmes très vaporeuses sont remarquables par une maigreur extrême; on diminue la sensibilité nerveuse, on l'émousse, en comprimant ses organes; l'application d'un bandage roulé, fortement serré sur le corps et sur les membres, calme les accès convulsifs d'une femme vaporeuse. »

Il est bien des maladies qui, sans être mortelles, ont, pour l'un de leurs symptômes, une augmentation de sensibilité; ce sont celles, par exemple, qui ont, pour effet, d'augmenter la tension des membranes dans lesquelles des nerfs sont engagés ; les nerfs sont alors plus épanouis ; la circulation nerveuse se fait avec plus de rapidité.

En général, l'intensité d'un effet est en raison de la vitesse du mobile chargé de le produire. Mais lorsque le mobile est en quantité fixée, la durée du mouvement ne peut être qu'en raison inverse de sa vitesse. C'est ce qui explique pourquoi la sensibilité est très fugitive dans les hommes en qui elle est très prompte à s'exercer ; tandis qu'elle est, au contraire, profonde et durable, lorsqu'elle se développe avec lenteur. Cette différence est analogue à celle qui distingue les hommes vifs des hommes forts ; en ceux-ci, la force se met lentement en exercice, parce que son principal instrument est pressé sur lui-même ; mais elle s'accroît long-temps ; et, parvenue à son plus haut période, elle produit des effets prodigieux. Les hommes vifs, au contraire, et, en général, les jeunes gens, font beaucoup, à l'instant où ils se mettent en exercice ; mais ils sont bientôt réduits au repos par la fatigue. Ces différences se montrent encore dans les forces de la pensée ; cela doit être ; nous verrons, par l'ensemble du système, que la sensibilité, la force musculaire, et l'exercice de la pensée, sont nécessairement liés à un mouvement, dans lequel le principe nerveux est toujours le mobile essentiel. Lorsqu'il est gêné par sa propre densité, ou par l'appareil de substances différentes qu'il est obligé d'écarter, il obéit lentement à l'Expansion, mais il y fournit long-temps. On sent d'avance que, dans cette faculté de recevoir l'Expansion, il y a un degré de balancement qui produit les meilleurs effets possibles ; il y a un milieu entre les extrêmes.

Nous venons de définir, non la sensibilité en elle-même, mais la condition organique nécessaire pour qu'elle s'exerce. Nous ne saurions dire comment il se fait que nous soyons plus ou moins en état de sensibilité, selon que notre fluide nerveux circule dans notre sein avec plus ou moins de vitesse et d'abondance; nous savons seulement que notre état de sensibilité suit ce rapport, et que partout où notre circulation nerveuse est suspendue, nous cessons, temporairement, d'être en état de sensibilité.

Mais l'état de sensibilité n'est pas le seul emploi de l'action nerveuse ; le système nerveux exerce encore en nous d'autres fonctions. Selon M. Spurzheim, « on peut admettre cinq sortes de fibres nerveuses; la première sorte des nerfs est attachée à la vie automatique, la seconde au mouvement volontaire, la troisième aux fonctions des cinq sens, la quatrième aux facultés affectives, la cinquième aux manifestations des facultés intellectuelles. »

Il me semble que cette distribution peut être simplifiée et réduite à celle qui était admise par les anciens physiologistes. Selon eux, trois fonctions différentes, exercées par le système nerveux, autorisent à le distribuer en trois ordres particuliers. Le premier ordre comprend les nerfs dont les extrémités sont engagées dans le tissu des viscères, et ceux-là sont mous, grisâtres, ou bien rouges blanchâtres; les nerfs du second ordre, qui sont blancs et fermes, se portent vers les muscles; les nerfs du troisième ordre, qui sont blancs et délicats, mais à différens degrés, se distribuent aux organes des sensations.

Ces trois ordres de nerfs ont des conditions qui leur sont communes; mais quelques autres conditions ne leur appartiennent pas également.

Premièrement, les nerfs d'un ordre quelconque se séparent, mais ne se ramifient pas; c'est-à-dire qu'ils ne se propagent pas à la manière des vaisseaux sanguins, en jetant des rameaux qui naissent d'un tronc commun; le filet nerveux qui vient se terminer à la surface du corps, et que son extrême finesse rend imperceptible, est parti du point de son origine dans le même état de ténuité. Mais les filets nerveux se réunissent sans se confondre, et forment, par leur adhérence mutuelle, des faisceaux ou cordons qui ont plus ou moins de grosseur.

« Les parties analogues, dit M. Cuvier, reçoivent constamment leurs nerfs de la même paire dans l'homme et tous les animaux, quelle que soit la position de ces parties. »

En second lieu, les filets nerveux se portent, du lieu de leur origine vers les organes qui les reçoivent, en ligne droite ou presque droite, rarement tortueuse comme celle des vaisseaux sanguins; lorsque ces filets se réunissent, l'angle de leur réunion est toujours plus ou moins aigu. Ces conditions, et l'intégrité de chaque fibrille nerveuse, démontrent que la substance dont chaque fibrille s'est composée, a été lancée avec une très grande vitesse, sans être retardée dans son mouvement, ni brisée dans sa marche par l'action compressive, comme cela est arrivé à l'Expansion des principes sanguins.

En troisième lieu, si l'on excepte les fibres nerveuses dont la réunion a formé le nerf optique, et celles que l'Expansion a jetées dans des conduits osseux, toutes les autres, quelle que soit leur ténuité, sont enveloppées, chacune, d'une gaîne membraneuse, d'un *névrilème*, selon l'expression de Reil. Ce névrilème émane de la pie-mère que l'on pourrait appeler le névrilème du cerveau. Mais, tandis que le cerveau est enfermé de toutes parts dans la pie-mère, il n'est pas de nerf qui ne soit abandonné de son névrilème, au moment où il pénètre dans le cerveau; de plus, les nerfs qui se rendent aux organes des sens sont également libres de toute enveloppe à l'instant où ils entrent et s'épanouissent dans ces organes. Mais il n'en est pas ainsi de ceux qui, dans l'intérieur du corps, se distribuent aux muscles et aux viscères; chacun des nerfs de ces deux ordres est enveloppé jusques à son extrémité.

Enfin, les nerfs dirigés vers les organes des sens sont, généralement, d'un volume plus considérable que celui des nerfs dirigés vers les muscles et les viscères.

De telles différences sont très remarquables, et ne peuvent que correspondre aux différences des fonctions.

Il est vraisemblable que les nerfs dirigés vers les organes des sens sont les seuls qui soient constitués entre eux selon le mode circulatoire; dès l'origine, plus expansifs que les autres, puisqu'ils ont pu acquérir plus de volume, et jaillir des deux côtés au-delà de leurs enveloppes, ils ont pu, à l'extrémité de leur projection, se replier les uns vers les autres, et s'aboucher ensemble par gravitation mutuelle ; la même faculté n'a pas appartenu aux nerfs dirigés vers les muscles, et aux nerfs dirigés vers les viscères ; il est vraisemblable que la densité du tissu de ces organes s'est opposée à l'abouchement mutuel des nerfs. Ceux-ci qui, pour la plus grande partie, émanent du cordon grand-sympathique, ne se sont pas groupés entre eux selon le mode circulatoire, et, par conséquent, n'ont pas eu la destination de concourir à l'exercice de la sensibilité.

Disons maintenant, par anticipation, ce qui ne pourra être bien développé que lorsque nous expliquerons de quelle manière s'exerce en nous la sensation des objets extérieurs, et comment nous en acquérons les *idées* :

La partie *sensible* du système nerveux a sans doute un centre général ; les relations immédiates de toutes nos sensations et de toutes nos idées le démontrent ; cependant chaque faisceau nerveux de l'ordre *sensible* est un système particulier, dans lequel circule un fluide nerveux spécial, parce qu'il a lui-même son organisation spéciale. De plus, l'extrême finesse et l'extrême flexibilité des fibres nerveuses de l'ordre *sensible* font que le mode et l'étendue de la circulation nerveuse ne sont point fixés comme le mode et l'étendue de la circulation du sang. Pendant la prépondérance de la compression, les artères et les veines nerveuses sont repliées les unes vers les autres, et mutuellement abouchées; la circulation alors s'effectue dans le sein du cordon nerveux, comme la circulation du sang s'effectue dans le sein du système sanguin; et nous ne sentons ni l'une ni l'autre de ces deux circulations.

Mais lorsque l'Expansion devient prépondérante dans les cordons nerveux de l'ordre *sensible*, leurs fibres s'épanouissent, les extrémités se séparent; la circulation étend son enceinte; elle y comprend les objets extérieurs, et c'est en s'appuyant sur ces objets, qu'elle nous en donne la *sensation*, et nous en procure l'*idée*.

Ne craignons pas de répéter que nous ne pouvons, ici, qu'indiquer cet important mécanisme. Nous ne pourrons le dévoiler qu'après avoir acquis la connaissance de notre système intellectuel.

Reprenons, en ce moment, l'examen des nerfs qui ne servent point à l'exercice de la sensibilité; ceux-là ont reçu les propriétés nécessaires à leur destination spéciale.

Cette destination a été d'associer les muscles et les viscères à l'Expansion éminemment vitale, à l'Expansion du système nerveux. Pour cela, les nerfs qui aboutissent aux muscles, et ceux qui aboutissent aux viscères, avaient besoin de la propriété essentiellement organique, de la propriété vibratoire; et on ne peut douter qu'ils ne la possèdent; l'ondulation vibratoire ne peut être que facile, rapide, soutenue, dans des fibres excessivement délicates, qui se propagent en ligne droite, sans donner naissance à des rameaux. Cette propriété est nécessairement commune aux trois ordres de nerfs; mais il est possible qu'elle soit moins caractérisée dans les nerfs qui s'abouchent par leurs extrémités, que dans les nerfs dont les extrémités sont libres.

L'ondulation vibratoire des nerfs rend aisément raison de l'influence qu'ils exercent sur les viscères et sur les muscles; mais, pour bien expliquer cette influence, nous devons commencer par dire avec précision en quoi consiste l'action contractile des muscles et des viscères.

L'action contractile existe dans ces organes, indépendamment de toute excitation auxiliaire,

Tout corps musculaire est un tissu, formé d'un nombre plus ou moins considérable de cellules, dans le sein desquelles des artères et des nerfs versent, les unes, des globules sanguins, les autres, des globules nerveux. Ces globules vibrent sans cesse, et le plus grand nombre, pressé par l'Expansion, éclate et se résout en ses élémens. Il en résulte, pour la masse du muscle, un effort progressif de dilatation, la mucosité qui fait le ciment de cette masse, et qui est d'une nature extensible, lui donnant la faculté de retenir pendant quelque temps la dissipation des principes qui cherchent à se dégager. Cependant, cette action coërcitive, et le gonflement qui en est la suite, ne peuvent s'étendre au-delà d'un certain degré. Les principes éminemment expansifs échappent aux cellules; le muscle se vide, par conséquent se contracte, car la Compression est toujours là, profitant de toutes les pertes de l'Expansion.

Dans l'état ordinaire, la dilatation et la contraction alternatives des viscères, tels que le cœur, l'estomac, se manifestent par leurs battemens, ou ondulations; et ces mouvemens sont toujours enfermés dans des temps égaux. Lorsqu'ensuite l'injection nerveuse augmente d'abondance, mais d'une manière calme et bien ordonnée, les oscillations du viscère prennent plus d'étendue et d'énergie, et demeurent enfermées dans le même intervalle de temps; les fonctions du viscère sont remplies avec plus de force.

Mais si, pour une cause quelconque, l'injection nerveuse ne fait que se précipiter, et avec désordre, l'oscillation devient courte et convulsive; le cœur entre autres, au lieu de battemens calmes et réguliers, éprouve des *palpitations*.

De même, dans l'état ordinaire, les muscles longs se dilatent et se contractent alternativement, ce qui, à cause de leur disposition par paires d'*antagonistes*, amène, pour tout le système musculaire, le besoin d'une action balancée avec régularité.

Si l'injection nerveuse à travers la substance du muscle augmente d'abondance, mais en continuant d'être bien ordonnée, le mouvement tonique du muscle n'en est que régulièrement augmenté.

Mais cette excitation nerveuse peut être précipitée et irrégulière, et alors la contraction du muscle est convulsive. L'excitation peut encore venir avec désordre de causes extérieures. Si, par exemple, on pique, ou l'on déchire un cordon nerveux, on prépare la paralysie de tous les muscles auxquels les filets de ce cordon se distribuent ; mais, au premier instant, on ménage une évasion brusque à tous les principes contenus, et dans ce nerf, et dans tous les muscles qui sont avec lui en relation immédiate ; on occasionne la contraction de tous ces muscles.

En second lieu, si l'on met la surface d'un muscle en contact avec un corps métallique aigu, avec une liqueur saline, en un mot, avec un *stimulus*, c'est-à-dire, avec un corps aisément conducteur d'électricité, on accélère le mouvement de dissipation électrique ; le muscle est contracté. Si cette expérience se fait sur un muscle récemment arraché d'un corps vivant, elle réussit encore, parce que, tant que l'organisme subsiste dans le muscle, tant que le tissu cellulaire en cimente les élémens, l'Expansion intestine est à demi coërcée, le muscle est extensible, par conséquent contractile par l'application d'un excitateur.

Troisièmement enfin, l'application directe de l'Électricité ne peut manquer de hâter la décharge du muscle, puisque les excitateurs que nous venons de citer, et que l'on nomme *stimulus*, ne remplissent cette fonction que comme conducteurs faciles d'Électricité : les corps, tels que le verre et les résines, qui conduisent difficilement l'Électricité, ne remplissent point, à l'égard des muscles, les fonctions de stimulus.

Ce dernier rapprochement conduit à penser que la matière électrique et celle du fluide nerveux, sont, sinon identiques, du moins très ressemblantes entre elles. Cette ressemblance très avancée est encore démontrée par plusieurs considérations. Nous avons remarqué, en Physique, que les machines électriques en mouvement répandent autour d'elles une odeur de phosphore; or, ce combustible éminent, le phosphore, paraît être, dans les animaux d'où on le retire, un produit de la condensation du fluide nerveux. « Les parties qui semblent être le réservoir spécial du phosphore, dit Cabanis (Rapport du physique et du moral de l'homme, tome 1, page 414), sont le cerveau et ses appendices, ou plutôt, le système nerveux tout entier; car c'est à la décomposition commençante de la pulpe cérébrale que sont dues ces lumières phosphoriques qu'on observe si souvent la nuit dans les amphithéâtres; et c'est principalement autour des cerveaux mis à nu, ou de leurs débris épars sur les tables de dissection, qu'elles se font remarquer. Or, un assez grand nombre d'observations nous font présumer que la quantité de phosphore qui se développe après la mort est proportionnelle à l'activité du système nerveux pendant la vie. Il m'a paru que les cerveaux des personnes mortes de maladies caractérisées par l'excès de cette activité répandaient une lumière plus vive, plus éclatante. Ceux des maniaques sont très lumineux; ceux des hydropiques et des leuco-phlegmatiques le sont beaucoup moins. »

En second lieu, les expériences qui ont conduit Galvani à la découverte la plus importante, sont-elles autre chose que la démonstration d'une très grande analogie entre le fluide électrique et le fluide nerveux?

Voici la première de ces expériences : une grenouille est placée à une petite distance du conducteur d'une machine électrique ; tant que l'on charge la machine, on n'aperçoit aucun effet; à l'instant où l'on touche le conducteur, la grenouille se contracte.

Il est aisé de voir ce qui se passe dans cette circonstance.

Pendant que l'on charge la machine, la grenouille, plongée dans son atmosphère, se pénètre tacitement d'Électricité ; elle se dilate, mais par degrés insensibles, et dans des parties trop délicates, quelques-unes trop intérieures, pour que l'œil puisse suivre leur dilatation. Au moment où l'on décharge le conducteur, on s'empare subitement de toute l'atmosphère électrique; la grenouille est brusquement réduite, par la compression, à son état naturel, ou même l'Équilibre exige qu'elle le dépasse, et qu'elle se contracte au-delà de son état naturel, autant que, par sa dilatation forcée, elle avait dépassé cet état. La contraction de la grenouille est parfaitement représentée et expliquée par celle d'une houpe filamenteuse, fixée sur le même conducteur, et qui, au moment de la décharge, se replie sur elle-même d'une quantité égale à sa précédente divergence.

Le même effet a nécessairement lieu dans nos muscles, toutes les fois qu'ils sont soumis à une augmentation transitoire d'injection nerveuse; ils commencent par se dilater au-delà de la mesure habituelle de leur dilatation spontanée; contraints, l'instant d'après, de se laisser brusquement décharger par le contact des conducteurs environnans, ils se contractent proportionnellement à la dilatation qu'ils viennent de subir.

C'est ainsi que, dans les hommes très forts, ils produisent des effets de mouvement très énergiques; par exemple, ils soulèvent des poids quelquefois plus considérables que celui de tout le corps même dont ils font partie.

Et nous devons remarquer que ces mêmes muscles qui jouissent d'une si grande ténacité, et d'une si forte puissance, tant qu'ils possèdent la vie, sont déchirés par de très faibles poids, bientôt après la mort. C'est qu'ils n'ont plus de ciment; ils ne forment plus une masse continue; au lieu de pouvoir coërcer en eux-mêmes les produits de leur Expansion intestine, ils sont livrés sans résistance à l'Expansion délétère, à l'Expansion de désorganisation.

Il est encore à propos d'observer que, soit d'une manière durable pendant la vieillesse, soit passagèrement pendant l'âge de la vigueur, les muscles exécutent avec continuité un tremblement dont les oscillations sont égales. C'est qu'alors leur constitution s'est affaiblie; ils ne sont en état de retenir que pendant un moment les produits de leur Expansion intestine; leur contraction suit rapidement leur dilatation. L'égalité de ces deux mouvemens, qui devient alors sensible, est un témoignage frappant en faveur de cet état vibratoire qui, avons-nous dit, est le résultat essentiel de l'organisation.

Revenons quelques momens sur les expériences

d'Électricité animale ; nous en tirerons des lumières sur la distribution des forces organiques.

Si vous dépouillez une grenouille de sa peau, afin de la rendre plus aisément conductrice des fluides électriques, si vous placez ensuite, sur les nerfs de l'un de ses membres, l'une des extrémités d'une tige métallique, et l'autre extrémité de la même tige sur les muscles de l'autre membre, à l'instant où vous formez ainsi le circuit, vous obtenez des contractions.

Mais vous n'en obtenez pas si le métal intermédiaire établit la communication entre un nerf et un autre nerf, ou bien entre un muscle et un autre muscle.

Cela prouve que les muscles et les nerfs sont deux corps à demi hétérogènes, sous le rapport de l'Électricité ; leurs rapports électriques mutuels sont les mêmes que ceux du zinc et du cuivre dans la pile de Volta.

Ainsi, dans l'économie organique de l'homme et des animaux qui possèdent des muscles et des nerfs, les nerfs qui environnent les muscles sont l'excitateur habituel de la décharge musculaire, et la pile de Volta fournit les moyens de vérifier ce que d'avance on présume ; les muscles, dans le sein desquels se versent des globules sanguins et des globules nerveux, sont pénétrés d'un fluide qui est de l'ordre majeur, comparé à celui qui coule dans les nerfs, et qui échappe aux pores de leurs enveloppes.

Si, dans l'expérience que nous venons de citer, vous remplacez le conducteur métallique par du bois sec, de la corne, de l'os, vous n'obtenez point de contraction. Ces corps ne conduisent que très difficilement l'Électricité.

« Si vous placez dans la bouche d'un animal qui vient d'être tué un conducteur attaché à l'un des pôles de la colonne galvanique, et dans le rectum le conducteur attaché à l'autre pôle, vous obtenez à l'instant des contractions si fortes que le corps entier de l'animal tressaille et s'agite; les yeux roulent dans leurs orbites, les mâchoires heurtent l'une contre l'autre, la langue sort de la bouche. Ces mêmes effets ont lieu après la décollation de l'animal. » (Richerand, page 233.)

Ces mouvemens démontrent que l'ensemble du corps d'un animal est constitué magnétiquement, c'est-à-dire conformément à la constitution de la pile galvanique ; l'une de ses deux extrémités est de l'ordre électrique majeur eu égard à l'autre extrémité.

Et la même différence électrique se montre entre les deux côtés séparés par la ligne médiane verticale. « Si vous mettez dans l'oreille droite d'un homme le conducteur attaché à l'un des pôles, tandis que sa main gauche touche l'autre pôle, aussitôt une irritation, suivie de picotemens douloureux, s'établit dans l'oreille, dont le pavillon rougit d'une manière remarquable. L'organe cérébral est troublé, les yeux entrevoient des bluettes, le sujet de l'expérience est dans une sorte d'ivresse. »

Ces effets n'ont point lieu lorsque la communication se fait par le même côté du sujet.

Au reste, l'on observe que les mouvemens galvaniques des animaux se produisent lorsque l'excitateur métallique est encore éloigné de demi-ligne ou trois quarts de ligne du point de contact ; ce qui prouve l'existence d'une atmosphère électrique autour des substances animales; d'autant plus qu'à la même distance, les effets sont suspendus si l'on place une lame de verre très mince entre l'excitateur métallique et le muscle animal.

D'ailleurs, cette atmosphère électrique diminue progressivement, à mesure que les substances animales perdent de leur fraîcheur, ou à mesure que le temps s'écoule depuis le moment où elles ont cessé de vivre ; le moment arrive avec plus ou moins de rapidité où, ayant perdu la constitution organique, leur Expansion ne compose plus une atmosphère électrique, mais une atmosphère en tumulte, une atmosphère de putréfaction.

Nous terminerons ces considérations sur l'Électricité animale, et sur ses rapports avec l'action musculaire, par une observation remarquable : les hydrophobes et certains maniaques provoquent des étincelles électriques à une distance bien plus grande que celle où des personnes saines peuvent en tirer. Nous parlerons bientôt de ces maladies terribles ; nous nous bornons à dire, en ce moment, que l'extrême violence des mouvemens qui les accompagnent, prouve une activité extraordinaire donnée à la cause immédiate de l'action musculaire.

Résumons maintenant tout ce que nous venons de dire sur l'action musculaire et sur l'action nerveuse.

Les nerfs, comme l'a très bien dit M. Cuvier, ne sont point *irritables*, mais ils sont *conducteurs d'irritation*. Ils ne sont pas non plus sensibles, mais ils sont *conducteurs de sensation*.

L'*irritabilité* est une faculté purement électrique ; toutes les fois qu'elle s'exerce, c'est en succédant à l'exercice tacite, soutenu, plus ou moins prolongé, d'une faculté de *dilatabilité*.

Les muscles, et généralement tous les corps *contractiles*, ou *irritables*, sont des éponges pour l'Électricité qui leur est adressée; ils s'en remplissent, en se laissant gonfler par sa divergence, ensuite ils s'en dépouillent spontanément; et, alors, ils se contractent, en passant brusquement sous l'empire de l'action compressive; ou bien, avant même cette décharge spontanée, ils sont contraints de céder leur fluide surabondant à un corps conducteur qui vient les toucher extérieurement; ou bien ils le laissent emporter par un torrent intérieur de fluide nerveux qui les traverse avec impétuosité et abondance.

Dans d'autres cas, au contraire, c'est le nerf, dont une extrémité plonge dans le muscle, qui, recevant une blessure dans un des points de sa longueur, perd subitement, par cette voie, son fluide spécial; aussitôt, le fluide, déjà versé dans le muscle, rentre dans le nerf, et s'écoule également par la blessure; la contraction du muscle résulte aussi de ce mouvement.

On voit maintenant que la contraction musculaire, lorsqu'elle est excitée par le mouvement, soit direct, soit rétrograde, du fluide nerveux, n'exige pas que ce fluide circule; il suffit qu'il marche rapidement, soit pour traverser le muscle, soit pour en revenir.

Il n'en est pas de même de l'exercice de la *sensibilité;* pour qu'un cordon nerveux soit *conducteur de sensation*, il faut que ce cordon conserve, dans toute son intégrité, la disposition circulatoire; la moindre lacune dans le courant circulaire du fluide que ce cordon transporte, jette en paralysie l'organe, ou les organes, auxquels il se distribue.

C'est ce que nous développerons, dans la partie idéologique du système, lorsque nous définirons nos diverses sensations.

En ce moment, donnons, à ces premières notions, un complément physiologique, en profitant des belles observations faites par M. Flourens, et sur lesquelles M. Cuvier a fait un rapport, qui a la touche et le caractère du Maître.

L'encéphale est le foyer, ou terme nécessaire, dans toute circulation nerveuse; car, sitôt qu'un organe quelconque cesse d'être en communication nerveuse avec le foyer cérébral, toute sensation lui devient impossible.

La moelle épinière étant le faisceau nerveux général, c'est d'elle que part en tout sens, et vers tous les organes, une irradiation nerveuse qui associe l'ensemble de l'organisme aux sensations de chaque partie; telle est la source des sympathies générales.

Des diverses pièces de l'encéphale, il en est, telles que les *hémisphères*, le *cervelet*, les *corps cannelés*, les *couches optiques*, qui peuvent être blessés, sans qu'il en résulte des contractions musculaires dans les organes éloignés; la raison en est que ces diverses pièces de l'encéphale sont, par elles-mêmes, productrices du fluide nerveux, ou bien en sont habituellement pourvues avec tant d'abondance que la dissipation qu'elles en éprouvent, par voie de blessure, n'appelle pas en remplacement le fluide des muscles éloignés.

Il n'en est plus de même lorsque l'on blesse, par une simple piqûre, les *tubercules quadrijumeaux;* plus rapprochés de la moelle alongée, à laquelle ils adhèrent, ils intéressent celle-ci à l'écoulement forcé qu'on leur fait subir; la moelle alongée emprunte rapidement, à la moelle épinière, ce qu'elle fournit aux tubercules; à son tour, la moelle épinière propage l'emprunt jusqu'à tous les muscles qui entrent en convulsions.

Ce qui prouve que telle est la marche du retour nerveux en cette circonstance, c'est que les convulsions sont encore plus rapides et plus marquées, lorsque c'est la moelle alongée elle-même que l'on blesse directement.

Mais les sensations prennent, comme nous

l'avons dit, plus d'étendue que les contractions musculaires ; c'est tout l'encéphale qui est intéressé dans leur exercice. Lorsque M. Flourens a enlevé le lobe cérébral d'un côté à un animal, cet animal a cessé de voir par l'œil du côté opposé, ce qui prouve directement le croisement des projections nerveuses ; lorsqu'il a enlevé les deux lobes, l'animal a cessé de voir et d'entendre.

Et, ce qui est remarquable, toutes les autres parties musculaires de l'animal conservent, pendant quelque temps encore, la mécanique contractile ; « quand on le frappe, quand on le pique, il affecte encore les allures d'un animal qui se réveille. Dans quelque position qu'on le place, il reprend l'équilibre ; si on le couche sur le dos, il se relève ; il marche si on le pousse. Quand c'est une grenouille, elle saute si on la touche; quand c'est un oiseau, il vole si on le jette en l'air; il se débat quand on le gêne; si on lui verse de l'eau dans le bec, il l'avale. Mais il n'a plus de volonté par lui-même; il ne se livre à aucun mouvement spontané. »

Ainsi, il n'a plus que des mouvemens d'instinct, ou, comme nous les définirons dans la suite, des mouvemens de simple électricité mécanique, sans intervention d'idées, ni de sensations. Les mouvemens que nous venons de citer ne sont pas autre chose.

Il résulterait, par conséquent, de ces observations de M. Flourens, que les lobes cérébraux sont le foyer central de la circulation nerveuse; « conclusion, comme le dit M. Cuvier, d'autant plus probable, qu'outre la vraisemblance que lui donnent la structure de ces lobes et leurs connexions avec le reste du système, l'anatomie comparée en offre une autre confirmation dans la proportion constante du volume de ces lobes avec le degré d'intelligence des animaux. »

. . . .

Voici le résultat le plus intéressant des expériences de M. Flourens. Cet habile observateur a attaqué graduellement le cervelet des animaux.

« Durant l'ablation des premières couches, il n'a paru qu'un peu de faiblesse et de manque d'harmonie dans les mouvemens. Aux couches moyennes, il s'est manifesté une agitation presque générale. L'animal, tout en continuant de voir et d'entendre, n'exécutait que des mouvemens brusques et déréglés; sa faculté de voler, de marcher, de se tenir debout, se perdait par degrés. Lorsque le cervelet fut retranché, cette faculté d'exercer des mouvemens réglés avait entièrement disparu. Mis sur le dos, il ne se relevait plus; il voyait cependant le coup qui le menaçait; il entendait les cris; il cherchait à éviter le danger, et faisait mille efforts pour cela sans y parvenir; en un mot, il avait conservé sa faculté de sentir, celle de vouloir; mais il avait perdu celle de faire obéir ses muscles à sa volonté; à peine réussissait-il à se tenir debout, en s'appuyant sur ses ailes et sur sa queue.

» En le privant de son cerveau, on l'avait mis dans un état de sommeil; en le privant de son cervelet, on le mettait dans un état d'ivresse.

» C'est une chose surprenante, ajoute M. Flourens, de voir le pigeon, à mesure qu'il perd son cervelet, perdre graduellement la faculté de voler, puis celle de marcher, puis, enfin, celle de se tenir debout; celle-ci même ne se perd que par degrés. L'animal commence par ne pouvoir rester d'à-plomb sur ses jambes; puis, ses pieds ne suffisent plus à le soutenir; enfin, toute position fixe lui devient impossible; il fait des efforts incroyables pour arriver à une position quelconque, sans en venir à bout; et cependant, lorsque, épuisé de fatigue, il semblait vouloir prendre quelque repos, ses sens étaient si ouverts, que le moindre geste lui faisait recommencer ses contorsions, sans que, toutefois, il s'y mêlât le moindre mouvement convulsif, aussi long-temps que l'on ne touchait, ni sa moelle alongée, ni ses tubercules. »

Ces faits démontrent, selon l'expression de M. Cuvier, que le cervelet est, en quelque sorte, le balancier, le régulateur des mouvemens de translation de l'animal; et cette fonction correspond très bien à la position de cet organe, et aux conditions de son existence. C'est par lui que la formation de l'encéphale a été commencée; c'est à lui qu'elle s'est terminée; seul, il a resté organe impair, et noyau de tous les dédoublemens. Il peut donc être considéré comme le pivot de la balance organique; ce pivot retranché, les deux bassins de la balance sont encore dépositaires des organes partiels; mais, entre leurs fonctions, il n'y a plus ni liaison ni équilibre.

Ici se présente à ma pensée une analogie si frappante, et d'un si grand intérêt, que je ne résiste pas au besoin de l'indiquer.

Dans toute société humaine, forte et bien organisée, la Royauté joue le rôle de l'organe régulateur; elle est le principe et la fin de toute l'économie sociale. C'est par l'influence et la force d'un Chef que la réunion a commencé; c'est par le revêtement et l'affermissement du Pouvoir souverain que l'organisation générale s'est terminée. Tandis que, dans le corps de l'État, toutes les masses se sont dédoublées pour se faire mutuellement Équilibre, le Pouvoir souverain a resté unique et centre de tous les mouvemens. C'est en lui, comme dans le pivot de la balance, que toutes les impulsions se sont croisées; et, lorsqu'il s'est relâché, ou, encore plus, lorsqu'il a été détruit, soit par les attaques extérieures, soit par ses propres fautes, toutes les impulsions, au lieu de se combiner, n'ont plus été qu'en hostilité mutuelle; l'État est tombé dans l'anarchie.

Or, nous l'avons appris par une expérience cruelle : lorsque l'anarchie est pleine et entière dans un État, la souffrance y est universelle; et, avant même ce terme effrayant, lorsque le désordre n'est que partiel, tout le corps social n'en est pas moins en souffrance, mais à un degré moins vif et moins profond.

Il en est de même dans l'économie animale. Comme un être vivant, un individu, peut être étudié plus aisément qu'un Être collectif, ou un corps politique, le désordre peut en être caractérisé plus aisément; en voici le signe et la mesure :

Toutes les fois que la circulation nerveuse est troublée dans le corps humain, il y a nécessairement désordre général; car la circulation nerveuse, libre et facile, est le résultat général de l'Équilibre des mouvemens.

Et comme, par l'indéfinie multiplicité de ses filamens, ainsi que par l'excessive rapidité du fluide qui les parcourt, le système nerveux est, dans tous les momens, présent à tous les points de l'économie, la souffrance est générale toutes les fois qu'il y a trouble dans ce système; et le degré de souffrance est fixé par le degré du trouble produit.

Ainsi, partout où des fibrilles nerveuses sont insérées, il suffit d'une contusion, d'une blessure, d'un accident, d'une cause quelconque ayant pour effet, soit de précipiter, soit de ralentir le mouvement local du fluide nerveux, pour que l'irradiation de ce désordre local devienne subitement générale, et, par conséquent, pour que la sensation de douleur soit également générale, mais sans pouvoir ni excéder, ni ne pas atteindre la mesure du désordre local qui a résulté de l'accident.

Réciproquement, comme l'Expansion organique, ou bien ordonnée, est en nous la vie; comme le sentiment ou la jouissance de la vie s'élève, en nous, à un degré fixé par la vivacité de l'Expansion bien ordonnée; et comme, enfin, l'Expansion nerveuse est, en chacun de nous, le terme général de l'Expansion vitale, nous goûtons un plaisir toutes les fois que notre circulation nerveuse est accélérée dans son ensemble, de manière à se continuer avec ordre et généralité, tout en augmentant de vivacité.

Or, tout acte organique salutaire, tel qu'une digestion bien faite, tel que la respiration d'une odeur agréable, ou la vue d'un objet flatteur, a, pour effet immédiat, d'imprimer généralement, à la circulation nerveuse, cette accélération bénigne, cette accélération qui en augmente généralement la vivacité, sans en déranger l'harmonie; et, pendant toute la durée de cette accélération bénigne, tout notre système organique se forme ou s'améliore.

De là découle cette grande Loi physiologique : le plaisir est, en nous, un signe précis de formation ou d'amélioration organique; ce qui veut dire : le degré précis du plaisir que nous sentons, est la mesure fixe du mouvement de formation ou d'amélioration qui s'opère dans le système organique que nous possédons.

Par compensation exacte, la douleur est, en nous, un signe précis de destruction ou d'altération organique; ce qui veut dire : la douleur que nous sentons est la mesure fixe du mouvement de destruction ou d'altération qui s'opère dans le système organique que nous possédons.

Et comme il est inévitable que, dans l'ensemble de notre existence, nous passions par une somme générale de mouvemens de destruction ou d'altération exactement égale à la somme générale de nos mouvemens de formation et d'amélioration, il est inévitable que, dans l'ensemble de notre vie, la somme de nos peines soit égale a la somme de nos plaisirs.

Cette Vérité est d'une importance, d'une étendue, d'une fécondité d'applications, qui m'ont entraîné à lui consacrer un ouvrage particulier (*); ici je me contente de la poser sur sa base inébranlable, sur la loi de l'Équilibre.

(*) C'est celui que j'ai intitulé : *Du Sort de l'homme dans toutes les conditions.*

MÉCANIQUE GÉNÉRALE

DU CORPS HUMAIN.

Tout ce que nous avons dit jusqu'ici de la constitution organique, nous fournit, maintenant, les moyens de définir et d'expliquer cette Mécanique admirable.

L'enfant, dans le sein de sa mère, était replié sur lui-même ; sa tête était penchée sur sa poitrine ; sa colonne vertébrale était légèrement courbée ; ses membres étaient fléchis dans tous les points où leurs diverses parties étaient liées par des articulations. L'enfant nouveau-né conserve toutes ces dispositions pendant quelque temps encore ; mais, chaque jour, elles s'effacent ; l'action vitale donne insensiblement de l'extension à toutes celles de ses parties qui en sont susceptibles ; cette action vitale a augmenté d'énergie à l'aide des nouveaux principes organisateurs dont l'enfant a été mis en possession. Le sommeil suspend les tentatives de l'Expansion ; mais sitôt que l'enfant est éveillé, on voit tous ses membres animés d'un mouvement qui les étend et les déploie.

L'enfant nouveau-né ne peut se tenir debout; il en est empêché par la tendance de sa tête à se porter en avant, par le poids de ses viscères thorachiques et abdominaux qui se jettent dans le même sens que la tête, et par la faiblesse de ses membres inférieurs. Peu à peu, ses membres inférieurs se fortifient; ils prennent, comme nous l'avons dit, plus d'accroissement que ses membres supérieurs. Cette circonstance détermine l'enfant à essayer sans cesse la station bipède, qui est, pour lui, une position beaucoup moins fatigante que de s'appuyer sur ses quatre membres; d'autant plus que sa tête n'est point unie aux vertèbres de son cou par un ligament qui ait de la force, comme le ligament cervical postérieur des quadrupèdes; d'autant plus encore, que la situation de l'ouverture occipitale, dans un plan presque horizontal, empêche l'enfant de relever sa tête assez haut pour pouvoir mettre son visage et ses yeux en face des objets qui l'attirent.

Ainsi, toutes les fois que l'enfant veut marcher, il sent l'avantage de se tenir debout, parce qu'il marche alors plus à son aise, et qu'il voit plus commodément à une plus grande distance. La préférence qu'il donne à la station bipède est donc fondée sur sa conformation ; et ensuite cette station même, à mesure qu'elle devient plus facile, influe sur la disposition de bien des parties. L'enfant ne peut en effet prévenir les chutes auxquelles cette station l'expose, qu'en apprenant peu à peu à distribuer les diverses parties de son corps de manière à se faire mutuellement équilibre. Ainsi, il s'habitue à relever sa tête, à la porter même un peu en arrière, à effacer la légère concavité de sa colonne vertébrale, à remplacer cette ligne concave par une ligne sinueuse à trois courbures alternatives.

Pendant la station, et toutes les fois que l'enfant s'exerce à marcher, chaque pièce de la colonne s'appuie fortement sur la pièce contiguë, et c'est principalement la face postérieure de chacune de ces pièces qui soutient l'effort. Le cartilage placé au point de réunion cède à la pression qui cherche à le jeter en arrière, et en même temps se consolide par sa résistance à cette pression. C'est ainsi que se forment insensiblement les éminences dorsales, ou *apophyses épineuses*, qui manquent à l'enfant naissant, et qui, en agrandissant la surface de chaque vertèbre, et en écartant les muscles du centre de mouvement, affermissent et facilitent les mouvemens de la colonne.

Pendant les premiers temps qui avaient suivi la naissance, la *rotule* du genou n'existait pas. Seulement, l'extrémité supérieure du tendon des extenseurs de la jambe était d'une consistance cartilagineuse. L'enfant, en s'exerçant à se tenir debout, provoque la consolidation de ce cartilage, parce qu'il met vivement en action les extenseurs de la jambe, et les contraint à se presser fortement par leur extrémité sur les deux os placés bout à bout, qui tendent sans cesse à former un angle, et qui ainsi pressent, à leur tour, le cartilage qui les retient. En même temps, le poids du corps aplatit les deux pieds; l'os *calcanéum* de chacun prend de la saillie; il dépasse postérieurement l'extrémité inférieure des os de la jambe.

Lorsque tous ces effets sont produits, et que l'enfant, en se laissant conduire dans ses essais par la puissance d'équilibre, a appris à diriger l'axe de gravité de son corps perpendiculairement au centre de l'espace circonscrit par ses pieds, la mécanique de station est acquise, et l'enfant est généralement conformé, dans toutes ses parties, de manière à se mouvoir selon cette position verticale qui distingue l'homme de tous les autres êtres animés. Moins de deux ans sont ordinairement nécessaires à l'enfant pour arriver à cette distribution de forces qui lui permet de se tenir et d'agir dans la situation verticale ; à dater de cette époque, la faculté de se mouvoir dans tous les sens satisfait et soulage le besoin de mouvement qui le presse sans cesse ; et ce besoin de mouvement n'indique pas que l'Expansion est, dans son être, la puissance prépondérante ; s'il en était ainsi, au lieu de dormir la majeure partie des vingt-quatre heures, l'enfant de deux ans serait presque toujours éveillé. N'oublions pas l'une de nos vues fondamentales : au début de la vie de tout être organisé, c'est la compression qui est prépondérante ; cette prépondérance fait que, dans les enfans, la vibration vitale est courte, rapide ; l'élasticité est énergique ; tous les organes, qui sont autant de ressorts travaillant à se débander ; tous les organes pressés, retenus, vibrent à petits coups vifs et précipités ; c'est ce qui produit la mobilité continuelle et générale.

Supposons maintenant l'homme formé, développé ; et assignons les causes particulières de tous ses mouvemens particuliers.

Le mode particulier de station, dans les diverses circonstances où le corps se trouve, est toujours déterminé par le besoin de parvenir à la position qui donne l'Équilibre, parce que c'est l'Équilibre qui donne au corps de l'homme le plus de repos et de bien-être ; ainsi, l'homme qui porte, sur ses épaules, un poids considérable, se jette en avant, afin de faire Équilibre, par son propre corps, à ce poids même ; au contraire, il se jette en arrière, s'il porte le poids devant lui ; on voit que les femmes enceintes, et les hommes qui ont un extrême embonpoint, s'inclinent habituellement en arrière.

Lorsque le corps est surpris par un mouvement qui le jette d'un côté ou de l'autre de l'axe de gravité, il fait, mécaniquement, un mouvement en sens opposé, afin de se remettre en Équilibre. Cette réaction peut être expliquée de la manière suivante : aussitôt que le corps est fortement jeté d'un côté, certains muscles éprouvent une compression qui n'est point déterminée par l'action vitale, comme la contraction musculaire, et qui fait cependant que les muscles antagonistes sont distendus proportionnellement à cette compression. C'est ainsi vers ces muscles antagonistes que se portent tous les principes expansifs qui ne peuvent être reçus dans les muscles comprimés, en sorte que les muscles antagonistes acquièrent une force additionnelle mesurée par celle qui est enlevée aux muscles comprimés. La contraction vitale s'effectue par conséquent, dans les muscles antagonistes, avec une énergie proportionnelle à la perte de l'Équilibre, et elle tend à ramener le corps vers cet Équilibre même. Elle ne peut cependant y réussir que lorsque la force qu'elle donne aux muscles est supérieure à l'excès de poids opposé qui entraîne la chute du corps; et l'on sent que la fracture de l'os sollicité au mouvement par deux forces contraires peut avoir lieu, lorsque, la chute étant déjà très avancée, l'effort opposé des muscles antagonistes est d'une violence extrême.

C'est principalement la conformation des membres inférieurs qui assure la station. Le nombre de pièces qui composent ces membres va toujours en augmentant depuis la cuisse qui n'a qu'un seul os, jusques au pied, où les os sont très multipliés. L'action du pied dans l'homme, lorsqu'il marche, est une action très composée; et cela était nécessaire pour que le marcher fût solide et agile, sur deux simples bases de sustentation. Les avantages d'agrément, ainsi que ceux d'utilité, étaient procurés à l'homme par cette organisation; sans elle, l'art de la danse, par exemple, dont l'homme seul est capable, lui aurait été inconnu. On a vu quelquefois des hommes, des femmes, privés de leurs mains, parvenir à faire de leurs pieds deux instrumens d'une étonnante industrie; ils n'auraient pu se donner un tel supplément, si le pied, abondamment fourni de petits os, de muscles, de vaisseaux sanguins et de nerfs, n'avait pas été composé d'une manière très sensible et très flexible. Nous trouverons aisément une intention bienfaisante dans celles de nos facultés qui nous ont été données avec surabondance, en considérant que, par cette surabondance même, les accidens étaient d'avance prévenus ou réparés.

Lorsque en parlant de la composition du Fœtus, nous avons montré que les muscles longs avaient dû se coucher sur les os qu'ils étaient destinés à faire agir, nous avons reconnu que cette disposition, de laquelle avait résulté l'insertion très oblique du muscle, était la plus défavorable au mouvement. Cependant, avons-nous ajouté, de grands avantages sont résultés de cette défaveur apparente; c'est ce que nous pouvons maintenant démontrer.

Premièrement, l'insertion oblique du muscle, en faisant d'ailleurs que la puissance motrice a été placée entre le point d'appui et la résistance, a rendu nécessaire la plus grande quantité possible du principe moteur; or la nécessité d'un emploi très fréquent et très considérable du principe moteur a fait que ce principe, qui est le fluide nerveux, est tenu dans une grande activité, et que l'action même de la vie qu'il imprime est obligée de travailler énergiquement à le renouveler sans cesse. Ainsi, tous les canaux de la vie, dans le corps de l'homme, sont continuellement traversés par des liquides ou des fluides qui s'y meuvent avec une grande vitesse; et c'est de la rapidité ainsi que de la continuité de ce mouvement que se composent pour nous la vivacité et l'agrément du sentiment de l'existence.

En second lieu, les muscles, en se couchant sur les pièces osseuses, ont fait que, généralement, les formes des diverses parties du corps sont devenues cylindriques et gracieuses. L'imagination ne se représente que sous un point de vue difforme et désagréable la structure du corps humain, si l'insertion des muscles sur les pièces osseuses avait été perpendiculaire.

Enfin, si l'emploi d'une plus grande force est exigé pour le mouvement d'un levier du troisième genre, c'est-à-dire dans lequel la puissance motrice est placée, comme dans le corps humain, entre le point d'appui et la résistance, ce levier est aussi celui qui imprime la plus grande vitesse au corps qui résiste, parce qu'il tend à faire parcourir le plus grand espace par ce corps. Or, c'est surtout d'agilité et de vitesse que nous avons besoin dans les divers exercices de nos membres. Comment pourrions-nous, par exemple, avoir de l'adresse dans nos doigts, si leur mouvement ne pouvait pas être, au gré de notre volonté, d'une agilité extrême?

Toutes les pièces de la charpente osseuse sont mobiles les unes à l'égard des autres. Quelques-unes, par leur masse et leur position, sont celles qui fournissent le plus fréquemment les points d'appui aux mouvemens des pièces qui leur sont contiguës; mais celles-ci, quelquefois, fournissent le point d'appui aux mouvemens des premières; cela dépend de la situation des muscles qui sont employés. On sent que la liaison qui s'est établie, dès le principe, non-seulement entre les parties contiguës, mais entre les parties éloignées, doit faire que la complication de plusieurs impulsions convergentes est nécessaire à la production du mouvement même le plus simple; et c'est cette complication même qui affermit la direction du mouvement: ce qui était surtout nécessaire dans les circonstances suivantes.

Lorsque l'homme se met en mouvement de *marche*, de *course* ou de *saut*, il porte en avant son centre de gravité, et, au même instant, il contracte les muscles fléchisseurs de ses extrémités inférieures; la distension s'opère alors dans les muscles extenseurs des mêmes membres; ils s'ouvrent à l'expulsion d'une grande quantité de leurs fluides intérieurs; leur contraction s'opère; dans ce mouvement de contraction, ils relèvent le corps, en provoquant à leur tour l'extension des muscles fléchisseurs; le corps, en se relevant, suit un mouvement composé dont les deux élémens sont la ligne verticale et la ligne horizontale. On voit, d'après cela, que le marcher, la course, qui n'est qu'un marcher précipité, et le saut, ont besoin, pour s'opérer efficacement, que le corps de l'homme soit porté sur un plan solide, afin que l'extension des fléchisseurs, ne pouvant enfoncer le plan, applique tout son mouvement à la masse générale du corps, et la relève. Si le plan est élastique, il réagit contre la pression qu'il éprouve, et il unit ce mouvement de réaction à l'action des muscles fléchisseurs.

Le marcher diffère du saut, en ce que l'impulsion des deux moitiés du corps est alternative. Cette impulsion doit être donnée avec plus de force, par celui des deux côtés qui est le plus fort; aussi la plupart des hommes tendent, en marchant, à se porter vers la gauche;

ils ont besoin, pour se diriger en ligne droite, de voir le but qu'ils se proposent d'atteindre. Lorsqu'un homme marche, les yeux bandés, vers un but que d'abord il a bien considéré, il le laisse ordinairement à droite.

Au début de l'action de marcher, le concours de la volonté est nécessaire, ainsi qu'au début de tous les mouvemens que nous appelons volontaires; nous dirons, en Idéologie, comment s'effectue cette puissance de la volonté; observons, en ce moment, qu'au bout d'un certain temps d'exercice, le mouvement de nos bras, de nos mains, de nos jambes, devient beaucoup plus facile que lorsqu'il a commencé; il va même seul, et la volonté devient presque superflue. Cette permanence mécanique résulte de plusieurs causes. En premier lieu, l'exercice, en se prolongeant, fait que le sang artériel est versé plus fréquemment, plus abondamment, dans le muscle; la charge musculaire se renouvelle avec vitesse, et la décharge devient non-seulement plus fréquente, mais spontanée, par l'application de la chaleur, qui est en développement plus considérable, et en Expansion plus vive. En second lieu, la contraction des muscles, qui agissent dans chaque instant, cause l'extension des muscles antagonistes, et, par conséquent, l'expulsion, hors de ceux-ci, d'une plus grande quantité de fluide; la contraction de cs muscles antagonistes est déterminée; elle produit, à son tour, l'extension des muscles par lesquels le mouvement a commencé; c'est ainsi que les mouvemens opposés se provoquent mutuellement.

On peut ajouter que, dans le marcher ou la course, il faut, non-seulement relever le corps, mais le porter en avant. Cette impulsion en avant, une fois acquise, n'a plus besoin que d'être soutenue; et elle exige, pour cela, moins de force qu'il n'en a fallu pour commencer ce mouvement. On voit aussi qu'il est difficile aux coureurs de s'arrêter subitement; ils ne peuvent s'arrêter que par degrés.

C'est, comme nous venons de le voir, par les mouvemens de nos membres inférieurs, que nous nous transportons d'un lieu dans un autre; mais c'est, principalement, par les mouvemens de nos membres supérieurs, que nous agissons sur les objets qui sont à notre portée. Si nous étudions le mécanisme de ces mouvemens, nous le trouverons parfaitement conforme au mécanisme de nos mouvemens inférieurs. Par exemple, lorsque nous voulons *pousser* un corps qui, par sa masse, nous oppose une forte résistance, nous contractons tous les muscles fléchisseurs de nos membres, afin de nous placer entre le sol et l'obstacle. Cette flexion que notre volonté imprime à nos muscles fléchisseurs, détermine l'extension des muscles extenseurs; ceux-ci se contractent en redressant aussitôt les muscles fléchisseurs; on peut comparer le corps, en ce moment, à un arc qui se débande. Le plan sur lequel nos pieds reposent ne pouvant être déplacé, toute l'impulsion de nos muscles s'applique au corps mobile sur lequel nos mains sont appuyées. On sent que l'effet est absolument le même si, appuyant nos mains, comme le fait un batelier, sur un obstacle qui ne peut céder, nous poussons, de nos pieds, un corps qui, comme le bateau, repose sur un plan mobile.

Lorsque nous voulons *lancer* un corps, le mécanisme de nos mouvemens est encore le même. Le corps que nous lançons est le mobile vers lequel se déploient tous les muscles fléchisseurs que nous avons d'abord contractés.

Si nous voulons *tirer* vers nous un corps, nous faisons encore une opération semblable, quoique dans un ordre contraire. Nos muscles extenseurs sont les premiers que nous mettons en contraction. Nos muscles fléchisseurs s'étendent, se dépouillent de leurs fluides intérieurs, se contractent, ce qui entraîne vers nous le corps extérieur.

Si nous voulons *presser* un corps, si nous voulons, par exemple, imprimer un cachet, nous plaçons, le plus qu'il est possible, l'un de nos membres supérieurs entre le corps que nous voulons presser et notre propre corps; c'est-à-dire que, faisant porter, autant que nous le pouvons, notre propre corps sur notre membre supérieur, nous nous servons de ce poids comme d'un obstacle qui force le mouvement musculaire de notre membre supérieur à diriger son impulsion vers le corps que nous voulons presser.

Répétons, quelquefois, les principes fondamentaux. L'action de la vie n'est autre chose, en nous, que le mouvement donné par l'Expansion aux substances mobiles qui entrent dans la composition de notre être. Il est évident que cette Expansion doit se faire, le mieux, le plus promptement, le plus aisément, selon le sens où elle est le plus libre de se faire, c'est-à-dire selon le sens où les fluides qu'elle projette trouvent le moins de résistance. Il est encore évident que le passage plus soutenu, ou plus fréquemment répété, de certain fluides dans les canaux qui les contiennent, doit rendre ce passage même plus facile. C'est pour cela que ceux de nos muscles ou de nos organes qui sont le plus *habituellement* exercés, sont ceux dont l'exercice est le plus libre et le plus facile. Entrons en ce moment dans quelques détails sur les effets de l'*habitude* musculaire; nous traiterons ailleurs de l'habitude de sensibilité, et de l'habitude d'intelligence.

Les muscles de nos membres sont enchaînés, les uns aux autres, selon les dispositions qui les associent chacun à presque tous les mouvemens des autres. Il est un ordre de mouvemens musculaires plus favorable que tout autre au maintien de cet Équilibre de mouvement qui résulte d'une égale facilité entre les diverses actions et les réactions mutuelles. C'est la nature même qui établit en nous cet ordre, lorsqu'elle assure, pendant que nous marchons, la station verticale de nòtre corps. Tant que ce mouvement dure, l'action compressive tend à distribuer également le poids autour de l'axe de gravité, et c'est cette distribution qui établit plusieurs habitudes de nos membres. Si, tandis que nous marchons, nous laissons nos bras pendans, ils prennent, d'eux-mêmes, un mouvement alternatif, comme celui de nos jambes, mais en sens contraire. Le bras gauche est porté en arrière, tandis que la jambe droite s'avance, et réciproquement. Comme le mouvement du marcher est, en nous, le mouvement le plus fréquent, il finit par établir, entre nos membres supérieurs et nos membres inférieurs, des relations permanentes, qui font que les mouvemens connexes de nos membres ne sont ensuite libres et faciles que dans le sens de ses relations. Ainsi, faire agir le bras droit en même temps que la jambe droite, et laisser en repos le bras gauche et la jambe gauche, n'est plus pour nous une chose aussi facile, aussi naturelle, que de faire agir nos membres d'une manière croisée. En second lieu, comme, pendant le marcher, nos membres ne tendent pas à se mouvoir exactement en ligne droite, comme le *col* de chaque *fémur* est dans une direction oblique, qui contraint le corps à des vacillations latérales; comme le mouvement des bras, qui se fait en sens contraire, est employé à conserver l'Équilibre, et à corriger les vacillations, comme enfin, les articulations de l'*humérus* avec l'*épaule*, et du *fémur* avec le *bassin*, sont du nombre de celles qui permettent des mouvemens étendus, et dans toutes les directions, il doit s'établir, par les effets du marcher, entre nos membres supérieurs et nos membres inférieurs, une disposition à se mouvoir selon des courbes convergentes. C'est pour cela qu'il nous est très facile de faire tourner dans le même sens, et en même temps, un de nos membres inférieurs et l'un ou l'autre de nos membres supérieurs, tandis qu'il nous est presque impossible de les faire tourner dans des sens différens.

Si nous avons très long-temps et très fréquemment exercé de la même manière un certain ordre de muscles; par exemple, si un élève dans l'art du violon, ou du clavecin, a long-temps étudié ce que l'on nomme un *trait* en musique, il aura fini par habituer les muscles de sa main à la succession des notes de ce trait. Chaque mouvement sera déterminé par celui qui l'aura précédé, et déterminera le mouvement qui doit le suivre, parce que les muscles auront fini par se disposer d'une manière favorable à cette succession. Le trait se sera, pour ainsi dire, noté dans les muscles. Aussi, lorsqu'on écoute plusieurs fois celui qui prélude sur un instrument quelconque, on entend plus fréquemment, dans ses préludes, certains traits qui servent même bientot à le faire reconnaître, comme sa démarche, comme le son de sa voix.

Il y a, par conséquent, dans la succession des mouvemens des doigts, une mécanique qui est donnée par l'habitude, et qui, une fois montée, dispense celui qui joue d'un instrument de donner beaucoup d'attention à ce qu'il fait. La même chose a lieu dans l'exercice d'un métier ou art mécanique ; au bout de peu de temps, l'attention est peu nécessaire, surtout, s'il y a peu de variété dans l'exercice, surtout encore, si la succession des mouvemens a été tracée d'une manière analogue à la disposition naturelle des doigts ; car c'est alors que le métier est facile. On dit, en musique, qu'un trait est bien *doigté*, quand il est fait d'une manière analogue à la disposition naturelle des doigts.

Lorsque, dans notre enfance, nous regardons un objet placé latéralement, la lumière qui nous est envoyée par cet objet contraint nos yeux à fléchir dans sa direction, parce que la propagation de la lumière est extrêmement rapide, et qu'elle se fait en ligne directe. Ainsi, nos deux yeux tendent d'eux-mêmes à exercer, dans le même sens, un mouvement latéral, qui facilite le mouvement semblable que les muscles mêmes doivent imprimer aux deux yeux ; c'est de cette manière que le parallélisme des axes visuels est conservé ; si, par exemple, l'objet est placé à droite, le muscle droit externe de l'œil placé du côté de l'objet, agit en même temps que le droit interne de l'autre œil.

Chacun de nous a une démarche, une manière de tenir son corps, des gestes même, des manières, des *manies* qui lui sont propres. Ces mouvemens, toujours ressemblans à eux-mêmes, sont, pour nous, un moyen d'être reconnus. L'habitude de ces mouvemens s'établit en nous, parce que d'abord quelque circonstance particulière de notre organisation individuelle les a rendus plus faciles, ou bien encore quelquefois, parce que l'exemple continué d'une personne avec qui nous avons eu des rapports habituels, et qui avait elle-même de telles habitudes, nous a disposés à les prendre par imitation ; nous conservons ensuite ces mouvemens, ils se font toujours remarquer en nous, parce que nous les faisons sans y penser ; les muscles qui les opèrent ont été disposés, par l'exercice fréquent et continué, à recevoir, plus aisément que tous les autres, les substances expansives, et par conséquent à se mouvoir avec plus de facilité.

Je donnerai un complément à la théorie du mouvement musculaire dans la partie idéologique du Système ; je termine cette discussion par une considération générale.

Tout exercice du mouvement volontaire augmente évidemment l'émission extérieure déjà causée par l'action expansive ; c'est ce qui fait que, toutes les sécrétions et la transpiration étant augmentées par l'exercice, le corps de l'homme vivement exercé a besoin de recevoir sans cesse une grande quantité de nouveaux principes ; on le voit aussi respirer plus fréquemment, et tenir la bouche ouverte, afin d'admettre une plus grande quantité d'air dans chaque inspiration. La circulation de son sang prend également une activité plus grande, et ses organes digestifs opèrent sur les alimens avec plus de vivacité. Lorsque c'est en plein air que l'on se livre au mouvement, les heureux effets que l'on en retire sont plus marqués ; en premier lieu, parce que l'air que l'on respire alors est plus vivifiant, en second lieu, parce que, à température égale, la transpiration est d'autant plus active que moins d'obstacles s'opposent aux mouvemens et à l'extension de l'atmosphère. Il est aisé de s'assurer par l'expérience qu'à température égale, l'évaporation des liquides, de l'eau, par exemple, est bien plus rapide en plein air, que dans un lieu fermé. Enfin, l'exercice en plein air est encore plus salutaire, lorsqu'on le fait sous l'influence d'un doux soleil ; tous les mouvemens organiques sont alors excités de la manière la plus avantageuse.

TABLE

DU QUATRIÈME VOLUME.

FIN DE LA TABLE DU QUATRIÈME VOLUME.

Errata du quatrième volume.

Page 60, ligne 7, sa nature, *lisez* sa mesure
63, 11, globules nouveaux, *lisez* globules mouvans
209, 17, à celles, *lisez* à celle
342, 6 en remontant, il est impossible, *lisez* il est possible

On souscrit à Paris, chez

AIMÉ-ANDRÉ, libraire, quai des Augustins, n° 59;
BÉCHET aîné, libraire, quai des Augustins, n° 57;
BOSSANGE père, libraire, rue de Richelieu, n° 60;
BOSSANGE frères, libraires, rue de Seine, n° 12;
CARNEVILLIER, libraire, Palais-Royal;
DELAUNAY, libraire, Palais-Royal;
PÉLICIER, libraire, place du Palais-Royal;
PONTHIEU, libraire, Palais-Royal;
REY et GRAVIER, libraires, quai des Augustins, n° 57;
TREUTTEL et WURTZ, libraires, rue de Bourbon, n° 17.

A Londres, chez BOSSANGE et Compagnie, libraire, 14 great Marlborough street.
A Caen, chez MANCEL;
A Reims, —— FREMAU fils;
A Strasbourg, —— LEVRAULT. — TREUTTEL et WURTZ.
Pour l'Allemagne et le nord de l'Europe, chez BOSSANGE frères.

IMPRIMERIE DE HUZARD-COURCIER.

www.ingramcontent.com/pod-product-compliance
Ingram Content Group UK Ltd.
Pitfield, Milton Keynes, MK11 3LW, UK
UKHW020259230726
13925UKWH00001B/121